***ACCESO GRATIS** a la Lectura en la Nube*

Para visualizar el libro electrónico en la nube de lectura envíe junto a su nombre y apellidos una fotografía del código de barras situado en la contraportada del libro y otra del ticket de compra a la dirección:

ebooktirant@tirant.com

En un máximo de 72 horas laborales le enviaremos el código de acceso con sus instrucciones.

La visualización del libro en **NUBE DE LECTURA** excluye los usos bibliotecarios y públicos que puedan poner el archivo electrónico a disposición de una comunidad de lectores. Se permite tan solo un uso individual y privado

UNA INTRODUCCIÓN AL DERECHO Y ECONOMÍA CONTEMPORÁNEOS

Procedimiento de selección de originales, ver página web:
www.tirant.net/index.php/editorial/procedimiento-de-seleccion-de-originales

UNA INTRODUCCIÓN AL DERECHO Y ECONOMÍA CONTEMPORÁNEOS

LUCIANA YEUNG
BRADSON CAMELO

tirant humanidades
Bogotá D.C., 2024

En caso de erratas y actualizaciones, la Editorial Tirant lo Blanch publicará la pertinente corrección en la página web www.tirant.com

Este libro forma parte de los proyectos y actividades de internacionalización que llevan a cabo conjuntamente la Red Iberoamericana de Investigación en Derecho, Economía y Periodismo y el Grupo Internacional de Investigación CONVERGENCIA.

Yeung, Luciana, autora.
Una introducción al derecho y economía contemporáneos / Luciana Yeung y Bradson Camelo. – Primera edición. – Bogotá: Tirant Humanidades, 2024.

402 páginas: gráficas.
Incluye referencias bibliográficas al final de cada capítulo.
ISBN: 978-84-1071-129-7

1. Derecho y economía. 2. Política económica. I. Camelo, Bradson, autor. II. Título.

LC: K487.E3 CDD: 343.08 ed. 2

Catalogación en publicación de la Biblioteca Carlos Gaviria Díaz

© TIRANT LO BLANCH
EDITA: TIRANT HUMANIDADES
Calle 11 # 2-16 (Bogotá D.C.)
Telf.: 4660171
Email: tlb@tirant.com
Librería virtual: www.tirant.com/co/
ISBN: 978-84-1071-129-7

Si tiene alguna queja o sugerencia, envíenos un mail a: *atencioncliente@tirant.com*. En caso de no ser atendida su sugerencia, por favor, lea en *www.tirant.net/index.php/empresa/politicas-de-empresa* nuestro procedimiento de quejas.

Responsabilidad Social Corporativa: http://www.tirant.net/Docs/RSCTirant.pdf

Índice

PRIMERA SECCIÓN.
PRELIMINAR CIENTÍFICO

DERECHO, ECONOMÍA Y SALARIO MÍNIMO FLEXIBLE: REFLEXIONES IUS-ECONÓMICAS PARA LATINOAMÉRICA

CAPÍTULO 1.
LOS ORÍGENES DEL AED: MARCO TEÓRICO Y CONCEPTUAL CONTEXTUALIZADO

SEGUNDA SECCIÓN
FUNDAMENTOS

CAPÍTULO 2.
INTRODUCCIÓN A LA TEORÍA MICROECONÓMICA

CAPÍTULO 3.
FALLOS DEL MERCADO Y REGULACIÓN

CAPÍTULO 4.
TEORÍA DE JUEGOS

CAPÍTULO 5.
ECONOMÍA DEL COMPORTAMIENTO Y DERECHO

TERCERA SECCIÓN.
APLICACIONES DEL ANÁLISIS ECONÓMICO DEL DERECHO

CAPÍTULO 6.
DERECHO Y ECONOMÍA DE LA PROPIEDAD PRIVADA

CAPÍTULO 7.
ANÁLISIS ECONÓMICO DE LOS CONTRATOS

CAPÍTULO 8.
ANÁLISIS ECONÓMICO DE LA RESPONSABILIDAD CIVIL EXTRACONTRACTUAL

CAPÍTULO 9.
ANÁLISIS ECONÓMICO DEL DERECHO PENAL

CAPÍTULO 10.
ANÁLISIS ECONÓMICO DEL PROCESO

CAPÍTULO 11.
JURIMETRÍA

A mis padres, Eunice y Anchieta,
por enseñarme que la utilidad marginal del
amor nunca disminuye.

B.C.

A mi padre, Chi Bor, y a mi madre,
Yu Hsia (Rosana), que me enseñaron
que las decisiones no siempre se basan
únicamente en evaluar beneficios
y costes egoístas.

L.Y.

Agradecimiento

El Análisis Económico del Derecho tiene, de hecho, cada vez más aceptación en el medio jurídico nacional. Al mismo tiempo, demuestra que el público aún carece de obras que sirvan de base para el aprendizaje y de referencia para estudios posteriores. Nos anima saber que, de alguna manera, estamos contribuyendo a superar este reto.

Queremos dar las gracias a quienes apoyaron este proyecto y que no sólo leyeron atentamente versiones previas, sino que también señalaron pequeñas "erratas", errores e imprecisiones a lo largo del texto. Mención especial merece el Ruben Mendez Reategui quien tuvo a su cargo la traducción y edición al español.

Nuestro objetivo fue mantener una obra con contenidos siempre actualizados, incluso con la rapidez con que cambian las leyes y la legislación en Latinoamérica, precisos y cada vez mejores.

LUCIANA Y BRADSON

Febrero del 2024

Presentación

La idea de este libro científico surgió de una amistad de más de 10 años, en torno a discusiones e investigaciones sobre Análisis Económico del Derecho (AED o L&E) y su asociación brasileña (ABDE). Hace mucho que nos interesaba entender cómo se relacionan la economía y el derecho y explicar esto a estudiantes y otros investigadores. Después de muchas conversaciones sobre el tema, nos dimos cuenta de que había un vacío en la literatura brasileña y Latinoamericana sobre el Análisis Económico del Derecho.

Aunque existen varios libros sobre el tema en inglés, no pudimos encontrar suficientes opciones en portugués o en español que presentaran una introducción accesible y clara al tema y sus aristas contemporáneas. Fue a partir de esta constatación que se nos ocurrió la idea de escribir un libro sobre el Análisis Económico del Derecho en portugués. Intentando ser profundos, pero no aburridos, con matemáticas, que es el terror de los juristas, o con textos largos, que es el terror de los economistas. La parte más difícil fue el capítulo sobre Jurimetría, que es de naturaleza matemática/estadística, pero el increíble didactismo de Luciana[1] consiguió traducir las ideas principales sin matemáticas.

Decidimos combinar nuestra experiencia y conocimientos de economía y derecho para escribir un libro que fuera útil tanto para estudiantes como para profesionales que quieran entender cómo puede aplicarse el análisis económico en el ámbito jurídico. Queríamos crear un libro que fuera accesible y claro, pero que también presenta ejemplos prácticos y casos reales para ilustrar las principales teorías y conceptos.

Este libro de investigación se divide en tres secciones. La primera sección en su edición al español incorpora un preliminar

---

1 Este elogio es el historial de Bradson (no sólo su opinión).

científico que relaciona al AED con el estudio de la informalidad y prosigue con una introducción a la lógica económica, con el capítulo "Derecho, economía y mercados", que revela los fundamentos del razonamiento económico.

La segunda sección contiene capítulos sobre la metodología de la economía, que comienzan con una introducción a la teoría microeconómica clásica (teoría del consumidor, teoría del productor y estructuras de mercado). En el capítulo siguiente se analizan los fallos del mercado y los fundamentos lógico-económicos de la regulación, de igual relevancia para el mundo jurídico. También se presenta la teoría de juegos como alternativa a la teoría de precios para investigar las elecciones desde una perspectiva jurídica. Para concluir la segunda parte, examinamos la economía del comportamiento –aquí ya hemos visto la gran sintonía entre los autores, pues ambos vemos la importancia de esta área de la economía como un beneficio marginal a la teoría microeconómica clásica, no refutando, sino añadiendo herramientas para situaciones que van más allá del comportamiento racional.

La última sección versa sobre las aplicaciones del AED al derecho brasileño en sus diferentes áreas, comenzando por la importancia de los derechos de propiedad. En este capítulo, hubo otra demostración de la sintonía entre los autores, ya que existe en la literatura una visión distorsionada sobre el teorema de Coase, afirmando que presupone costos de transacción cero (el propio Coase afirma, en la p. 13 del libro "The firm, the Market and the Law", que fue malinterpretado, ya que sólo analizó la situación extrema, pero no es necesario). Igualmente, se estudian los contratos desde el punto de vista económico y su importancia e impacto en el ordenamiento jurídico, con especial atención a la legislación brasileña. Posteriormente, inquirimos, respectivamente, la responsabilidad civil, el derecho penal y el procedimiento civil a través del análisis económico. Por último, presentamos (utilizando sólo lenguaje no matemático) la jurimetría como un área importante de investigación empírica en derecho.

Este libro ha sido escrito a cuatro manos, con la participación de ambos en cada capítulo y, por increíble que parezca, sin ningún desacuerdo (aparte de la anécdota sobre Gary Becker, que está inspirada en una historia real). Pero no hemos aportado ninguna teoría propia –a lo sumo una traducción diferente–, así que nos subimos a los hombros de los gigantes que nos precedieron. En las otras anécdotas, utilizamos los nombres de pila de amigos comunes, pero "cualquier parecido [de característica] es mera coincidencia".

Esperamos que este libro ayude a los lectores a comprender mejor la intersección entre economía y derecho, y a utilizar el análisis económico como una valiosa herramienta para resolver problemas jurídicos. Estamos muy contentos de poder contribuir a la literatura brasileña sobre el tema, y esperamos que este libro pueda ayudar a llenar un vacío importante en el área.

LOS AUTORES

Agradecimiento

Agradecemos a todos los que apoyaron la realización de este libro de investigación, como nuestras familias, especialmente Thomas de Luciana y Larissa de Bradson, así como nuestros mosqueteros Felipe, Caio y Lucas, que renunciaron a su compañía para este proyecto.

También queremos dar las gracias a todos nuestros amigos que colaboraron directa o indirectamente con nuestro trabajo, como, por orden alfabético, Alice Albuquerque, Amanda Oliveira, Antonio Maristrello Porto, Bruno Salama, Bruno Bodart, Cristiano Carvalho, Cristiano Oliveira, Eugênio Battesini, Fernando Araújo, Fernando Meneguim, Flavianne Nóbrega, Fillipe Rodrigues, Giácomo Balbinotto, Guilherme Lucena, Juliana Domingues, Kevin Murphy, Leonardo Corrêa, Leones Nunes, Lucas Aquino, Luciano Timm, Luís Felipe Sá, Marcelo Justus, Márcia Carla Pereira, Marcos Nóbrega, Paulo Emmanuel Rodrigues, Paulo Furquim de Azevedo, Péricles Athayde, Pery Shikida, Vinicius Klein, Yhon Tostes, Weber Mota.

Todos del grupo Rede AED Brasil, de la comunidad de AED en el país y, en particular, Ronny Charles, que garantizó la publicación antes de que se escribiera palabra alguna, e Ivo Gico, que ofreció sus generosas palabras sobre este trabajo.

Finalmente, a quienes hicieron posible la primera edición en español, Rubén Méndez Reátegui y su equipo de la Asociación Latinoamericana de Derecho y Economía, a Tatiana Dangond Aguancha y Tirant Lo Blanch y al Grupo de Investigación CONVERGENCIA.

Prólogo

¿Qué es el Análisis Económico del Derecho (AED) y por qué hay que estudiarlo? La respuesta a la segunda parte de la pregunta es casi evidente a partir de la respuesta a la primera parte. El Análisis Económico del Derecho no es más que la aplicación de las herramientas de la economía, especialmente de la microeconomía, al estudio y comprensión de fenómenos jurídicamente relevantes. En otras palabras, el EEI es el uso de las teorías y herramientas empíricas de la economía para comprender el Derecho en el mundo y el mundo en el Derecho. Se trata de una proposición extraordinaria y, por lo tanto, requiere una mayor elaboración. Podemos empezar con ejemplos.

Cuando alguien choca por descuido contra el coche de otra persona, causa daños. La ley establece que el responsable del daño debe indemnizar al perjudicado en toda la extensión del daño, lo que se conoce como daños y perjuicios. Pero ¿cuáles serían las pérdidas y daños de alguien a quien otro embiste con su coche? En este contexto, un magistrado que tuviera que juzgar un caso concreto podría contratar a un economista como perito judicial para estimar el alcance total del daño y, por tanto, la cuantía de la indemnización (el *quantum debeatur*). Aquí se está utilizando la teoría económica en su aplicación más simple y directa, pero el AED va mucho más allá.

Supongamos que el mismo magistrado se enfrenta a una disposición legal que puede interpretarse razonablemente de dos maneras, la interpretación A y la interpretación B. ¿Cuál de las dos debería adoptar? ¿Cuál de las dos debe adoptar? La hermenéutica jurídica consiste en una serie de adagios o principios de razón cuya finalidad es intentar responder a esta pregunta, pero en muchos casos la vaguedad persiste. En tal caso, ¿cómo elegir? Una vez más, el Análisis Económico del Derecho puede ser útil. Dado que la ley permite a los jueces elegir entre dos posibles interpretaciones de la misma disposición, si se preocupan por las consecuencias sociales de cada elección, el EEI puede ayudarles a identificar los incentivos creados por la interpretación A y los incentivos creados por la interpretación B, y por tanto las consecuencias probables de cada una. Seguirán teniendo que elegir qué interpretación adoptar y, por tanto, hacer un juicio de valor, pero ahora pueden hacerlo debidamente informados de las consecuencias sociales de cada alternativa, *ergo,* pueden elegir mejor.

Supongamos ahora que un investigador está interesado en comprender los efectos de una norma jurídica del Código de Defensa del Consumidor que establece la responsabilidad objetiva de un agente determinado en una situación concreta. El Derecho puede ayudarle a entender qué es la responsabilidad civil y qué significa jurídicamente que su responsabilidad sea objetiva, pero es la Economía la que le permitirá comprender qué incentivos o desincentivos crea esa norma jurídica y cuáles son las implicaciones prácticas para cada uno de los implicados. Y si te planteas cambiarla, probablemente lo harás. Ambos enfoques por separado son valiosos y útiles, pero combinarlos a través del Análisis Económico del Derecho amplía y profundiza sustancialmente la comprensión de ambos.

En este sentido, el AED puede utilizarse para aplicar el Derecho (¿cómo aplicar la norma jurídica?), para comprenderlo en la práctica (¿qué hace esta norma jurídica?) o para evaluar (¿cuáles son las consecuencias de esta norma?). Así pues, el análisis juseconomista puede utilizarse tanto para evaluar cómo está funcionando la regulación jurídica de una situación determinada (evaluación *ex post*) como para anticipar las consecuencias probables de la adopción de tal o cual norma jurídica alternativa (evaluación *ex ante*). A esto me refiero cuando digo que el AED permite comprender el Derecho en el mundo (es *decir,* el impacto de una determinada norma jurídica en el comportamiento de los agentes) y el mundo en el Derecho (es decir, la naturaleza de las cosas y sus relaciones causales). Esto debería bastar para convencer a cualquiera que quiera entender el Derecho de que el Análisis Económico del Derecho es una herramienta importante.

Sin embargo, aprender a razonar económicamente y aplicar correctamente las herramientas de la economía no es tarea fácil, ni siquiera para los economistas. Lo mismo puede decirse del Derecho y su lógica, que a menudo puede parecer arcana a los no iniciados. Por esta razón, comprender y emplear el Análisis Económico del Derecho es una empresa gratificante pero desafiante y peligrosa. De hecho, la experiencia demuestra que es frecuente que quien pretende emplear el razonamiento económico-jurídico incurra en alguna imprecisión o simplemente en un error lógico derivado de la falta de dominio o comprensión plena de los conceptos e institutos empleados por el Derecho, la Economía o ambos. El problema aqueja a los economistas que no dominan el derecho y a los juristas que no dominan la economía. Y precisamente porque es tan difícil llegar a ser mínimamente ambivalente en ambas disciplinas, este libro constituye una aportación tan valiosa.

Escrito por la Profesora Luciana Yeung Luk Tai –economista– y el Profesor Bradson Camelo, abogado, esta *Introducción al Análisis Económico del* Derecho es una gran contribución científica enfocada en explorar los conceptos y la lógica jus económica porque es preciso e interesante tanto para abogados como para economistas, sin ser demasiado técnico, hasta el punto de dificultar la entrada de los neófitos que inician su camino hacia el Análisis Económico del Derecho. El libro es lo suficientemente amplio como para demostrar la flexibilidad del método jurídico-económico y lo suficientemente profundo como para que los estudiantes puedan aplicar los contenidos aprendidos a nuevas materias. Sin duda, un enfoque eficaz para un libro de texto introductorio.

Organizado en tres partes –Introducción, Fundamentos y Aplicaciones–, este libro de texto puede utilizarse fácilmente como base de un curso sobre Análisis Económico del Derecho para estudiantes de Derecho, Economía u otra ciencia social, como Sociología o Ciencias Políticas. Además, teniendo en cuenta que algunas oposiciones, especialmente para jueces, han empezado a exigir este contenido, el libro es perfectamente adecuado como base para un curso preparatorio. Y he aquí otro mérito de los autores. Incluso quienes estudian de forma independiente se beneficiarán sustancialmente de la lectura de este libro. Los conceptos y las ideas se presentan de forma tan clara y coherente que incluso quienes no hayan tenido el privilegio de contar con un profesor de AED podrán aprender por sí mismos. Ojalá hubiera tenido acceso a un libro de texto como éste cuando empecé mi andadura. La vida habría sido más sencilla y se habrían evitado muchas dificultades, pero usted no tendrá ese problema. Los profesores Yeung y Camelo se han asegurado de ello.

Así pues, guiados por estos autores altamente cualificados y queridos amigos, que vuestro viaje a través del Análisis Económico del Derecho sea fructífero y que amplíe vuestra comprensión y amor por el Derecho y la Economía, que son esenciales para entender el mundo que nos rodea. ¡Feliz lectura!

Brasilia, 15 de febrero de 2024.

PROF. DR. IVO T. GICO JR
PH. D.

PRIMERA SECCIÓN.

PRELIMINAR CIENTÍFICO

Derecho, Economía y salario mínimo flexible: Reflexiones ius-económicas para Latinoamérica

TATIANA DANGONG AGUANCHA
RUBÉN MÉNDEZ REÁTEGUI

El estudio del derecho y la economía supone el establecimiento de un "vínculo indisoluble" a través del cual podemos abordar distintos fenómenos sociales (ej.; derecho de propiedad privada, entre otros) con una clara incidencia en nuestra vida en sociedad. En particular, este vínculo puede expresarse a través de herramientas sumamente versátiles como el Análisis Económico del Derecho (AED) y sus distintas variaciones y/o derivaciones en términos de emparentamiento hipotético-deductivo como la teoría jurídica del desarrollo económico (Hernando de Soto, 1988; Ghersi, 2000; Williamson, 2011; Williamson and Kerekes, 2011).

Entonces, uno de los conceptos centrales a partir del cual se puede iniciar o aproximar el estudio del AED se encuentra representado por la "informalidad". Ciertamente, al referirnos a esta nos encontremos frente a un complejo fenómeno que supone un reto para las ciencias sociales y que revive el debate entre distintas teorías como la de los órdenes espontáneos (reglas informales) versus los órdenes dirigidos (reglas formales) del modo explorado por Williamson and Kerekes (2011).

Sin embargo, en esta oportunidad no nos proponemos presentar un *axis* argumentativo en torno a la caracterización jurídico-filosófica y/o jurídico-política de la informalidad. Por el contrario, el propósito será otro, realizar una exploración científica de la informalidad a partir de un enfoque aplicado y operativo (preliminar) del razonamiento ius-económico el cual, de forma sucesiva, será abordado de manera detallada por cada uno de los capítulo de este libro.

1. SOBRE LA INFORMALIDAD

La informalidad es representada por la literatura mainstream en economía (aplicada) como un problema acuciante en los países en desarrollo o con economía transicionales. En Latinoamérica, por ejemplo, los responsables políticos lidian a diario con el impacto de las economías informales en el desarrollo de sus naciones. Aproximadamente el 56 % de los asalariados latinoamericanos trabajan en el sector informal y, por lo tanto, no contribuyen a sus respectivos sistemas fiscales y de seguridad social (Antón, 2014). En ese orden, las causas de la informalidad se atribuyen a diversos factores, como las estrictas regulaciones del mercado laboral y los rígidos sistemas fiscales (FMI, 2023).

Las normativas laborales de Latinoamérica son menos flexibles que aquellas de las economías avanzadas. Cuando las nuevas normas de protección del empleo introducido, la informalidad tiende a aumentar, y la brecha entre salario y productividad se ensancha (David, Pienknagura, y Roldos, 2020). Otra causa importante de la informalidad en Latinoamérica son los salarios mínimos vinculantes, que a menudo no se corresponden con el crecimiento del PIB de la región. La evidencia empírica sugiere una correlación entre una disminución del PIB y un aumento de la informalidad (David, Pienknagura, y Roldos, 2020).

Por lo tanto, a la hora de analizar las políticas públicas económicas y sociales es fundamental tener en cuenta diversos factores críticos. Estos factores incluyen la elasticidad de la demanda de mano de obra, la elasticidad de la oferta de mano de obra, la valoración de los trabajadores de los beneficios que reciben al contribuir a los pagos de la seguridad social, las implicaciones de un salario mínimo obligatorio y el poder de negociación de los trabajadores en el mercado laboral nacional (Antón, 2014).

Por otra parte, la informalidad repercute en los países, entre otras cosas, en una disminución de la recaudación de impuestos, lo que limita la capacidad de un Estado para invertir en infraestructuras y, en consecuencia, puede obstaculizar la productividad y el crecimiento económico de una nación. Además, desincentiva a los sectores formales de la economía, que soportan más costes que sus homólogos informales, lo que puede provocar una disminución de las inversiones del sector privado. Debilita el sistema de seguridad social, socavando los derechos de los trabajadores y las condiciones laborales (OCDE, 2022).

En Colombia, según el más reciente informe técnico publicado por el Departamento Administrativo Nacional de Estadística (DANE) en agosto de 2023, las tasas de informalidad en las ciudades y áreas metropolitanas se ubican en 42,9 por ciento. En contraste, en las zonas rurales, esta cifra asciende al 83,4 por ciento. En total, las personas dedicadas al trabajo informal en Colombia constituyen el 56 por ciento de la fuerza laboral (DANE, 2023).

2. POLÍTICA PÚBLICA Y FORMALIZACIÓN EMPRESARIAL

La aplicación de nociones y herramientas también recurrentes en las distintas aproximaciones y derivaciones del Derecho & Economía, en su génesis, ha permitido que podamos identificar con mayor precisión que las acciones del Estado a través de la formulación-implementación-cumplimiento de las políticas públicas requieren centrarse en varias áreas vitales. Entre estas se destacan:

a) Mejorar la relación coste-beneficio de la formalidad

Esto en la medida que resulta necesario potenciar la reducción de la carga reglamentaria para las empresas formales (como estímulo para una respuesta-conducta deseada). Con esta consideración, los gobiernos pretenden eliminar los costes indirectos asociados a los requisitos de formalización. El objetivo es permitir a los empresarios registrarse en todas las entidades comerciales y de seguridad social pertinentes mediante un único procedimiento en línea. A esta medida se suma la reducción de las tasas de registro de empresas y la adopción de herramientas tecnológicas para agilizar el proceso de registro en las entidades de impuestos y aduanas.

b) Diseñar políticas para ayudar a las empresas registradas a obtener los beneficios de la formalidad mediante programas básicos de desarrollo empresarial

Esto conlleva implementar una regulación progresiva de requisitos con base en el proceso de crecimiento y formalización de una empresa (DNP, 2019).

A pesar de las diversas políticas públicas implementadas desde 2007 hasta la actualidad, las cuales fueron influenciadas significativamente por la pandemia del COVID-19, la informalidad sigue siendo uno de los aspectos característicos de la mayor parte de las economías latinoamericanas. Un análisis de las últimas políticas públicas adoptadas revela que la mayoría de los enfoques se centran principalmente en la formalización de las pequeñas y medianas empresas. Notablemente, la data internacional refleja que en Latinoamérica los negocios carecen de registro comercial (DNP, 2019).

Entonces, el reto central de la informalidad en Latinoamérica radica en la formalización de las pequeñas y medianas empresas, predominantemente dentro de las principales áreas metropolitanas del país.

Sin embargo, esto no debe constituirse en un limitante del alcance. Es decir, se debe superar la limitación de que las políticas públicas latinoamericanas de respuesta al fenómeno de la informalidad se hayan enfocado principalmente en las grandes ciudades, descuidando las zonas rurales (DANE, 2023).

En este contexto, la política pública de formalización en Latinoamérica debería incorporar medidas específicas para promover la formalización en las zonas rurales, donde la informalidad supera porcentualmente de manera significativa a las regiones urbanas. Además, al examinar este tema desde la perspectiva urbana, excluyendo del análisis las zonas rurales, se evidencia que las ciudades con mayores tasas de informalidad son aquellas donde las actividades agropecuarias juegan un papel sustancial

La política pública de formalización también debería considerar la agricultura como una actividad económica. Este enfoque probablemente se traducirá en un mayor crecimiento económico y mayores niveles de empleo formal en todo el país.

3. ALGUNOS ASPECTOS DE LAS POLÍTICAS Y SUS EFECTOS

Si consideramos posibles alternativas, la siguiente propuesta forma parte de diferentes enfoques que cuentan con experiencias comparativas en otros países, todas ellas con costes fiscales y políticos:

3.1. Políticas de reducción de costes laborales

Una acción concreta para reducir la informalidad en Latinoamérica sería disminuir los costos laborales no salariales (OIT, 2018) puesto que estos representan –para algunos países como Colombia– aproximadamente el 27 % (Cárdenas, Fernández, Rasteletti, y Zamora, 2021)[1].

Sin embargo, la reducción de los costes laborales no salariales no siempre conduce a una reducción de la informalidad. El caso peruano es una prueba de ello. Entre 2003 y 2008, el Gobierno

---

1 Sin embargo, no puede dejarse de lado que adoptar una política adicional de reducción de, por ejemplo, las cotizaciones laborales podrían involucrar un elevado coste fiscal.

peruano introdujo varias reformas para reducir los costes laborales no salariales.

Esto dio lugar a que las microempresas pagaran un 37 % menos en costes no salariales, y se creó un subsidio del 50 % de la seguridad social para empresas de hasta 100 trabajadores (Cárdenas, Fernández, Rasteletti, & Zamora, 2021). Sin embargo, la informalidad disminuyó durante ese período en Perú debido al crecimiento económico. El éxito limitado de esta política se atribuye a la falta de control fiscal en Perú.

3.1.2. Costes fiscales y políticos

Los países latinoamericanos por lo general muestran un déficit fiscal considerable. Esto supone que debe ponerse en marcha reformas tributarias para hacer frente a este déficit presupuestario, buscando la financiación de las reformas sociales del Gobierno.

Una medida para reducir los costes laborales no salariales podría tener un alto coste político. En muchos países de Latinoamérica, las contribuciones tienen asignaciones específicas que suelen dirigirse a áreas de la administración pública, especialmente a aquellas con una fuerte representación gremial.

3.2. Políticas fiscales simplificadas para las PYME

Los regímenes fiscales simplificados para pequeños contribuyentes han sido ampliamente utilizados en Latinoamérica como política para reducir la informalidad. Este tipo de políticas se implementó a través de la leyes especiales, que otorgaron incentivos tributarios graduales a las pequeñas y medianas empresas que formalizaran sus operaciones. Este tipo de medidas apuntó reducir la informalidad.

En línea con lo anterior, podemos traer a colación el caso de Brasil y Uruguay, países que representan los casos más exitosos de regímenes fiscales simplificados en Latinoamérica. En Brasil, los regímenes fiscales simplificados dirigidos a las pequeñas empresas redujeron la informalidad del 51 % en 2001 al 39 % en 2011. En Uruguay, la misma política redujo la informalidad del 40,7 % en 2004 al 23,5 % en 2014 (Cárdenas, Fernández, Rasteletti, y Zamora, 2021).

3.2.1. Costes fiscales y políticos

A nivel de Latinoamérica, las PYME constituyen el universo más amplio de contribuyentes (60 % a 96 %, según los países). Sin embargo, su contribución a la recaudación es muy limitada (0,1 % a 3,9 %) (Barreix & González, 2020). Las microempresas y las pequeñas y medianas empresas representan una amplia mayoría del total de empresas de los países. A pesar de ello, las PYME aportan de manera "reducida" los ingresos nacionales. Se estima que, si el número de PYME que entran en la formalidad se incrementase al menos en los próximos diez años, podría aumentar la contribución fiscal de estas empresas a nivel nacional. Sin embargo, cabe señalar que esta medida podría afectar negativamente al crecimiento de las empresas, ya que las incentiva a no crecer y permanecer dentro de un sistema de incentivos fiscales.

Por otra parte, este tipo de política podría incorporar bajos costos políticos, ya que contaría con el apoyo de las asociaciones gremiales que verían esta medida como un incentivo para la inversión privada y el –potencial– aumento de empleo.

3.3. Flexibilidad del salario mínimo

Una posible solución para abordar la informalidad es introducir un salario mínimo flexible adaptado a cada región en función de la productividad local. En Latinoamérica, el diseño del salario mínimo contribuye significativamente a la informalidad (Del Carpio, 2017).

Debido a los bajos niveles de productividad, las empresas se ven obligadas a contratar personal de manera informal debido al rígido salario mínimo nacional. Aunque otras políticas pueden fomentar la formalidad, su impacto suele ser efímero, ya que las empresas deben ajustarse anualmente al salario mínimo nacional. Por ejemplo, un estudio realizado en 2022 para Colombia indicó que un aumento del 1 % en el salario mínimo conduce a una disminución del 0,7 % en el empleo formal en un período de uno a dos años (Flórez, Hermida, & Morales, 2022).

Entre los aspectos institucionales que deben ser sujetos de revisión podemos citar:

a) En Latinoamérica, el salario mínimo se suele definir anualmente en función de la inflación y la productividad del año.

b) El salario mínimo es obligatorio para las empresas y está definido por ley (Código Laboral u otros).

c) El valor del salario mínimo se adopta mediante negociación entre el gobierno nacional, las asociaciones que representan a los trabajadores y los gremios que representan al sector privado. Por lo tanto, está expuesto a un escenario de incentivos perversos y de intensa contraposición de intereses.

d) Para su fijación no se consideran aspectos tales como la productividad regional y la capacidad de ingresos.

3.3.1. Costes fiscales y políticos

La aplicación de una política de flexibilización del salario mínimo por regiones podría afectar a la recaudación de impuestos indirectos, por ejemplo, el impuesto sobre el consumo, si la demanda disminuye en las regiones debido a la flexibilización salarial. Para evitar que esto se traduzca en una pérdida de poder adquisitivo, se tendría que adoptar medidas graduales que generen empleo regional o en áreas distintas a las regiones y/o zonas metropolitanas (capitalinas).

Esta medida tendría un alto coste político entre las organizaciones de trabajadores. Sin embargo, recibiría el apoyo político de los gremios empresariales. Para moderar el coste político, el

Gobierno debería incorporar un plan gradual de adaptación del salario mínimo según las regiones.

CONCLUSIONES

El recuento realizado, derivado de la aplicación de aportes formulados desde el Derecho del trabajo, la Economía del Trabajo y del Derecho y Economía (aplicado) nos lleva a deducir que –probablemente– para reducir la informalidad en Latinoamérica, resulta necesario apostar por una política pública de flexibilización del salario mínimo. Si bien esta política puede tener un alto costo político, constituye una medida para mejorar significativamente las tasas de informalidad.

Lo anterior supone proponer una reforma laboral efectiva que modifique las leyes de trabajo y permita flexibilizar el salario mínimo por regiones, considerando la productividad de cada región y problemas como riesgo moral y de selección adversa. Ciertamente, el salario mínimo regional no podrá ser inferior al salario mínimo nacional del año inmediatamente anterior a la reforma.[2]

Además, las reformas deben garantizar una flexibilidad gradual a lo largo de periodo predeterminado, respetando los acuerdos salariales existentes entre trabajadores y empresarios. La flexibilidad no puede ser retroactiva y sólo puede entrar en vigor un año después de la adopción de la norma.

---

[2] Esto puede conllevar a que el salario mínimo regional deba ser negociado por un representante del gobierno nacional, un representante del gobierno regional, un representante de los trabajadores y un representante de los gremios. Además, para moderar los costos políticos de esta medida, los gobiernos deben acompañar este tipo de reformas con un plan de proyectos productivos para las regiones de menor productividad y en las zonas con mayor informalidad.

REFERENCIAS BIBLIOGRÁFICAS

Antón, A. (2014). The effect of payroll taxes on employment and wages under high labour informality. Revista IZA de Trabajo y Desarrollo, 1-23.

Bareix, A., y& González, D. (2020, 21 de septiembre). Tributación para las MiPymes: un régimen para el 80 % de los contribuyentes que pagan el 2 %. Obtenido del BID: https://blogs.iadb.org/gestion-fiscal/es/tributacion-para-mipymes-post-pandemia.

Cárdenas, M., Fernández, C., Rasteletti, A., & Zamora, D. (2021). Consideraciones para el diseño de políticas fiscales para reducir la informalidad en América Latina y el Caribe. Washington D.C: BID.

DANE. (2023). Gran Encuesta Integrada de Hogares (GEIH). Bogotá: DANE.

David, A., Pienknagura, S., & Roldos, J. (2020). Dinámica del Mercado Laboral, Informalidad y Regulaciones en América Latina. FMI.

Del Carpio, X. V. (2017). Implicaciones del aumento del salario mínimo en la dinámica del mercado laboral lecciones para las economías emergentes. Washington D.C: Grupo del Banco Mundial.

De Soto, Hernando. (1988). "Constraints on People: The Origins of Underground Economies and Limits to their Growth." pp. 1547 en Beyond the informal Sector: Including the Excluded in Developing Countries, compilado por J. Jenkins. San Francisco: Institute for Contemporary Studies.

DNP. (2007). Política nacional para la transformación productiva y la promoción de las micro, pequeñas y medianas empresas: un esfuerzo público-privado Bogotá: Departamento Nacional de Planeación. DNP. (2019). Conpes 3956. Bogotá: DNP.

Flórez, L. A., Hermida, D., y& Morales, L. F. (2022). El Efecto Heterogéneo del Salario Mínimo sobre los Flujos del Mercado Laboral en Colombia. Borradores de Economía, Banco de la República, 5-35.

Ghersi-Silva, E. (2000). Los sistemas de contratación entre los informales. *Ius Et Praxis*, *31*(031), 142-154. https://doi.org/10.26439/iusetpraxis2000.n031.3626

OIT. (2018). Remuneraciones, costos extrasalariales y renta imponible en los países andinos. Ginebra: OIT.

FMI. (2023). Dinámica del mercado laboral, informalidad y regulaciones en América Latina. Washington D.C.: Fondo Monetario Internacional.

Williamson, Claudia R., The Two Sides of De Soto: Property Rights, Land Titling, and Development (October 7, 2011). The annual proceedings of the wealth and well-being of nations, p. 95, Emily Chamlee-Wright, ed., Beloit College, 2010, Available at SSRN: https://ssrn.com/abstract=1940201

Williamson, C.R., & Kerekes, C.B. (2011). Securing Private Property: Formal versus Informal Institutions. *The Journal of Law and Economics, 54*, 537-572.

Capítulo 1.

Los orígenes del AED: marco teórico y conceptual contextualizado

Una vez un economista llamado Cláudio entró en un café y preguntó:

—¿Cuánto cuesta el zumo de limón?

La vendedora respondió: —Son 10 reales.

Entonces Claudio preguntó: —¿Y cuánto cuesta el azúcar?

La vendedora replicó: "Oh, el azúcar es gratis.

Entonces el economista se animó y preguntó: —En este caso, sólo quiero 2 kilos de azúcar.

1.1. LA TEORÍA MICROECONÓMICA Y LOS ORÍGENES DEL AED

Este capítulo presenta los elementos básicos de la teoría económica, especialmente de la microeconomía. Comenzaremos con la teoría económica institucionalista, base del análisis económico del derecho. En ella, sus formuladores iniciales propusieron, por primera vez dentro de la ciencia económica, la notoria relación entre el mundo jurídico y el mundo económico, analizando las instituciones que, en lenguaje económico, se refieren a las reglas normativas vigentes en una sociedad. Estas normas sirven de guía para el comportamiento de los individuos y las organizaciones de cualquier sociedad y, por tanto, definen cómo se comportan y tienen un impacto incuestionable en los resultados económicos y sociales.

Antes de pasar al capítulo siguiente, en el que analizaremos en detalle las teorías económicas, hablaremos de los supuestos fundamentales de la microeconomía. Estos supuestos revelan la forma en que el economista piensa y analiza los fenómenos del mundo. Sin entenderlos, es imposible comprender la naturaleza y las implicaciones del análisis económico. No es necesario estar de acuerdo o en desacuerdo, gustar o disgustar con estos principios: simplemente deben ser comprendidos por cualquier persona interesada en entender el universo económico, o, mejor dicho, el lenguaje y la forma de razonar y comunicar de los economistas. A menudo, el error en la comprensión básica del AED viene precisamente de no entender los fundamentos. Por eso creemos que es esencial dedicar algún tiempo a discutir algunos de ellos en detalle.

Dicho esto, empecemos por los orígenes de EDA.

1.2. NUEVA ECONOMÍA INSTITUCIONAL: ¿QUÉ SON LAS INSTITUCIONES?

Desde Adam Smith, considerado el padre de la ciencia económica por la publicación de su obra "La riqueza de las naciones" en 1776, existía la idea de que el sistema de leyes era esencial para el buen funcionamiento de los mercados. A finales del siglo XIX y principios del XX, surgió en Estados Unidos un movimiento, conocido hoy como Viejo Institucionalismo, que pretendía vincular el estudio de la economía con el de las cuestiones jurídicas. Sin embargo, debido a su incapacidad o falta de interés, aquellos profesionales y académicos no llegaron a formular una rama original de la ciencia.

Uno de los primeros pasos en esta dirección se dio cuando Ronald Coase publicó el artículo "The Nature of the Firm" en 1937. En él, el autor británico situó el debate sobre los costes de transacción en el centro de la teoría económica, demostrando que son un factor determinante de los resultados económicos. A su vez, los costes de transacción, según Coase, se ven afectados por las normas vigentes en el entorno, es decir, las instituciones. Concretamente, unas instituciones formales fuertes pueden contribuir a minimizar o eliminar los costes de transacción existentes. Por otro lado, unas instituciones débiles pueden mantener o incluso aumentar los costes de transacción existentes. Puede decirse que las instituciones actúan de dos maneras sobre el resultado económico: ex ante, determinan el nivel de los costes de transacción en esa economía.

Ex post, tienen el potencial de "corregir" resultados ineficientes. Esta idea quizá se ilustre mejor en la segunda obra de impacto de Coase, ésta de 1960, "El problema del coste social". Cuando los costes de transacción son significativos, la determinación legal–definida por una decisión judicial o una ley creada en el poder legislativo, por ejemplo–puede provocar resultados ineficientes. En este caso, las "fuerzas del libre mercado" son incapaces de garantizar la eficiencia del sistema en su conjunto, contrariamente a lo que concluye la teoría tradicional. A partir de aquí, las instituciones jurídicas -tribunales, leyes, poder ejecutivo, etc.–asumen parte de la "responsabilidad" de lograr la maximización del bienestar social. Por eso Coase afirma que "de hecho, son las instituciones las que rigen el rendimiento de una economía" (1998, p. 73). Con esta nueva percepción nació la Nueva Economía Institucional. Se trata de una parte de la teoría económica que no ha venido a contradecirla, sino a complementarla. La vieja teoría clásica se complementa ahora con la observación no trivial de que las instituciones, las reglas del juego y la forma en que se garantizan afectan al resultado económico final.

1.2.1. Definición de "instituciones"

El concepto de "instituciones" podría entenderse en cuatro sentidos diferentes: en el sentido de derechos de propiedad, en el sentido de contratos (en general, las dos perspectivas adoptadas por el análisis económico del derecho), en el sentido de convenciones (instituciones informales, por ejemplo) y en el sentido de autoridad. Se podría resumir: "las instituciones son conjuntos de derechos y obligaciones que afectan a las personas en su vida económica" (MATTHEWS, 1986, p. 905).

En épocas más recientes, varios autores han realizado notables aportaciones a la teoría de las instituciones, basándose sobre todo en la observación del papel que han desempeñado a lo largo de la historia del desarrollo económico de los países. En determinadas situaciones, las instituciones se han desarrollado de tal forma que han aumentado la eficiencia de la economía, permitiendo mayores ganancias en el comercio; en otras, ha ocurrido lo contrario: las normas vigentes han obstaculizado las ganancias en el comercio y han mantenido la economía en un estadio primitivo durante siglos. Entre los diversos trabajos en esta línea, destaca el de Douglass North:

> Las instituciones son las reglas del juego en la sociedad o, más formalmente, son restricciones creadas por el ser humano que dan forma a las interacciones humanas. En consecuencia, estructuran los incentivos en los intercambios humanos, ya sean políticos, sociales o económicos. Los cambios institucionales moldean el modo en que las sociedades se desarrollan a lo largo del tiempo y son, por tanto, cruciales para comprender los cambios históricos (1990, p.3).

Así, las instituciones, junto con las restricciones tradicionales establecidas en la teoría económica clásica (precios, costes, pérdidas económicas, etc.), indican el atractivo de todas las actividades económicas y constituyen la base sobre la que se asientan las decisiones de los agentes. Es más, North demuestra explícitamente que unas instituciones eficaces conducen al crecimiento económico. Esto ocurre a través de una ecuación simple y clara: "las instituciones y la eficacia de su *aplicación* [...] determinan el [coste de transacción de un entorno]"; a su vez, "los costes de transacción son determinantes críticos del rendimiento económico" (1989, p. 803). En consecuencia, las instituciones eficaces son aquellas que "aumentan los beneficios de las soluciones cooperativas [...] reducen los costes de producción y de transacción de cada intercambio, de modo que se realizan las ganancias potenciales de los intercambios" (1991, p. 98).

Al mismo tiempo, varios economistas institucionalistas, con el apoyo de bases de datos cada vez más completas y métodos de investigación cada vez más sofisticados, han logrado demostrar empíricamente los innegables efectos (con significación estadística y econométrica) de las instituciones en la prosperidad o el fracaso de los países. Entre los más conocidos se encuentran los autores del famoso libro de 2012 "Por qué fracasan las naciones", Daron Acemoglu y James Robinson, profesores respectivamente del Instituto Tecnológico de Massachusetts (MIT) y de la Universidad de Chicago. El siguiente pasaje resume sus conclusiones tras años de investigación sobre la historia de diversos países:

> Ni la cultura, ni la geografía, ni la ignorancia pueden explicar los diferentes caminos tomados [por los países económicamente prósperos y pobres]. Tenemos que buscar respuestas en las instituciones (2012, p.73).

Hoy en día, los economistas institucionales y, sobre todo, los estudiosos del AED comprenden claramente la importancia del entorno institucional para garantizar el desarrollo de las sociedades humanas.

¿Y cómo podemos entender el comportamiento y la toma de decisiones de los individuos y las organizaciones en estos entornos? En eso consiste la microeconomía tradicional, cuyos fundamentos analizaremos a continuación.

Así que:

Las instituciones son las reglas del juego en la sociedad, o restricciones creadas socialmente que conforman la estructura de incentivos en las interacciones humanas. Este entorno institucional es el que determina, según recientes estudios empíricos, el fracaso o la prosperidad de las naciones.

1.3. LOS FUNDAMENTOS DE LA ECONOMÍA

Aunque no se esté de acuerdo, hay que entender perfectamente cómo y por qué los economistas piensan como piensan. Necesitamos entender su lenguaje implícito o explícito, la base de su formulación lógica de los fenómenos del mundo. Al igual que en derecho, los fundamentos o principios de la economía sirven para este propósito. Aquí hemos seleccionado los principales.

1.3.1. En general, las personas son racionales

La ciencia económica pretende describir y predecir el comportamiento humano, entendido como algo que resulta de una decisión consciente. Tal y como la definió el economista británico Lionel Robbins (1932), la economía es la ciencia que estudia el comportamiento humano mientras los recursos son limitados y tienen usos alternativos.

Debido a su centralidad en la teoría económica y a la frecuente incomprensión de lo que realmente representa, vamos a discutir con más detalle el principio de la racionalidad económica de los agentes, considerado por la teoría económica.

La racionalidad económica, tal como la entienden los economistas, puede describirse como la búsqueda de satisfacciones o beneficios en un mundo en el que existen restricciones o recursos limitados o escasos. Reconocer la existencia de estas restricciones es esencial para entender la lógica económica. Sin recursos limitados, todos los individuos aspirarían a alcanzar niveles infinitos de beneficios, ganancias y bienestar. Sin embargo, en el mundo real, todos los recursos son limitados: tiempo, dinero, oportunidades, etc. Así pues, muchas de las opciones deseadas no son realmente factibles y, en estas situaciones, habrá que tomar una decisión racional. En otras palabras, una decisión racional evalúa las oportunidades existentes, identifica la que implica el menor sacrificio (coste) y decide en función de ella.

Incluso los grandes millonarios tienen limitaciones de recursos: puede que sean menores que las de la mayoría de la gente, pero existen. La razón es que ningún recurso -al menos entre los que conciernen a la supervivencia humana- es infinito o ilimitado. Si todos los recursos son finitos, siempre habrá restricciones. Del mismo modo, la limitación del tiempo también influye en las decisiones de los consumidores: aunque dispongan de una gran cantidad de recursos materiales para gastar en bienes, los consumidores pueden no tener tiempo para ir de compras, o no tener tiempo para consumir. Esto también significa que, a la larga, optan por consumir menos.

Un ejemplo clásico de decisión basada en la racionalidad, dentro de un contexto puramente económico, es el que presenta la teoría del consumidor: un consumidor, al hacer la compra del mes en el supermercado, optará por obtener el mayor número posible de bienes de consumo–"bienes" en el sentido literal del término, es decir, objetos y servicios que le generen beneficios y no pérdidas. Sin embargo, los bienes suelen costar dinero y siempre dispondrá de recursos limitados para gastarlos. Así pues, en función de sus limitados recursos monetarios y materiales, el consumidor elegirá cuánto gastará y qué bienes comprará en el supermercado, con el fin de maximizar su beneficio y bienestar. Es fácil ver que, aunque distintos consumidores tengan idénticas limitaciones de recursos, pueden hacer elecciones diferentes porque tienen preferencias distintas por los bienes disponibles para el consumo. Por ejemplo, un consumidor que es madre de tres hijos puede tener elecciones diferentes a las de un consumidor que vive solo y no tiene hijos, aunque tengan los mismos ingresos mensuales.

Por tanto, la elección basada en la racionalidad económica podría resumirse como una elección basada en el *análisis beneficio-coste* que los individuos harán cuando se enfrenten a una situación en la que haya varias opciones posibles y los recursos sean limitados.

A menudo tendemos a imaginar que sólo las personas muy cultas son capaces de tomar decisiones racionales. Esto es un error. Incluso los analfabetos que no saben matemáticas pueden (¡y suelen!) ser racionales. Lo único que necesitan saber es lo que quieren/necesitan/les gusta y lo que deberían hacer/gastar/invertir para conseguirlo.

Por ejemplo, una persona sin hogar necesita comida: representa su bien deseado, algo que le reportará algún tipo de beneficio. Por otro lado, sabe que la comida no le caerá gratis del cielo a las manos. Para conseguirla, tiene algunas opciones: mendigar, trabajar para ganar dinero y pagar la comida, robar y, eventualmente, cultivar sus propios alimentos. Entre estas posibilidades, elegirá una, y la elección se basará en su habilidad, capacidad y las oportunidades que haya a su alrededor, etc. En otras palabras, dependerá de cuánto le *cueste* cada una de estas alternativas. No es difícil darse cuenta de que siempre elegirá la opción que le resulte menos incómoda, es decir, la que le cueste menos. Supongamos que piensa que, de todas las alternativas, la "mejor" es mendigar, porque es fácil, tiene poco riesgo, está cerca de un barrio donde la gente es más caritativa, etc. Si acaba mendigando para conseguir comida, este comportamiento es el resultado de una decisión económica racional.

Una última reflexión sobre este tema: el concepto de racionalidad económica no debe confundirse con los problemas de información, que pueden estar presentes durante el proceso de toma de decisiones. El problema de la asimetría de la información y de la información imperfecta es un área aparte de la microeconomía, pero nuestro objetivo aquí no es profundizar en ella.

Podemos extraer algunas conclusiones del concepto de *racionalidad económica*. En primer lugar, se aplica a los procesos cotidianos de toma de decisiones de las personas. En segundo lugar, no se limita a las personas con conocimientos técnicos o numéricos: basta con que perciban beneficios que pueden derivarse a expensas de algún tipo de coste (tiempo, dinero, etc.). En tercer lugar, al igual que los costes, los beneficios derivados de los bienes de consumo no se limitan a los económicos. Por ejemplo, se pueden desear vacaciones y descanso, aunque no generen ningún tipo de beneficio pecuniario. Por último, la racionalidad económica puede aplicarse no sólo a las decisiones tomadas en los mercados de compra y venta de bienes y servicios, sino también a situaciones ajenas al mercado.

1.3.2. Las personas y las organizaciones tienen que hacer concesiones ("nada es gratis")

Dado que los recursos en el planeta (y en el universo, aparentemente) son todos limitados, para elegir algo hay que sacrificar necesariamente otra cosa. Si elegimos una hora para trabajar en un artículo, sacrificamos ese tiempo para pasarlo con nuestra familia. El vagabundo del ejemplo anterior, cuando decide mendigar comida, renuncia a la oportunidad -utilizando la misma cantidad de tiempo- de buscar trabajo para conseguir el mismo recurso. Este "renunciar a algo", que es necesario y existe intrínsecamente en cada decisión que tomamos, se llama *compensación*. Incluso si tomamos decisiones en las que aparentemente no renunciamos a nada, en realidad la *compensación* consistiría en emplear ese tiempo en alguna otra actividad u ocupación. Puede que, en algunas situaciones, lo que tengamos que perder por elegir algo sea muy poco. La medida de esta pérdida, de lo que "renunciamos", es el concepto que vamos a tratar a continuación.

1.3.3. El coste de algo para usted se mide por el coste de oportunidad

Si los autores de este libro científico fueran personas muy ocupadas, sin mucho que hacer, la decisión de escribir este libro de investigación probablemente implicaría pequeños sacrificios ("después de todo, no tienen mucho más que hacer..."); diríamos que el coste de oportunidad es pequeño. Sin embargo, si fueran personas muy ocupadas, para decidirse a escribir ese libro podrían tener un coste "caro", se sacrificarían muchas cosas o cosas muy "valiosas". La medida del coste de oportunidad de la misma decisión podría tener entonces valores distintos para personas diferentes. Es sabido, por ejemplo, que el coste de oportunidad para un joven de ir a la universidad es menor que el coste de oportunidad para una persona mayor; por otro lado, un joven que tiene que trabajar para ayudar a mantener a su familia tiene un coste de oportunidad mayor que un joven de familia acomodada. Es más, el coste de oportunidad no suele medirse por valores monetarios, sino que puede ser una medida del tiempo, la energía y las oportunidades que se pierden cuando alguien elige hacer algo. Sin embargo, si una elección implica renunciar a alguna ganancia monetaria específica, el valor al que se renuncia monetariamente será efectivamente la medida del coste de oportunidad.

1.3.4. La gente reacciona a los incentivos

Los agentes racionales reaccionan a los incentivos. Esto significa que, dado que las personas evalúan los costes y los beneficios de las opciones que se les ofrecen -como vimos en el primer principio-, evaluarán la información que se les ponga delante para decidir sus elecciones. Tradicionalmente, en microeconomía clásica, los incentivos más comunes son los precios, los costes, los beneficios, etc.: como en el ejemplo del consumidor racional, si los precios son altos, reacciona comprando menos (en igualdad de condiciones); si los precios bajan (en igualdad de condiciones), reacciona comprando más.

Sin embargo, para los estudiosos del AED y los economistas institucionales, quizá más importantes que los incentivos monetarios sean los incentivos institucionales o *normativos*. Cuando el Estado decide aplicar una nueva ley, o el poder judicial decide fallar en un sentido u otro, estas nuevas reglas normativas se convierten en incentivos para los agentes racionales, que deciden cómo se comportarán ante esta nueva norma. Esta lógica explica plenamente la relación entre el mundo jurídico y el comportamiento de un agente racional.

Por ejemplo, si las autoridades de una ciudad creen que el número de accidentes de tráfico es mayor de lo deseado, pueden crear nuevas normas de tráfico que reduzcan la velocidad máxima en la vía pública y/o aumenten la multa a los conductores que infrinjan este límite. Esta nueva normativa debería tener un efecto claro en los conductores: conducirán más despacio, tras analizar el beneficio del exceso de velocidad frente al coste de la probable multa, lo que reducirá el número de accidentes.

Como se ve, afortunadamente para el derecho, los agentes racionales reaccionan a los incentivos. De lo contrario, las leyes, el derecho en su conjunto, serían totalmente inocuas en las sociedades humanas.

1.3.5. El libre comercio puede ser bueno para todos

Aunque este principio parece invocar los principios de una economía liberal, sin más en discusiones ideológicas innecesarias y mucho menos partidistas, lo que realmente nos interesa es que –una vez más– este fundamento económico está ligado a una lógica jurídica. La idea del libre comercio en economía se basa en la idea jurídica de la fuerza de la voluntad de las partes. Si la relación contractual se basa en la voluntad de las partes, y si las partes son agentes racionales que saben lo que quieren y lo que no quieren, entonces lo que se ha acordado entre ellas sobre la base de sus propias voluntades debería, en principio, generar una mejora de su bienestar. Por eso debe seguirse el *pacta sunt servanda,* y por eso el libre comercio puede ser bueno para todos, si se cumplen ciertas condiciones, como veremos a continuación.

1.3.6. Los mercados son una buena forma de organizar las actividades económicas…

En base a la discusión anterior, las decisiones descentralizadas de muchas empresas y personas, basadas en su voluntad, tienden a aportar más bienestar que aquellas decisiones tomadas por un planificador central, alejado de todo y de todos, que no dispone de información completa ni precisa sobre las preferencias, gustos y también costes de todos los agentes de la sociedad. De hecho, diversos estudios en economía, ciencias políticas, derecho, etc. han mostrado evidencias empíricas de este principio.

Por ejemplo, los estudios sobre políticas públicas demuestran que las políticas gestionadas a nivel local (por ejemplo, municipal) tienden a ser más eficaces para proporcionar y aumentar el bienestar que las políticas federales; las resoluciones de conflictos directamente entre las partes, cuando es posible, generan resultados finales más interesantes que las decididas por un organismo remoto, que no dispone de información completa sobre las ganancias y pérdidas que implica el conflicto. Existen innumerables estudios empíricos en este sentido. Las decisiones tomadas de forma descentralizada, directamente por las partes interesadas, tienden a generar más bienestar que las centralizadas por un único agente u organismo.

1.3.7. Pero a veces el Estado es necesario para mejorar algunos resultados (principalmente garantizando buenas instituciones y corrigiendo fallos del mercado)

Desde hace mucho tiempo, la teoría económica muestra situaciones del mundo real en las que agentes descentralizados y privados tienen dificultades para maximizar las ganancias de las partes. Son los llamados fallos de ***mercado, cuyos*** principales ejemplos son: asimetrías de información, externalidades (positivas o negativas), mercados no competitivos (monopolios, oligopolios y similares), situaciones de elevados costes de transacción, etc. La presencia de fallos de mercado es lo que justifica económicamente la creación de reglas, la presencia del Estado y del Derecho en las actividades económicas. Su importancia es tal para el estudio del análisis económico del Derecho que el siguiente capítulo estará íntegramente dedicado a su discusión.

1.3.8. El nivel de vida de un país depende de su capacidad de producir bienes y servicios, o más exactamente, de su productividad

Aunque es posible, e incluso deseable, que el bienestar o la felicidad general de las personas se midan con distintos parámetros, en realidad existe el importante inconveniente de entrar en medidas subjetivas e incluso complejas de lo que es el "bienestar". De forma resumida, pero ampliamente aceptada, los economistas adoptan la medida de la capacidad de generar riqueza. Esto es lo que justifica el uso generalizado de las medidas "PIB" (Producto Interior Bruto) y "PIB per cápita" como principal medida de desarrollo y bienestar entre países. Eso no quiere decir que otras medidas no puedan ser complementarias; el ejemplo más conocido de ellas es el Índice de Desarrollo Humano (IDH). Sin embargo, no es casualidad que los indicadores que tienen en cuenta factores más "sociales" y "humanos" -como los niveles de educación, la esperanza de vida, el acceso al saneamiento, etc.–incluidos en indicadores como el IDH tienen una fuerte correlación con los indicadores de productividad utilizados más tradicionalmente. En otras palabras, utilizando cualquier conjunto de países, los indicadores de productividad más "puros" están fuertemente correlacionados con indicadores más "sociales y humanos".

Del mismo modo, la productividad de una empresa o de una organización pública o privada, con o sin ánimo de lucro, es medida generalmente por los economistas a través de su capacidad de generar bienes y servicios (productividad). Esta observación podría incluso reducirse al nivel de un individuo: en microeconomía, se supone, dadas ciertas condiciones, que el salario o la renta del trabajo de una persona vendrían dados por su productividad. Se trata sin duda de una simplificación, pero representa -al menos parcialmente- la realidad del mundo económico.

Una vez conocidos estos principios, podemos empezar a discutir las principales teorías de la microeconomía, que es la base de toda la ciencia económica. Esto es lo que haremos a continuación, en el capítulo 2.

Algunos de los principales fundamentos de la economía:

1. *Las personas suelen ser racionales (sopesan los beneficios y los costes a la hora de tomar decisiones cotidianas).*

2. *Las personas y las organizaciones tienen que hacer concesiones ("nada es gratis").*

3. *El coste de algo para ti se mide por el coste de oportunidad.*
4. *Las personas reaccionan a los incentivos.*
5. *El libre comercio puede ser bueno para todos.*
6. *Los mercados son una buena forma de organizar las actividades económicas...*
7. *...pero a veces el Estado es necesario para mejorar algunos resultados (principalmente garantizando buenas instituciones y corrigiendo fallos del mercado).*
8. *El nivel de vida de un país depende de su capacidad para producir bienes y servicios, o más exactamente, de su productividad.*

PREGUNTAS

1. Se ocupan de las reglas del juego en la sociedad, formando la estructura de incentivos en las interacciones humanas. Determina el fracaso o la prosperidad de las naciones. Esta definición se refiere al concepto de:

a) libre comercio

b) *compensación*

c) análisis económico del derecho

d) instituciones

e) fallos del mercado

2. Marca la casilla incorrecta en relación con el concepto de coste de oportunidad:

a) el coste de oportunidad se mide por el valor de la elección que el individuo deja de hacer

b) el coste de oportunidad varía en función, entre otros factores, del individuo y de su entorno

c) un coste de oportunidad bajo significa que la opción no realizada tiene menos valor que la opción elegida para un individuo determinado

d) el coste de oportunidad tiene en cuenta diversos factores, como el tiempo, el dinero y la voluntad.

e) el coste de oportunidad es la medida utilizada para determinar el valor de una elección dada, calculado por la opción que ya no se elige

3. Marque V o F para las siguientes afirmaciones sobre los fundamentos de la microeconomía:

( ) Los incentivos son un factor determinante en la toma de decisiones

( ) tomar una decisión significa renunciar a otra ("tradeoff"), porque los recursos son limitados

( ) La productividad de un país, es decir, su PIB, es determinante para establecer el nivel de vida.

( ) las decisiones centralizadas, basadas en el voluntarismo, tienden a generar un mayor bienestar económico

( ) la idea del libre comercio sin interferencias estatales siempre es buena para todos

4. (FGV–2021–FUNSAÚDE–CE–Analista Administrativo–Economía de la Salud) Supongamos que un técnico de enfermería empleado decide estudiar medicina. El coste de oportunidad de realizar este curso será igual a

a) remuneración futura que percibirá como médico.

b) ingresos de sacrificio percibidos como técnico de enfermería.

c) tasas de matrícula universitaria, si es privada.

d) pérdida de bienestar por no atender a los pacientes durante el curso.

e) la tasa interna de rentabilidad esperada de licenciarse en Medicina.

5. (FGV–2015–TJ-BA–Analista Judicial–Economía) Un individuo que ha finalizado sus estudios de bachillerato debe decidir si desea cursar estudios superiores o no. El coste de oportunidad de asistir a la universidad en este caso sería:

   a) el importe de las tasas académicas que deben abonarse;

   b) el coste del material didáctico y del transporte necesarios para completar el curso;

   c) los ingresos sacrificados del mercado laboral medidos para un trabajador con estudios secundarios completos;

   d) la diferencia de ingresos laborales entre un trabajador con estudios superiores y otro con estudios secundarios, ambos terminados;

   e) los ingresos sacrificados del mercado laboral medidos para un trabajador con estudios superiores completos.

6 Sobre el Análisis Económico del Derecho (AED), o Derecho y Economía, responda V o F:

   a) ( ) Es un método de investigación y búsqueda, no un objeto de estudio en sí mismo.

   b) ( ) Es la aplicación de la metodología económica –sobre todo analítica y empírica– a la investigación de cualquier tema de derecho

   c) ( ) Es lo mismo que el Derecho Económico.

   d) ( ) Es el área de estudio creada a partir de la constatación de que la economía es una ciencia más avanzada que el derecho y que, por tanto, necesita enseñar a éste la forma correcta de investigación científica.

7. Contesta V o F, el coste de oportunidad de elegir hacer algo representa:

a) ( ) El beneficio que te has perdido de la segunda mejor opción (la que no has elegido).

b) ( ) La cantidad pagada para tener esa oportunidad

c) ( ) Cuánto le costó a la persona tener esa oportunidad, cuando hizo esa elección.

d) ( ) Oportunidades que surgen como consecuencia de una elección realizada.

Respuestas:

1–D

2–A

3–V, V, F, V, F

4–B

5–C

6–V, V, F, F

7- V, F, F, F

REFERENCIAS BIBLIOGRÁFICAS

Acemoglu, Daron y Robinson, James A.; **Por qué fracasan las naciones: Los orígenes del poder, la prosperidad y la pobreza**. Nueva York: Crown Business, 2012.

Coase, Ronald H. (1937). "La naturaleza de la empresa". **Economica**, 4 (16), 386-405.

Coase, Ronald H. (1960). "El problema del coste social". **Law and Economics,** 3, 1-44.

Mankiw, N. Gregory (2001). **Introducción a la economía: principios de micro y macroeconomía.** Río de Janeiro: Campus.

Matthews, Robin C. O. (1986). "La economía de las instituciones y las fuentes del crecimiento". **The Economic Journal**, *96* (384), 903-918.

North, Douglass C. (1990) **Instituciones, cambio institucional y rendimiento económico.** Nueva York: Cambridge University Press.

North, Douglass C. (1991) "Instituciones". **Journal of Economic Perspectives,** *5* (1), 97-112.

North, Douglass C., & Weingast, Barry R. (1989). "Constitutions and Commitment: the Evolution of Institutional Governing Public Choice in Seventeenth Century England". **The Journal of Economic History,** *49* (4), 803-832.

Robbins, Lionel (1932). "La naturaleza y el significado de la ciencia económica". **The philosophy of economics: An anthology**, *1*, 73-99.

Smith, Adam (1937). **Una investigación sobre la naturaleza y las causas de la riqueza de las naciones.** Nueva York: The Modern Library.

SEGUNDA SECCIÓN.

FUNDAMENTOS

Capítulo 2.

Introducción a la teoría microeconómica

Había un pequeño pueblo en el interior de Brasil que sólo tenía un puesto de fruta. El dueño de la tienda, Ivo, controlaba el precio de toda la fruta y la vendía a un precio muy alto. A los lugareños no les gustaba, pero no tenían otra opción, ya que no había otra frutería en la zona.

Un día, un nuevo comerciante, Alexandre, llegó al pueblo y abrió un segundo puesto de fruta. Empezó a vender fruta a precios más bajos que Ivo, y rápidamente se ganó la lealtad de los aldeanos.

El antiguo monopolista, preocupado por la competencia, decidió comprar la tienda de Alexandre a un precio justo. Al día siguiente, volvió a cobrar los precios altos, obteniendo un beneficio mucho mayor que el de Alexandre.

2.1. PRESENTACIÓN

Este capítulo presenta la teoría microeconómica y sus principales modelos.

Conviene empezar diciendo que, más que ser una ciencia de fines (que eventualmente estudia los mercados, los precios, las transacciones comerciales, etc.), el verdadero objetivo de la economía es comprender el proceso de toma de decisiones de los agentes racionales y/o de las organizaciones. En otras palabras, la economía pretende comprender el proceso de toma de decisiones. Para ello, utiliza conceptos y modelos fundamentales para describir y predecir estos procesos. Por eso se dice que la economía es una ciencia positiva (describe cómo es el mundo) y sólo en segundo plano (si es que lo es) es una ciencia normativa (dice cómo debería ser el mundo). Los modelos son instrumentos para este fin:

no importa lo que pensemos de ellos, simplemente describen lo que ocurre en el mundo. Además, muchos confunden la simplicidad habitual de los modelos con su inutilidad: al contrario, los modelos son útiles precisamente porque son sencillos; de lo contrario, si fueran descripciones complejas y completas del mundo real, no servirían para hacer predicciones, y mucho menos para que los entendiéramos. La analogía más frecuente a este respecto son los mapas de localización (o GPS, Google Maps, etc.): nunca son descripciones detalladas y completas de la realidad, y sin embargo nos ayudan inestimablemente a situarnos en el mucho más complejo mundo real. Por ello, en el apartado 2.2 presentaremos dos de los modelos más importantes para entender las decisiones económicas: el modelo de maximización de la riqueza y el modelo de maximización de la utilidad. Si entendemos que la utilidad, en economía, no sólo implica valores monetarios y financieros–sino también bienestar (objetivo o subjetivo), beneficios no cuantificables como los que aporta un medio ambiente bien protegido (estudiado por la rama de la Economía Ambiental), unas buenas condiciones de salud (estudiado a su vez por la Economía de la Salud), alcanzar buenos niveles de educación (estudiado por la Economía de la Educación), etc. comprenderemos por qué la maximización de la utilidad, teniendo en cuenta los costes asociados (que también pueden ser no monetarios o financieros), es la esencia de la toma de decisiones desde la perspectiva de la teoría microeconómica.

A continuación, pasamos del responsable individual de la toma de decisiones al análisis de los mercados. Para los juristas, comprender la naturaleza de las estructuras de mercado -competencia perfecta, oligopolios, monopolios, competencia monopolística- reviste una importancia crucial, especialmente en el ámbito del Derecho económico, de la competencia y antimonopolio.

Por último, abordaremos los conceptos que llevan el criterio económico de la evaluación normativa a los resultados del mercado y las políticas públicas: el bienestar social y la eficiencia. Discutiremos lo que significan realmente desde una perspectiva económica, dado que todavía hay muchos malentendidos sobre estos dos importantes fundamentos. También explicaremos por qué los economistas sacan a relucir este concepto tan a menudo, cada vez que debaten sobre políticas públicas.

2.2. MAXIMIZACIÓN DE LA UTILIDAD FRENTE A MAXIMIZACIÓN DE LA RIQUEZA

A principios del siglo XX, el economista inglés Lionel Robbins definió: "La economía es la ciencia que estudia el comportamiento humano mientras los recursos son escasos y tienen usos alternativos". Esta es la concepción actual de lo que es la ciencia económica. Puede decirse, por tanto, que el principal objetivo de las teorías económicas, especialmente de las microeconómicas, es explicar los procesos de toma de decisiones de las personas. Para ello, se utilizan modelos analíticos que permiten hacer interpretaciones y descripciones. La ventaja es que, a pesar de estar simplificados, los modelos tienen un altísimo poder explicativo y son potentes herramientas de previsión. Los métodos alternativos de investigación de la realidad, como los estudios de casos y la investigación cualitativa con muestras limitadas, que se centran en los detalles de cada caso, aunque son ricos en realismo descriptivo, tienen poco o ningún poder predictivo sobre el comportamiento de las personas y las organizaciones humanas, ya que no pueden generalizarse.

La teoría del consumidor explica el proceso de elección de un individuo que desea adquirir un bien para satisfacer sus necesidades personales. El objetivo es predecir cómo hará su elección un consumidor estándar, dado que dispone de recursos limitados y, por tanto, no podrá comprar todo lo que desea. Para ello, los economistas utilizan dos conjuntos de conceptos: por un lado, la utilidad y las curvas de indiferencia –para representar el beneficio que genera el consumo de bienes y servicios– y, por otro, las restricciones presupuestarias –para representar la limitación de sus recursos y los costes que implica la adquisición de esos bienes–.

2.2.1 Perspectiva del consumidor (usuario)

2.2.1.1. Curvas de indiferencia ("querer")

Si los bienes en cuestión generan beneficios en lugar de pérdidas, todo consumidor preferirá consumir el mayor número posible: cuantos más bienes se consuman, más beneficios, mayor será el nivel de satisfacción, o mayor el nivel de *utilidad* alcanzado. Si se pudieran trazar curvas que representaran estos niveles de satisfacción creciente a medida que aumenta la cantidad de bienes consumidos, tendríamos algo parecido al gráfico 2.1.

Gráfico 1. Curvas de indiferencia (1)

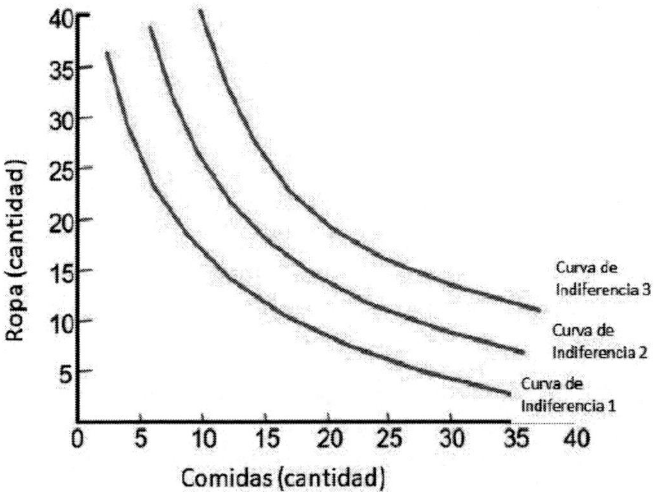

Esto muestra tres curvas (de infinitas *curvas* posibles), que los economistas llaman *curvas de indiferencia.* Representan el nivel de satisfacción o utilidad generado por distintas cantidades del bien 1 (comidas) y del bien 2 (ropa). En el origen del gráfico, en el punto "0", hay cero unidades de comidas y cero de ropa. El eje vertical se utiliza para medir las unidades de ropa y el eje horizontal para medir la cantidad de comidas. A medida que se avanza "hacia arriba" en el gráfico, aumenta la cantidad de ropa; en cambio, a medida que se avanza "hacia la derecha", aumenta la cantidad de comidas. La curva 3 genera más satisfacción (o más utilidad) que la curva 2, porque todos los puntos de la curva 3 son preferibles a los puntos de la curva 2 (están en un nivel superior). A su vez, la curva 2 genera más utilidad que la curva 1. También sería posible trazar infinitas curvas de indiferencia por encima de la 3, que representan curvas con combinaciones de cantidades cada vez mayores de alimentos y ropa, que generan niveles cada vez más altos de utilidad. Conviene recordar que sería posible dibujar otras innumerables curvas de indiferencia, paralelas a las ilustradas, más altas o bajas, indicando niveles de utilidad cada vez más altos o bajos. Las curvas de indiferencia sólo representan medidas de los posibles niveles de utilidad que puede alcanzar una persona.

Cada curva de indiferencia, a su vez, está formada por varios puntos, que representan combinaciones de distintas cantidades de estos dos bienes. Comparemos algunas de estas combinaciones.

Gráfico 2. Curvas de indiferencia (2)

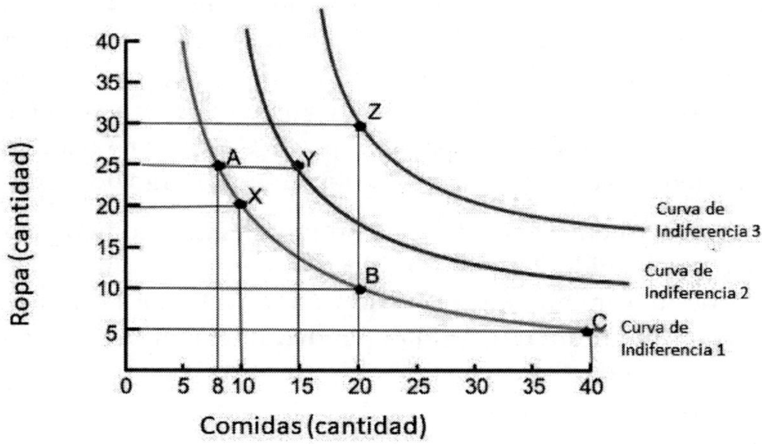

En el punto A, se combinan 25 unidades de ropa con 8 unidades de comidas. El punto Y, en cambio, representa una combinación de estas 25 unidades de ropa con 15 comidas. Evidentemente, el punto Y es preferible al punto A porque tiene más unidades de comidas, manteniendo la misma cantidad de ropa. Por tanto, el punto Y pertenece a una curva de indiferencia superior (curva 2), es decir, genera más utilidad que la curva de indiferencia que pasa por el punto A (curva 1).

También puede comparar el punto Z con el punto Y: ahora tiene 30 unidades de ropa y 20 unidades de comidas, es decir, el punto Z tiene más ropa y también más comidas que el punto Y; se encuentra en una curva de indiferencia más alta (curva de indiferencia 3), lo que genera un mayor nivel de utilidad.

Por otra parte, los puntos A, X, B y C se encuentran todos en la misma curva de indiferencia 1, lo que significa que todos generan el mismo nivel de utilidad; en otras palabras, el consumidor sería *indiferente*[1], en términos de satisfacción o utilidad generada, entre consumir cualquiera de las cestas de bienes representadas por estos cuatro puntos. Esto se debe a que, cuando se desplaza de un punto a otro, la cantidad de un bien se compensa con la cantidad de otro: aumenta la cantidad de comidas mientras disminuye la cantidad de ropa, o viceversa. Esto ocurre, por ejemplo, cuando se pasa del punto A al X (o cualquier movimiento "hacia abajo" y hacia la derecha a lo largo de la curva de indiferencia 1). Por otro lado, puede disminuir la cantidad de comidas al tiempo que aumenta la cantidad de ropa: por ejemplo, cuando se desplaza del punto C al punto B (o cualquier movimiento hacia arriba y hacia la izquierda a lo largo de la curva 1).

¿Cómo sabemos cuál de estos puntos elegirá realmente consumir el consumidor? No es posible responder a esta pregunta basándose únicamente en las curvas de indiferencia. Lo único que sabemos por ahora es que, si dependiera del consumidor, consu-

---

1 De ahí el término *curvas de indiferencia:* cada curva representa diferentes puntos que generan el mismo nivel de utilidad, es decir, que hacen indiferente al consumidor.

miría una combinación de bienes representada por los puntos de las curvas de indiferencia en la mayor medida posible.

Para saber qué elección se hará realmente, tenemos que trazar un mapa de las limitaciones presupuestarias de ese consumidor concreto.

2.2.1.2. Limitaciones presupuestarias ("potencia", "capacidad")

Las curvas de indiferencia representan el bienestar, la utilidad derivada del consumo de bienes; en otras palabras, el lado del "beneficio" de la decisión económica racional. Ahora tenemos que evaluar los costes, las restricciones de unos recursos limitados. Para ello, podemos recurrir de nuevo al análisis gráfico[2].

Gráfico 3. Limitación presupuestaria (ingresos = 1.000 $, precio de las comidas = 25 $, precio de la ropa = 100 $)

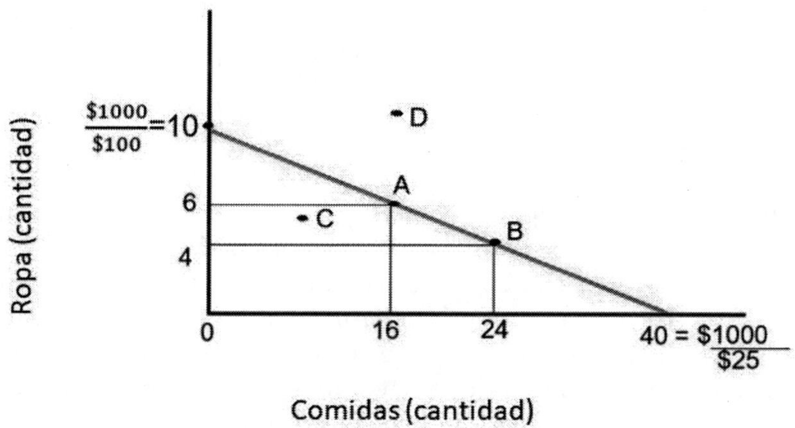

---

[2] La alternativa al análisis gráfico, incluido el que utilizan realmente los economistas académicos, es el análisis matemático, basado totalmente en funciones y ecuaciones. Sin embargo, su uso requiere el dominio de los métodos de cálculo matemático y análisis real (un lenguaje matemático muy teórico y abstracto). Para los principiantes que aprenden teoría microeconómica, el método más objetivo e intuitivo son los gráficos.

Para el ejemplo aquí tratado, supongamos que el total de recursos de que dispone el consumidor es de 1.000 reales; que cada comida cuesta 25 reales, y que cada prenda de vestir cuesta 100 reales. Ahora es posible comprender cómo se trazó la restricción presupuestaria (línea inclinada) del gráfico. Si el consumidor gastase toda su renta en comidas, podría comprar 40 prendas (1.000 reales de su renta gastados íntegramente en comidas, a un precio de 25 reales cada una). Por otro lado, si gastara todos sus ingresos en ropa, podría comprar 10 artículos. Estos son los dos puntos "angulares" (extremos) que su restricción presupuestaria hace posibles (uno u otro, no los dos a la vez). Son posibilidades, no necesariamente lo que realmente elegirá. Otras posibilidades que le da su restricción presupuestaria son puntos intermedios, con combinaciones positivas de los dos bienes. Un ejemplo sería el punto A, donde el consumidor puede comprar 16 comidas y 6 prendas de vestir. Otra opción posible con su restricción presupuestaria sería el punto B, con 24 comidas y 4 prendas de vestir. Existen otras combinaciones posibles de comidas y ropa con la misma restricción presupuestaria (es decir, con un presupuesto de 1.000 reales y precios de 25 y 100 reales, respectivamente).

Por último, se supone que el consumidor gastará todo su presupuesto en estos dos bienes; si no gastara todo su presupuesto, se situaría en algún punto por debajo de la línea de restricción presupuestaria, por ejemplo, el punto C. Esta hipótesis puede relajarse fácilmente en modelos más realistas. Del mismo modo, a los precios actuales, hay varias combinaciones de unidades de alimentos y ropa que costarían más que el presupuesto total del consumidor y, por tanto, estarían fuera del rango de su restricción presupuestaria. El punto D representa una de estas combinaciones: con 16 comidas y 10 prendas de vestir, cuesta 1.400 reales (por tanto, más que la renta del consumidor, de 1.000 reales) y es, por tanto, inalcanzable dada la restricción presupuestaria del individuo.

2.2.1.3. Decisión óptima del consumidor

Ahora que disponemos de la modelización analítica del nivel de utilidad (mediante las curvas de indiferencia) y también del coste del consumidor (mediante la restricción presupuestaria), es posible saber exactamente qué elección hará. Para ello, combinaremos los dos análisis, el de la utilidad y el del coste, que es exactamente lo que caracteriza la elección basada en la racionalidad económica.

Volviendo a la discusión anterior, el consumidor tendería a elegir el mayor nivel de utilidad existente por el consumo de bienes, es decir, siempre *quiere* alcanzar la curva de indiferencia más alta. Sin embargo, los bienes cuestan dinero y su presupuesto es limitado, por lo que es la restricción presupuestaria la que le dirá lo que realmente *puede* consumir. Mientras su *voluntad* pretende alcanzar curvas de indiferencia cada vez más altas, su *poder* le "tirará" hacia abajo, hacia donde realmente puede llegar. Son estas dos fuerzas de *deseo* (utilidad) y *poder* (restricción presupuestaria) las que determinarán qué combinación de bienes consumirá realmente este individuo: intentará alcanzar la curva de indiferencia más alta, siempre que sea alcanzable dentro de su restricción presupuestaria. El resultado es el siguiente.

Gráfico 4. La elección racional

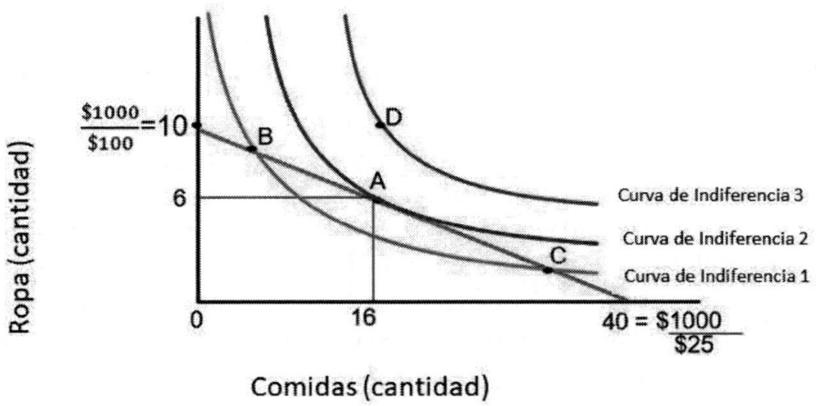

El gráfico 2.4 es una combinación de los gráficos 2.2 y 2.3 (curvas de indiferencia combinadas con la restricción presupuestaria). Sólo se *pueden* consumir los puntos de la restricción presupuestaria. Así, los puntos B, A y C representan combinaciones de unidades de ropa y comidas que este consumidor puede comprar, dada su restricción presupuestaria. Sin embargo, nos damos cuenta de que el punto C se encuentra al mismo tiempo en la curva de indiferencia inferior 1. El punto B también está en la restricción presupuestaria y forma parte de la curva de indiferencia 1. El punto A, que también está en la restricción presupuestaria del consumidor, forma parte de la curva de indiferencia 2, que es, por tanto, superior a la curva 1. Aunque los tres puntos A, B y C son igualmente alcanzables (factibles) por la restricción presupuestaria, generan distintos niveles de utilidad para este consumidor. Aunque los tres cuestan lo mismo, el punto A es preferible al punto B, que es indiferente al punto C. Esto se debe a que, según las preferencias individuales de este consumidor (dadas por su psicología, sus necesidades personales, etc.), la combinación de ropa y comidas del punto A le atrae más que la combinación de los puntos B y C. Así pues, como individuo dotado de racionalidad económica, la elección de este consumidor se situará en el punto A, con 16 comidas y 6 prendas de vestir. El punto A es la *elección óptima en* estas circunstancias.

Así que.:

La elección óptima se produce en el punto en el que la restricción presupuestaria alcanza y enreda ("toca") la curva de indiferencia en el nivel más alto posible.

También podemos ver un punto D, con una combinación de un mayor número de prendas de vestir y comidas, situado en una curva de indiferencia superior (nivel 3). Pero esta elección está fuera del alcance de la restricción presupuestaria de este individuo: sería una elección deseable, pero no posible, dadas las condiciones existentes de renta de los consumidores y los precios aplicados en el mercado a los dos bienes.

Cabe señalar que cada vez que cambien los precios de uno o varios bienes, o el presupuesto del consumidor, habrá una nueva restricción presupuestaria (la línea de los gráficos 3 y 4 se desplazará), que a su vez llevará al consumidor a una nueva elección óptima, aunque no cambien las curvas de indiferencia (es decir, sus preferencias).[3]

2.2.2. Perspectiva de la empresa (productor)

Del mismo modo que modelizamos el proceso de toma de decisiones del consumidor individual, que compra bienes y servicios para satisfacer sus necesidades, también es posible modelizar el proceso de toma de decisiones del productor, que ofrece estos bienes, servicios o alguna actividad. En esto consiste la teoría empresarial. Conviene recordar que, al igual que ocurre con la perspectiva del consumidor, la perspectiva de la empresa permite analizar situaciones en las que los bienes, servicios o actividades *no tienen valor monetario o de mercado.* La teoría de la empresa (o más comúnmente denominada en economía teoría de la empresa) puede utilizarse para estudiar organizaciones sin ánimo de lucro, organizaciones públicas o incluso actividades como la prestación de actividades informales e ilegales. Sin embargo, a efectos de generalización, utilizaremos siempre el término "empresa".

2.2.2.1. Ingresos, costes y beneficios

Como cualquier decisión basada en la racionalidad económica, la de las empresas de producción también se basa en una evaluación de beneficios y costes. Para avanzar en nuestra comprensión de este tema, merece la pena empezar con algunas definiciones importantes.

- *Ingresos totales*: los ingresos totales de una empresa son el total percibido en un determinado periodo de tiempo por la realización de sus actividades, es decir, por la venta de sus

---

3 Para una discusión y análisis detallados de los cambios en las elecciones óptimas causados por cambios en las restricciones presupuestarias, véase el capítulo 21 de Mankiw (2013).

productos y servicios. En lenguaje coloquial, es "todo lo que entra en la caja de la empresa". Si se trata de organizaciones sin ánimo de lucro u organizaciones que se ocupan de servicios y bienes que no tienen valor de mercado, los ingresos totales representan lo que la organización pretende conseguir como fin de su existencia. Por ejemplo: donativos recaudados, personas atendidas, servicios ofrecidos, etc.

- *Ingresos marginales*: los ingresos marginales son los ingresos obtenidos por la empresa cuando vende una determinada cantidad *adicional* de sus bienes o servicios. Los economistas, basándose en el concepto matemático de *margen*, suelen pensar en cantidades adicionales infinitamente pequeñas, por ejemplo: se suele pensar en el ingreso marginal de una empresa como el ingreso obtenido cuando la empresa vende una cantidad adicional infinitamente pequeña de bienes. En la práctica, se puede utilizar este concepto para medir los ingresos adicionales obtenidos por la empresa cuando vende una unidad más o presta una unidad más de servicio.

- *Coste total*: el coste total de una empresa son todos los gastos que tiene durante un periodo de tiempo determinado para mantenerla en funcionamiento. Normalmente, a corto plazo, una empresa tiene *costes fijos* y *costes variables*. Los costes fijos son aquellos en los que tiene que incurrir independientemente de la cantidad de bienes y servicios que produzca y venda. Los costes variables, en cambio, dependen de la cantidad que realmente produzca. Ejemplos de costes fijos son, por ejemplo, el alquiler del inmueble donde opera la empresa. Los costes variables, por su parte, pueden estar representados por las materias primas que utiliza para producir sus bienes; cuanto más produzca, más tendrá que gastar en materias primas, y estos costes son directamente proporcionales a su producción. También existe el concepto de *coste medio*, que es el valor del coste total dividido por la cantidad total de bienes producidos. Por ejemplo, si la empresa tiene un coste total de 1.000 reales al mes y su producción ese mes es de 100 unidades, cada unidad tiene un coste medio de 10 reales (1.000 dividido por 100).

- *Coste marginal*: el concepto de coste marginal es análogo al de ingreso marginal: representa el coste generado por la producción *adicional de* una pequeña cantidad de bienes por parte de la empresa. En términos generales, puede decirse que el coste marginal es el coste generado por la producción de una unidad adicional de bienes.
- Beneficio contable: el concepto de beneficio contable es el más intuitivo y utilizado en la vida cotidiana de las personas: es la diferencia entre los ingresos totales obtenidos por la empresa y su coste total; es decir, cuánto le queda efectivamente a la empresa cuando se descuentan todos los costes de producción de lo que obtiene por la venta de sus bienes y servicios.
- *Beneficio económico*: el concepto de beneficio económico difiere del de beneficio contable en que considera que la remuneración del empresario es también un coste. La idea es que, al igual que la remuneración de los asalariados, la remuneración del empresario -por el tiempo y el trabajo que dedica a la gestión de la empresa- también es debida. Esta remuneración es el mínimo que espera obtener por seguir siendo empresario, de lo contrario no tendrá ningún incentivo para continuar con esta actividad, prefiriendo trabajar en otra. Así pues, además de los *costes explícitos, el beneficio* económico también tiene en cuenta los *costes implícitos,* sobre todo la remuneración del empresario. Por este motivo, el beneficio económico siempre será *inferior al* beneficio contable.

2.2.1.3. Decisión empresarial óptima

¿Cuál es la decisión óptima de la empresa? Intuitivamente, es muy sencillo: vender la cantidad que maximice el beneficio (o, en el caso de organizaciones sin ánimo de lucro o públicas, ofrecer una cantidad de bienes o servicios que maximice el beneficio neto, es decir, el beneficio total menos el total de gastos de explotación). Es importante recordar aquí que el beneficio que interesa a la teoría económica es el **beneficio económico**, que es diferente del beneficio contable. La idea es sencilla: el empresario, o los propietarios de la empresa, invierten capital, tiempo y recursos en la empresa. Por tanto, necesitan ser remunerados por ello. Una vez restados los costes totales de funcionamiento de la empresa de los ingresos totales, hay una parte que debe ser la remuneración de los propietarios. Desde una perspectiva contable, esto se llamaría algo así como "beneficio ordinario", pero desde una perspectiva económica definitivamente no es beneficio, es remuneración empresarial. Sólo lo que los contables llaman "beneficio extraordinario" se entendería desde el punto de vista económico como beneficio.

Por tanto, la decisión de la empresa será producir una cantidad de bien o servicio que maximice este beneficio económico.

Y la cantidad de producción que maximiza el beneficio económico será siempre aquella en la que la última unidad de bien producida genere unos ingresos iguales al coste de producción de esa última unidad (recordando siempre que entre los costes está el de la remuneración del empresario). En otras palabras, la **decisión óptima de la empresa será producir una cantidad en la que el coste marginal sea igual al ingreso marginal, porque esta cantidad maximizará el beneficio.** ¿Por qué no producir una cantidad en la que el ingreso marginal sea mayor que el coste marginal? Porque en esta cantidad tiene un beneficio económico positivo ("beneficio extraordinario"), por lo que la empresa racional no querrá detenerse aquí, querrá seguir produciendo más que esto, para aumentar su cantidad producida. Y evidentemente no querrá producir una cantidad en la que la última unidad genere un coste (marginal) superior al ingreso generado por esa misma unidad (ingreso marginal).

Así que:

Decisión óptima de la empresa: producir una cantidad en la que su RMg = CMg.

2.3. ESTRUCTURAS DE MERCADO: COMPETENCIA PERFECTA, MONOPOLIOS, OLIGOPOLIOS Y COMPETENCIA MONOPOLÍSTICA

Hasta ahora nos hemos centrado en la toma de decisiones individual de consumidores, empresas, particulares y organizaciones. Pero ¿cómo se relacionan estos agentes entre sí de forma dinámica? En el capítulo 3 estudiaremos la teoría de juegos, que analiza las interacciones dinámicas y estratégicas entre agentes. La otra forma de analizar la interacción entre agentes económicos es evaluar su comportamiento en conjunto, en situaciones de mercado. Sin embargo, existen diferentes estructuras de mercado, y su estudio permite comprender mejor cómo se produce la dinámica entre los agentes en estas diferentes estructuras. Por ejemplo, la mencionada teoría de juegos será muy útil para entender estructuras de mercado muy concentradas, no competitivas, pero en las que hay más de un agente actuando en el mercado (por ejemplo, la situación de los oligopolios). A continuación, veremos las principales estructuras de mercado y cómo suelen funcionar.

2.3.1. Mercado competitivo4

En un mercado competitivo, los consumidores actuarán de forma autónoma y libre, tomando sus decisiones óptimas, como explica la teoría del consumidor. Al mismo tiempo, las empresas tomarán sus decisiones óptimas produciendo cantidades en las que su ingreso marginal sea igual a su coste marginal, como se ve en la teoría de la empresa. En este caso, el número de consumidores y empresas es lo suficientemente grande como para que ninguno de ellos pueda influir en el mercado.

---

4 El objetivo de esta sección no es describir la dinámica del equilibrio en los mercados competitivos, sino simplemente presentar estos conceptos de forma intuitiva. Para comprender el proceso que lleva a individuos y empresas a alcanzar el equilibrio en mercados competitivos, véase el capítulo 3, parte I, de Mackaay y Rousseau (2015).

En la concepción microeconómica, la principal característica de los mercados competitivos es que todos son *tomadores de precios* (en contraposición a los *creadores de precios*). En esta situación, puede decirse que existen fuerzas comparables de oferta y demanda, en las que la interacción dinámica a largo plazo hace que consumidores y empresas, sin intervención externa de ningún tipo, entablen procesos de libre negociación, lo que en última instancia conduce al *equilibrio del mercado.* Habrá convergencia de precios y cantidades ofrecidas y demandadas por distintas empresas y distintos consumidores.

2.3.2. Monopolio y oligopolio

En contraste con la situación de mercado competitivo, existen situaciones de monopolio (una única empresa proveedora) y de oligopolio (unas pocas empresas proveedoras). En ambas situaciones, las empresas no *fijan los precios* y tienen un gran *poder de mercado.* Es importante que el monopolista opere en un mercado en el que no existan sustitutos cercanos. Además, a efectos de las políticas antimonopolio, será importante definir el mercado de referencia en el que opera el monopolista.

Como la empresa monopolista es, por tanto, el único proveedor del mercado tiene poder suficiente para fijar un precio más alto que el que se cobraría en un mercado competitivo. Sin embargo, un error común es creer que el monopolista puede "cobrar el precio que quiera". Las subidas de precios del monopolista se producen a costa de perder cada vez más consumidores porque, como ya hemos visto, los consumidores tienen restricciones presupuestarias, necesitan consumir otros bienes, y la empresa no puede obligar a los consumidores a comprar sus productos. Su poder de mercado, garantizado por el monopolio, le da mayor capacidad para apropiarse del excedente del consumidor (concepto que se tratará más adelante), pero la empresa sigue estando sujeta a las restricciones de su propia capacidad productiva (o estructura de costes), a la capacidad presupuestaria de sus clientes y a la ley de la demanda (que se tratará en el subapartado "d" más adelante).

Los mercados dominados por empresas oligopolísticas presentan una peculiaridad en comparación con los mercados monopolísticos. Las acciones y decisiones estratégicas de cada una de las empresas que compiten en este mercado tienen un gran impacto en sus ingresos, en sus clientes y también en sus competidores. Por esta razón, esta interacción estratégica se estudia mejor mediante la teoría de juegos (capítulo 3 de este volumen).

Por otra parte, las empresas oligopolísticas pueden tener incentivos para aliarse entre sí con el fin de dominar conjuntamente el mercado. Estas prácticas *colusorias y de cártel* son, en la mayoría de los países, prácticas ilegales, contra las que luchan las autoridades antimonopolio y de defensa de la competencia[5].

2.3.3. Competencia monopolística

En el mundo actual, con la existencia de productos diferenciados, la *competencia monopolística* es una estructura de mercado muy común. En este caso, hay muchas empresas en el mercado, pero sus productos y servicios tienen características diferentes; es decir, no difieren en esencia de los ofrecidos por las empresas competidoras, pero existen diferencias entre ellos que, a los ojos del consumidor, pueden tener una importancia decisiva. Desde el punto de vista de su funcionamiento, la empresa que opera en competencia monopolística se parecerá a las empresas monopolistas y oligopolistas en que no es tomadora de precios; sin embargo, no tiene poder de mercado y no puede imponer barreras de entrada a los competidores potenciales. Por sus características, a diferencia de los mercados competitivos, el mercado de competencia monopolística no se considera eficiente, ya que genera capacidad ociosa, *peso muerto* y residuos innecesarios.

---

5 Para un estudio más profundo sobre el tema de las estructuras de mercado, el derecho de la competencia y la economía, incluidas las formas de sanción de las infracciones del libre mercado, véanse Azevedo (2014) y Yeung (2017).

2.3.4. *Efectos de los mercados competitivos y los monopolios*[6]

En los mercados perfectamente competitivos, en los que el número de empresas y consumidores es tan grande que ningún agente individual tiene poder para afectar al mercado, el equilibrio se produce cuando, a un precio determinado, oferentes y demandantes están dispuestos a vender y comprar exactamente la misma cantidad de producto. La oferta del mercado es la suma de las ofertas individuales de todos los productores del mercado. La oferta es una función creciente (es decir, su curva es ascendente), como explica la *ley de la oferta*: la cantidad ofrecida de un bien aumenta cuando aumenta su precio (y viceversa). Esto significa que los productores estarán dispuestos a ofrecer más cuando el precio sea más alto y menos cuando el precio sea más bajo (en igualdad de condiciones).

Gráfico 5. Mercado competitivo

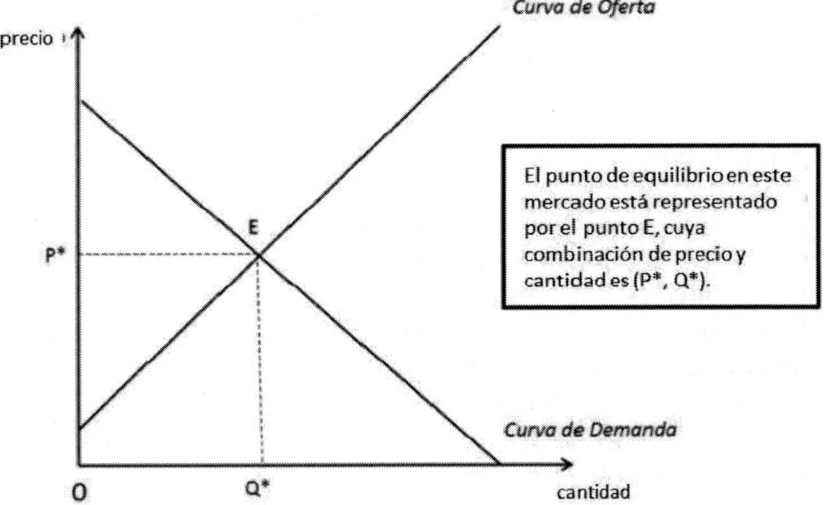

Fuente: Yeung (2017)

[6] Esta sección se basa en gran medida en Yeung (2017).

En el gráfico anterior, el eje vertical mide el precio y el eje horizontal mide la cantidad de bienes producidos/vendidos por las empresas: cuanto más alto es el precio, más están dispuestas las empresas a vender/producir.

La *curva de demanda, a su vez,* representa la suma de las curvas de demanda individuales de todos los consumidores del mercado. Su derivación procede de las elecciones óptimas vistas en el apartado 1.4 anterior, cuando tratamos la teoría del consumidor, basada en curvas de indiferencia y restricciones presupuestarias[7]. La *ley de la demanda* explica que, en igualdad de condiciones, la cantidad demandada de un bien disminuye cuando aumenta su precio (y viceversa). Como la cantidad demandada y el precio se mueven en direcciones opuestas, la curva de demanda tiene pendiente negativa. El gráfico 5 muestra lo que ocurre en la oferta y la demanda en un mercado competitivo, y dónde se encuentra la situación de estabilidad, o equilibrio, en este mercado.

Tenemos un modelo y una situación diferentes en el caso de empresas con poder de mercado, como es el caso de los monopolios u oligopolios. El gráfico 6 ilustra la situación desde el punto de vista de un monopolista.

---

7 Para la derivación completa de la curva de demanda a partir de las decisiones óptimas del consumidor, véase Mankiw (2013: cap. 21).

Gráfico 6. Empresa monopolística

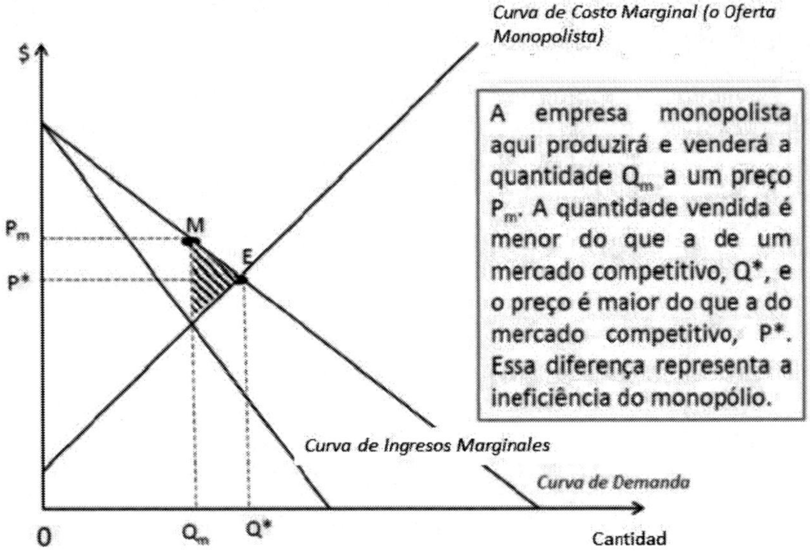

Fuente: Yeung (2017)

La curva de ingresos marginales de la empresa monopolística (y también de las empresas oligopolísticas y de competencia monopolística) no es igual a la curva de demanda: para "convencer" al consumidor de que compre más unidades, la empresa monopolística tendrá que reducir los precios[8] . Esto no ocurre en competencia perfecta: allí, todas las empresas productoras son *tomadoras de precios*, es decir, mientras vendan al precio de equilibrio, podrán vender la cantidad que quieran o puedan producir, y en ningún caso necesitarán convencer a sus compradores para que compren reduciendo los precios.

---

8 Excepto en los casos en que no existan sustitutos mínimamente próximos para los bienes que vende este monopolista, además de que se trate de bienes absolutamente esenciales. En la práctica, estos casos son muy raros en el mundo real. Por eso es errónea la creencia de que el monopolista "puede cobrar el precio que quiera".

Sin embargo, como único productor y vendedor en el mercado, éste es el caso. Como productor racional que busca el máximo beneficio, la empresa optará por producir la cantidad Q_m, dada por la intersección (o igualdad) de las curvas del coste marginal y del ingreso marginal, regla que ya vimos en el apartado 1.4, desde la perspectiva de la empresa. La "ventaja" de la empresa monopolista es que puede cobrar un precio P_m, superior a su ingreso marginal, que viene dado por la curva de demanda. Así, la empresa monopolista elige racionalmente producir y cobrar en el punto "M", la combinación precio-cantidad, P Q_{mm}.

Así que:

En comparación con el equilibrio del mercado competitivo, el "equilibrio" de una empresa con poder de mercado (monopolista, oligopolista o de competencia monopolística) cobra precios más altos y vende/produce cantidades más pequeñas.

2.4. EL CONCEPTO DE EFICIENCIA ECONÓMICA Y SU CENTRALIDAD EN EL ANÁLISIS ECONÓMICO NORMATIVO

En esta sección, presentaremos un concepto fundamental en la discusión de las políticas públicas desde la perspectiva del análisis económico: la eficiencia.

Para empezar, conviene recordar que en realidad existen decenas de perspectivas diferentes sobre el concepto de eficiencia, algunas de las cuales incluso son definidas y aplicadas con mayor frecuencia por otras áreas del conocimiento, como la ingeniería y la administración. Incluso dentro de la ciencia económica, el concepto de eficiencia puede entenderse desde diferentes perspectivas, lo que intentaremos hacer a continuación.

Sin embargo, independientemente de la definición exacta que se adopte, es innegable que la eficiencia desempeña un papel central en el debate sobre las políticas públicas, sirviendo de parámetro normativo para elegir políticas alternativas. ¿Por qué es esto tan importante?

¿Por qué, entre las diversas alternativas posibles de políticas públicas (normas, reglas, decisiones judiciales, alternativas contractuales, etc.), la teoría económica elegirá la que se considere **más eficiente**?

La razón es sencilla: independientemente de la definición exacta, la idea de eficiencia invoca la idea de la "mejor o máxima utilización" de los recursos humanos, monetarios, materiales, de tiempo, energía, etc. En cambio, las opciones **ineficaces** son las que generan despilfarros, pérdidas innecesarias, gastos. Por lo tanto, optar por la solución más eficiente significa optar por la que genere menos residuos, que minimice las pérdidas. Incluso puede decirse, de forma muy general y sencilla, que la alternativa eficiente es la que minimiza las pérdidas y maximiza las ganancias. Parece bastante razonable aceptar que se elija un criterio como éste como parámetro práctico de la conveniencia de cualquier acción.

Para los juristas que encuentran difícil comprender la "obsesión" de los economistas por el criterio de eficiencia, basta recordar que, mientras que el principal parámetro de elección en Derecho es el criterio de Justicia y Legalidad, el principal parámetro de elección en Economía es el criterio de Eficiencia. Del mismo modo que la comprensión de lo que es Justo o Injusto guía las decisiones del jurista, la comprensión de lo que es Eficiente e Ineficiente guía las decisiones del economista. Son criterios normativos para abordar los problemas reales del mundo. No se puede decir cuál es mejor o peor.

Lo que interesa a un estudiante novato de teoría económica es comprender algunos de los conceptos de eficiencia más utilizados en la teoría económica y lo que implican en realidad. Empezaremos la discusión volviendo a los modelos que acabamos de presentar en la última subsección de la sección 1.5: evaluaremos los efectos del mercado competitivo y del monopolio sobre el excedente del consumidor y el excedente del productor.

2.4.1. Excedente del consumidor

Como consumidores, a menudo tenemos la agradable sensación, cuando salimos de la tienda después de una compra, de que hemos pagado mucho menos de lo que estábamos dispuestos a pagar inicialmente; es como si hubiéramos obtenido un "beneficio" con esa compra. En lenguaje microeconómico, en estas situaciones se ha generado un *excedente del consumidor*. Objetivamente, el excedente del consumidor se crea cuando existe una diferencia positiva entre lo que un consumidor está dispuesto a pagar por un bien/servicio y lo que realmente paga.

Gráficamente, la curva de demanda representa el precio que los consumidores –en conjunto– están dispuestos a pagar por cada cantidad del bien. Así, podemos visualizar el excedente del consumidor como toda el área situada por debajo de una curva de demanda (de un mercado competitivo o no competitivo) y por encima del nivel de precios aplicados en ese mercado. A continuación, podemos ver el gráfico con las áreas sombreadas que representan el excedente del consumidor en un mercado competitivo (Gráfico 7) y en el caso de una empresa con poder de mercado (Gráfico 8):

Gráfico 7. Excedente del consumidor en un mercado competitivo

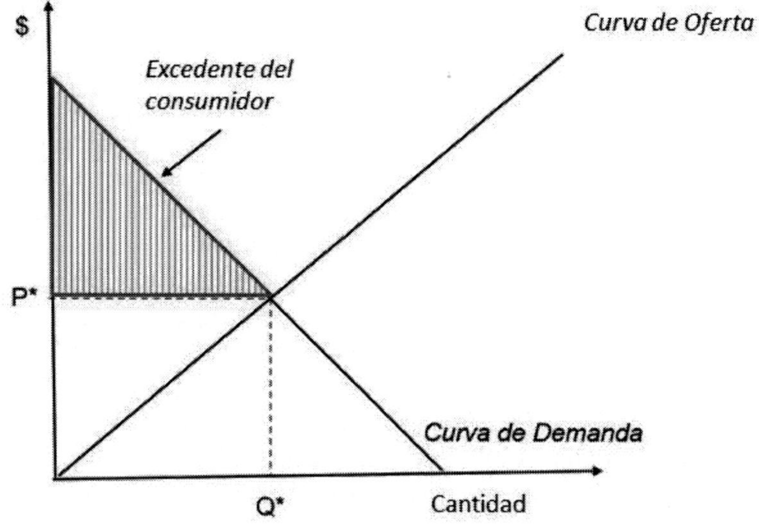

Gráfico 8. Excedente del consumidor en una empresa monopolística

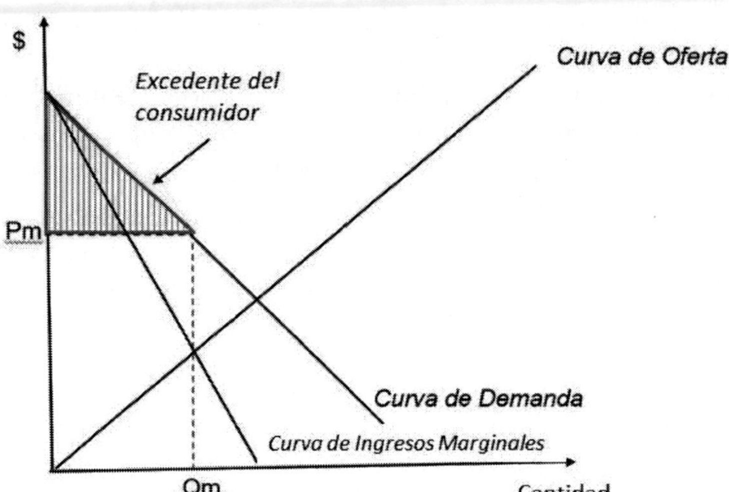

Si las empresas tuvieran alguna forma de averiguar cuánto está dispuesto a pagar cada consumidor como máximo, cobrarían a cada persona -por separado- exactamente esa cantidad, nada menos. La capacidad de hacer que los consumidores paguen precios diferentes en función de su disponibilidad se denomina discriminación de *precios.* La discriminación de precios se produce cuando la empresa oferente es capaz de distinguir a sus clientes por su capacidad de pago o por sus diferentes preferencias. Los precios cobrados a cada consumidor se aproximan a sus respectivos *precios de reserva, es decir,* al precio más alto que cada uno estaría dispuesto a pagar por ese bien/servicio. Si la discriminación es *perfecta,* cada consumidor paga un precio diferente, exactamente igual a su precio de reserva; en este caso, todo el excedente del consumidor en la economía es apropiado por la(s) empresa(s) discriminadora(s). Si la discriminación es *imperfecta, los precios se aplicarán* por categorías a grupos segmentados de consumidores; la empresa sólo se apropia *parcialmente del excedente del consumidor.*

2.4.2. Excedente del productor

En un mercado perfectamente competitivo, las empresas no determinan el precio al que quieren vender. Como ya se ha dicho, son *tomadoras de precios* y practican el precio de equilibrio de ese mercado, P*. Sin embargo, vender a un precio P* no significa que la empresa sólo pueda operar a ese precio. Puede incluso llegar a cubrir sus costes si vende a un precio inferior a P*[9] . En este caso, vender a ese precio genera un beneficio extraordinario para la empresa. Es lo que se denomina *excedente del productor*.

Del mismo modo que el excedente del consumidor, podemos ilustrar gráficamente el excedente del productor. Éste estaría representado por la diferencia entre el precio realmente pagado por los consumidores y la cantidad que las empresas en el mercado competitivo, o la empresa monopolística (o la competencia oligopolística o monopolística), estarían dispuestas a recibir, en cada nivel de cantidad producida; conviene recordar que la curva de oferta representa exactamente esta última relación. Tenemos entonces representaciones gráficas del excedente del productor en el mercado competitivo (Gráfico 2.9) y en monopolio (Gráfico 2.10):

---

9 Pero no lo hace porque no tiene sentido que venda a un precio inferior a P*: en un equilibrio de competencia perfecta, la empresa puede vender *cualquier* cantidad a un precio de P*. La posibilidad de ganar muchos más clientes vendiendo a un precio inferior a P* no existe aquí: como la competencia es perfecta, ninguna empresa puede atraer a un número tan grande de clientes como para convertirse en una empresa relevante (porque eso, por definición, ya no sería un mercado de competencia perfecta).

Gráfico 9. Excedente del productor en un mercado competitivo

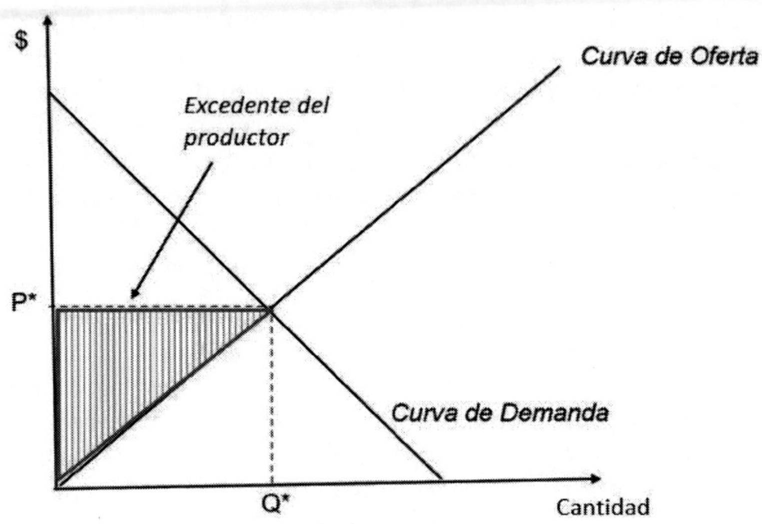

Gráfico 10. Excedente del productor en una empresa monopolística

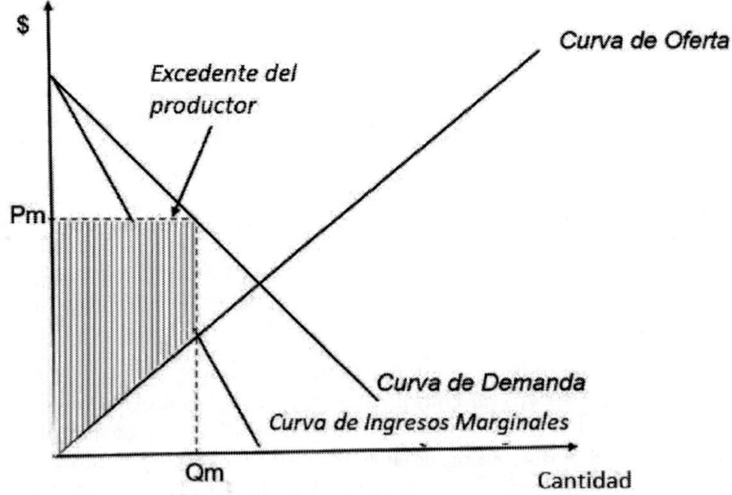

2.4.3. La eficiencia del mercado como maximización del excedente total

Una de las definiciones de *eficiencia económica* utiliza la teoría del consumidor y la teoría de la empresa para describir aquella asignación de recursos[10] que maximiza la suma de los excedentes del consumidor y del productor, el llamado *excedente total*. En estos casos, la eficiencia está garantizada cuando los mercados son competitivos, es decir, cuando los consumidores y las empresas son libres y tan numerosos que todos ellos son tomadores de precios, es decir, cuando ninguno de ellos influye en la cantidad y los precios de equilibrio. *En tales casos, se* comprará y venderá la cantidad de equilibrio del mercado Q^*, al nivel de precios de equilibrio P^*, y se maximizará el excedente del consumidor y del productor. En cualquier otra situación en la que exista competencia imperfecta y empresas con poder de mercado, no habrá eficiencia. Volvamos a los gráficos 2.5 y 2.6 del apartado anterior para visualizar mejor estas situaciones:

Gráfico 5. Mercado competitivo

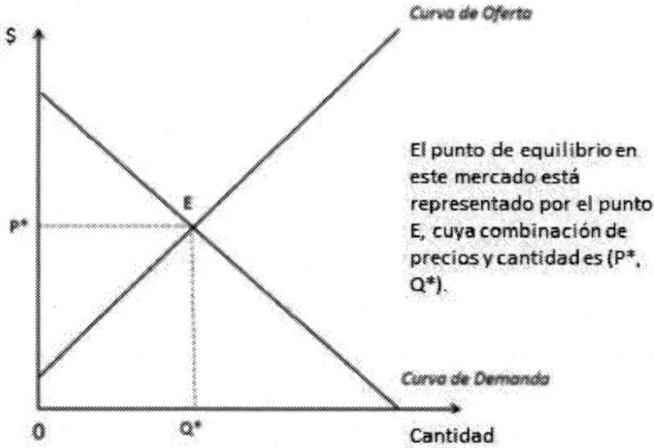

10 El término "asignación de recursos" está muy extendido en economía. En general, puede entenderse como sinónimo de "distribución de recursos", pero sin la idea de que haya una entidad que haga realmente la distribución (por ejemplo, el Estado). La asignación de recursos podría entenderse como una distribución aleatoria y natural de los recursos en un momento dado.

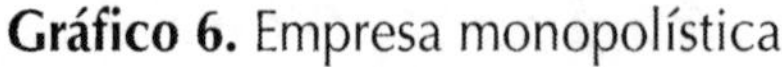

Gráfico 6. Empresa monopolística

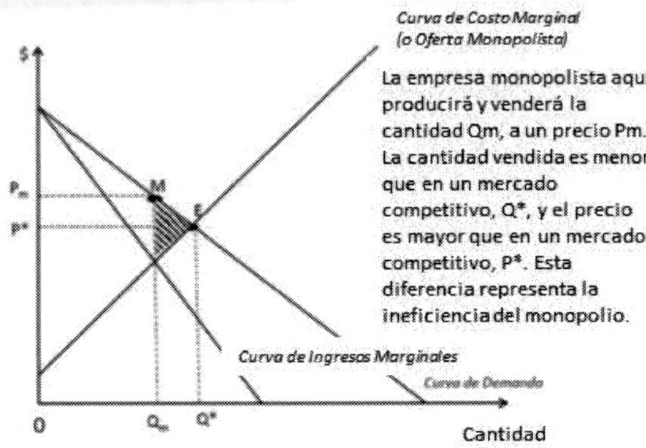

El punto M del gráfico de la derecha, visto anteriormente, representa la situación en la que opera una empresa monopolística: vende Q_m unidades al precio P_m. Vemos que este punto genera más ineficiencia que el punto de equilibrio en un mercado de competencia perfecta, el punto E del gráfico de la izquierda. En E, la cantidad producida, vendida y comprada en el mercado sería Q*, superior a Q_m, y el precio cobrado/pagado sería P*, inferior a P_m. Las diferencias entre los precios y las cantidades de una situación de mercado competitivo y el mercado monopolístico (u oligopolístico) se muestran gráficamente mediante el triángulo sombreado, con vértices M y E. Representa la pérdida social en que incurre el mercado. Representa la pérdida social ocasionada por la presencia del monopolista. Es una pérdida para la sociedad, ya que ahora consume menos y paga más. Hay una reducción de la producción de bienes, lo que puede implicar un menor nivel de empleo de trabajadores e insumos, lo que es claramente indeseable. Los economistas llaman a esta pérdida *peso muerto*, la materialización de la ineficiencia generada por la ausencia de mercados competitivos.

Cuando comparamos la superficie del excedente total (excedente del consumidor + excedente del productor) en un mercado competitivo y la superficie del excedente total en una empresa monopolística, la diferencia entre ambas es exactamente el peso muerto:

Gráfico 12. Excedente total en un mercado competitivo

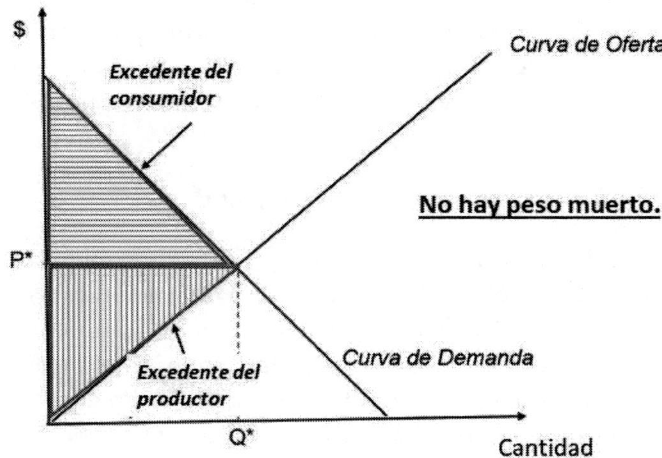

Gráfico 13. Excedente total en una empresa monopolística

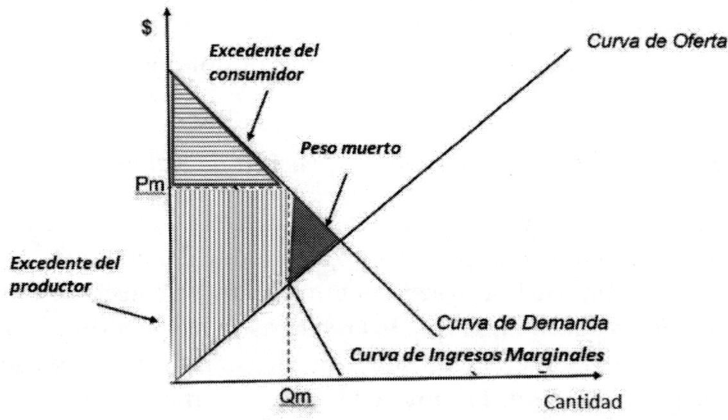

Por ello, la eficiencia también puede definirse como la situación que maximiza el bienestar, las ganancias de todos los agentes de una economía.

Así que.

Sólo en el equilibrio del mercado competitivo el excedente total es lo más alto posible, es decir, no hay peso muerto (que existe en el mercado de las empresas con poder económico). Por eso se dice que el mercado competitivo es eficiente, a diferencia de otras estructuras.

2.4.4. Eficiencia como productividad total

Otra definición de eficiencia, más directa y objetiva, es el estado de máxima productividad posible. Esta definición está estrechamente vinculada a uno de los principios básicos de la economía que vimos en el apartado 1.3.8 del capítulo anterior. Si la producción de bienes o servicios es la medida más común del bienestar de un país, de una empresa o incluso de un individuo, la situación en la que esta producción es lo más elevada posible se convierte en la más deseable. Una vez más, el concepto de eficiencia sirve como parámetro de lo que se debe conseguir económicamente. Además, la máxima productividad también conlleva la idea del mínimo despilfarro. Así que, una vez más, una situación en la que se produce mucho (lo máximo posible) y se desperdicia poco (lo menos posible) es eficiente.

2.4.5. Eficiencia de Pareto frente a eficiencia de Kaldor-Hicks

Una de las definiciones más conocidas de la teoría económica es el concepto de eficiencia de Pareto, en honor del economista italiano Vilfredo Pareto (1848-1923). Según Pareto, **se considera eficiente una situación social en la que los recursos se asignan de tal manera que es imposible mejorar la situación de un individuo reasignando recursos sin empeorar la situación de otro. Asimismo, cualquier medida social que mejore la situación de al menos una persona sin perjudicar a ninguna otra se considera una mejora de Pareto.**

Se puede observar que, en el análisis anterior del excedente total del mercado, el equilibrio competitivo representa una situación de eficiencia de Pareto: es imposible aumentar el excedente del consumidor sin reducir –o empeorar– el excedente del productor; y viceversa. En cambio, en el caso de la empresa monopolista, sería posible aumentar el área de excedente total si, en lugar de producir Qm, el monopolista aumentara su producción y empezara a producir Q* y a cobrar P* (y eliminara el peso muerto). Se dice entonces que el **equilibrio del mercado competitivo es eficiente desde el punto de vista de Pareto, mientras que la situación de la empresa monopolista no es eficiente desde el punto de vista de Pareto** (porque es posible aumentar el bienestar medido por el excedente total reduciendo los residuos de peso muerto).

Sin embargo, podemos argumentar que el concepto de Pareto, a pesar de su importancia y extendido uso en economía, tiene limitaciones, especialmente cuando partimos de evaluaciones normativas de políticas (algo que se hace constantemente en AED). En el mundo real, difícilmente será posible aplicar cualquier medida que genere una mejora de Pareto, es decir, cualquier acción pública que sólo genere mejoras en la situación de las personas, sin perjudicar a ninguna otra. Es poco probable que las decisiones judiciales generen mejoras de Pareto, ya que implican necesariamente que una parte gane y otra pierda. Las políticas de redistribución de la renta tampoco son mejoras de Pareto: no se puede crear un programa de redistribución sin que al menos alguien salga perjudicado (los más ricos, que muy probablemente tendrán que asumir los costes de la política), independientemente de cuántas personas se beneficien de ella.

Así, otros dos economistas aportaron una variación al concepto de eficiencia para hacerlo más aplicable: Nicholas Kaldor y John Hicks. **Según el criterio Kaldor-Hicks, se considera una mejora de la eficiencia si una medida social provoca un cambio que mejora la situación de algunos individuos, aunque haya otros que acaben perjudicados, pero de tal forma que las ganancias de los ganadores sean mayores que las pérdidas de los perdedores.** Se basa entonces en una evaluación de los efectos netos de las medidas de política pública.

De este modo, este concepto es mucho más aplicable en situaciones reales de política pública, o medidas que tendrán un impacto en un número considerable de personas. En realidad, el criterio de Kaldor-Hicks es mucho más útil en nuestros estudios sobre el análisis económico del derecho, y de las políticas públicas en general.

Así que.:

El concepto de eficiencia de Kaldor-Hicks, que supone que para cada política pública hay perdedores y ganadores, pero que las ganancias serán mayores que las pérdidas, será mucho más útil para la AED que el concepto tradicional de eficiencia de Pareto.

PREGUNTAS

1 Sobre lo que se conoce como la teoría de la empresa, o la teoría de los costes, cabe decir:

a) Para maximizar el beneficio, la empresa (o el individuo que produce algo) debe vender una cantidad que iguale su coste marginal -es decir, el coste de producción de la última unidad vendida- con su ingreso marginal -es decir, el ingreso generado exactamente por esta última unidad vendida-.

b) La empresa sólo debe tener en cuenta los costes que realmente salieron de su tesorería.

c) Cualquier tamaño de empresa puede generar el máximo beneficio, sólo necesita organizarse.

d) Si la empresa no produce nada, no tiene costes.

2 Sobre los distintos tipos de estructuras de mercado, es erróneo decir:

a) Un mercado competitivo es aquel en el que, dado el número de compradores y vendedores, nadie afecta a los precios ni a la cantidad de forma significativa.

b) En un mercado competitivo, la eficiencia es máxima porque no hay peso muerto.

c) Está demostrado que los mercados competitivos generan más innovación tecnológica.

d) En un monopolio, la empresa puede cobrar el precio que quiera: cuanto mayor sea el precio que cobre, mayores serán sus ingresos totales.

3 Sobre el papel del Estado en la economía, la teoría microeconómica clásica afirma:

a) El Estado debe actuar en situaciones conocidas como "fallos del mercado", a saber: cuando existe poder de mercado de las empresas, asimetrías de información, externalidades, bienes públicos, costes de transacción significativos, entre otros.

b) No debería existir; habría que dejar que la economía funcionara libremente, sólo con la "mano invisible" actuando.

c) El Estado sólo debe actuar para garantizar la seguridad nacional y el sistema judicial.

d) El Estado debe concentrar gran parte de las funciones de planificación económica y social.

4. Compruebe V o F: Se sabe que el objetivo de la eficiencia (maximizar las ganancias de la sociedad) a menudo va en contra del objetivo de garantizar una mayor igualdad. ¿Cuál de las siguientes políticas tiene como objetivo la eficiencia y no directamente la igualdad?

a) () Impuestos sobre los cigarrillos.

b) () Políticas antimonopolio.

c) () Aumentar el tipo del impuesto sobre la renta para las rentas altas.

d) () Programa Bolsa Familia.

5. Tick V o F:

   a) () Si tenemos dos bienes con precios positivos y se reduce el precio de uno de ellos, mientras que la renta y los demás precios permanecen constantes, el tamaño del fondo presupuestario se reducirá.

   b) () Si todos los precios e ingresos están sujetos a la misma inflación, las cestas elegidas no cambian.

   c) () Homer consume cerveza y donuts, que son bienes normales. Cuando baje el precio de los donuts, Homer beberá sin duda más cerveza.

6. ¿Cuál de las siguientes afirmaciones es cierta en una estructura de mercado monopolística?

   a) Hay muchas empresas en el mercado.

   b) Las empresas controlan los precios de mercado.

   c) Las empresas son tomadoras de precios.

   d) Las empresas compiten con productos homogéneos.

7. En una estructura de mercado perfectamente competitiva, ¿cuál de las siguientes afirmaciones es cierta?

   a) Hay muchas empresas en el mercado, cada una de las cuales es un productor importante.

   b) Las empresas controlan los precios de mercado.

   c) Las empresas pueden obtener beneficios a largo plazo.

   d) Las empresas son tomadoras de precios y producen un producto homogéneo.

8. ¿Qué es la eficiencia de Pareto?

   a) Cuando un resultado económico aumenta la riqueza de la sociedad.

   b) Cuando se consigue un resultado económico de forma justa y equitativa.

c) Cuando no es posible mejorar la situación de una persona sin empeorar la de otra.

d) Cuando la asignación de recursos maximiza la suma de los cambios en el bienestar de los individuos.

9. ¿Qué es la eficiencia de Kaldor-Hicks?

a) Cuando un resultado económico aumenta la riqueza de la sociedad.

b) Cuando se consigue un resultado económico de forma justa y equitativa.

c) Cuando no es posible mejorar la situación de una persona sin empeorar la de otra, pero los ganadores pueden compensar a los perdedores.

d) Cuando la asignación de recursos maximiza la suma de los cambios en el bienestar de los individuos.

Respuestas:

1–A

2–D

3–A

4–V, V, F, F

5–F, V, F

6–B

7–D

8–C

9–D

REFERENCIAS BIBLIOGRÁFICAS

Azevedo, Paulo F. D. (2014). "Análisis económico de la defensa de la competencia". En **Timm, Luciano (org.) Direito e Economia no Brasil,** 2ª ed. São Paulo: Editora Atlas.

Mackaay, Ejan y Rousseau, Stéphane (2015). **Análisis Económico del Derecho,** 2ª ed. Traducción: Sztajn, Rachel. São Paulo: Editora Atlas.

Mankiw, N. Gregory (2013). **Principios de microeconomía.** São Paulo: Cengage Learning.

Yeung, Luciana (2017) "Análisis económico de la legislación antimonopolio". En: João Grandino Rodas (org.) **Direito Concorrencial: Avanços e Perspectivas.** 1ed., v. 5, Curitiba: Editora Prismas, pp. 213-230.

Capítulo 3.

Fallos del mercado y regulación

Un abogado llamado Leonardo puso su caballo a la venta y pronto atrajo la atención de varios compradores interesados. Le preguntaban si el animal tenía algún problema, y Leonardo siempre respondía: "El problema está a la vista". Aunque los compradores buscaban cualquier signo de deficiencia, no encontraban nada. Entonces, un comprador decidió adquirir el caballo, sin sospechar ningún problema.

Al día siguiente, el comprador intentó montar el caballo, pero pronto descubrió que el animal caminaba sin dirección y chocaba con los obstáculos. Finalmente, se dio cuenta de que el caballo era ciego. Enfadado, acudió al abogado para devolver el animal, pero el vendedor se negó a aceptar la devolución y le dijo: "Te dije que el problema estaba a la vista. No me diga que no lo sabía".

3.1. PRESENTACIÓN: ¿QUÉ SON LOS FALLOS DEL MERCADO?

Hemos visto en el capítulo anterior que, según las predicciones de la teoría microeconómica, en situaciones de equilibrio competitivo del mercado el resultado alcanzado por las fuerzas libres de la oferta y la demanda es el "mejor" posible, es decir, la eficiencia económica, sin despilfarro y con el máximo de ganancias. Si esto es cierto, ¿por qué serían necesarios los Estados, o incluso el Derecho en su conjunto?

Para dar una respuesta sencilla, basta recordar que la hipótesis de mercados competitivos no siempre se cumple en la práctica: son frecuentes las situaciones y mercados marcados por empresas con poder de mercado, ya sean monopolios, oligopolios o empresas en la llamada competencia monopolística. También existen otros innumerables fallos de *mercado*, que son fenómenos cuya existencia impide precisamente la consecución de resultados eficientes (Pareto o Kaldor Hicks) si se deja al mercado "a su aire". En estos casos, cuando existe algún(os) fallo(s) de mercado, para que se produzca la eficiencia o la maximización de las ganancias netas en el conjunto de la economía, será necesaria la actuación de una entidad agregadora, normalmente el Estado. Así, se puede ver claramente la relación entre la existencia de fallos de mercado y la regulación pública. Más profundamente, según la teoría económica clásica, la existencia de fallos de mercado es exactamente lo que justifica la presencia del Estado regulador y, por qué no, del propio Derecho.

Dada tal importancia, el principal objetivo de este capítulo es definir los principales fallos del mercado, sus consecuencias para la economía y cuál se espera que sea el papel del Estado regulador a la hora de hacer frente a estos fallos. Empezaremos analizando las situaciones de competencia imperfecta (retomando el debate que iniciamos en el capítulo anterior), para pasar después a la conceptualización de las externalidades, tanto negativas como positivas. A continuación, mostraremos el problema, desde una perspectiva económica, de la existencia de bienes públicos –que no deben confundirse con los bienes públicos tal y como se conocen en el lenguaje coloquial y jurídico–. El cuarto conjunto de fallos del mercado es de crucial importancia en la discusión del derecho, especialmente, pero no sólo, en la discusión de las relaciones contractuales: las asimetrías de información.

3.2. COMPETENCIA IMPERFECTA: MONOPOLIO NATURAL, OLIGOPOLIOS, COMPETENCIA MONOPOLÍSTICA

En los apartados 2.3 y 2.4 del capítulo anterior tuvimos ocasión de conceptualizar situaciones de competencia imperfecta, cuando determinadas empresas tienen poder económico sobre otras. Vimos que, en cualquiera de las situaciones conocidas de monopolio, oligopolio o incluso competencia monopolística (empresas que venden productos o servicios distintos de sus numerosos competidores), el resultado para la economía será la existencia de *peso muerto, que se* caracteriza por la ineficiencia económica. Aquí vale la pena añadir tres puntos.

El primero es la caracterización de los *monopolios naturales*. Una industria[1] se considera un monopolio natural si el coste de producción de todos los bienes y servicios que necesita el mercado se reduce al mínimo cuando una sola empresa proporciona toda la producción necesaria. Técnicamente, esto significa que la empresa monopolista produce los bienes con costes medios a largo plazo decrecientes, es decir, cuanto más aumenta la producción, menor es el coste medio de cada unidad producida. Veamos el gráfico siguiente:

Gráfico 14. Monopolio natural

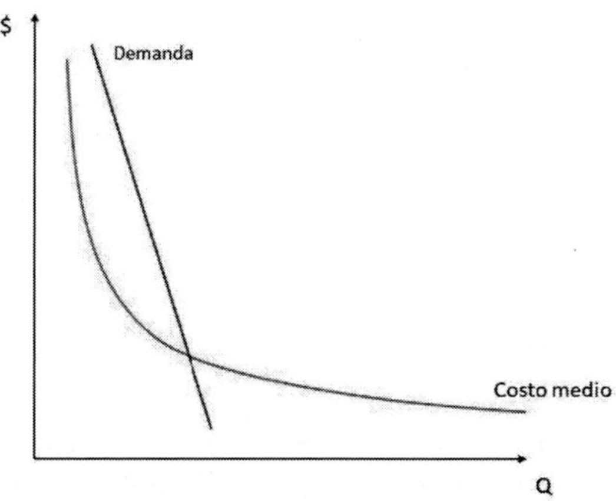

[1] En microeconomía, el término "industria" equivale a lo que habitualmente se conoce como "sector económico". En otras palabras, es el conjunto de todas las empresas que producen ese bien o servicio concreto. En el caso de un monopolio, la industria equivale a la empresa monopolista. Los economistas también suelen llamar "empresas" a las compañías.

En un monopolio natural, una sola empresa que ofrece toda la producción a la economía minimiza los costes para la sociedad, y sus costes medios son decrecientes.

La cuestión es que, en términos de eficiencia, se trata de una situación en la que el monopolio es socialmente "deseado", ya que cualquier otra estructura de mercado, con más empresas operando en el mercado, generaría más despilfarro o costes sociales. Ejemplos clásicos de industrias caracterizadas por monopolios naturales serían los llamados servicios de utilidad pública: telecomunicaciones, saneamiento, grandes obras de infraestructura, etc. Por ejemplo, para una determinada región o ciudad, tener más de una empresa realizando exactamente el mismo servicio de saneamiento es ineficiente: lo ideal es tener una sola empresa, que realizará las inversiones iniciales en tuberías para la distribución de agua y la recogida de aguas residuales. Tener más empresas que se ocupen de esto sólo multiplicaría los costes redundantes.

En segundo lugar, cabe hacer una mención especial a los oligopolios. Según Viscusi, Harrington y Sappington (2018):

> Un oligopolio es una industria con un número reducido de vendedores. Qué tan "pequeño" es "pequeño" no puede decidirse en teoría, sino sólo en la práctica. El criterio relevante es si las empresas tienen en cuenta las acciones de sus rivales a la hora de decidir sus propias acciones. En otras palabras, la esencia del oligopolio es la reconocida interdependencia entre empresas (pp.119-20, énfasis añadido).

Por esta razón, la teoría de juegos–conocida como teoría de las interacciones estratégicas (que se estudiará en el capítulo siguiente) –se utiliza tradicionalmente para estudiar los oligopolios–. Dos de los modelos de oligopolio más conocidos son el de Cournot –en el que las empresas maximizan sus beneficios decidiendo la cantidad que van a producir– y el de Bertrand –en el que las empresas maximizan sus beneficios decidiendo el precio que van a cobrar por sus productos–[2]. Cabe señalar que la decisión de maximizar los beneficios, si se toma de forma individual e independiente, no permitiría alcanzar los beneficios que serían posibles si *la colusión* entre empresas fuera posible. Sin embargo, es evidente que gran parte de las prácticas colusorias entre empresas oligopolísticas se definen como prácticas de cártel y, por lo tanto, son reprimidas en la mayoría de los países por sus respectivas autoridades antimonopolio.

Por último, es acertado debatir el papel del Estado regulador en presencia de una competencia imperfecta. Esta discusión es extremadamente importante para los estudiosos y profesionales del derecho. En general, se puede decir que el papel del Estado en la *prevención* y *represión de* las prácticas anticompetitivas se define sobre todo por las políticas antimonopolio. Evidentemente, la actuación del Estado variará de una situación a otra de imperfección del mercado, desde la regulación de prácticas no competitivas en sectores competitivos, pasando por las situaciones de oligopolios y cárteles brevemente mencionadas, hasta llegar eventualmente a situaciones de monopolios naturales. El campo del derecho económico y de la competencia se dedica al estudio de esta cuestión, constituyendo un capítulo especial separado del derecho, de la economía (conocida allí como organización industrial) y de la propia AED[3].

---

2 Tanto el modelo de Cournot como el de Bertrand parten del supuesto de que las empresas fabrican productos idénticos.

3 Es posible especializarse completamente en esta área, con una vasta literatura teórica y aplicada en Brasil y en el mundo. Para una aproximación introductoria, desde la perspectiva del Análisis Económico del Derecho, sugerimos: Paulo Furquim de AZEVEDO (2014).

3.3. EXTERNALIDADES NEGATIVAS Y EXTERNALIDADES POSITIVAS

Hemos visto anteriormente que los fallos del mercado se caracterizan por situaciones en las que el libre funcionamiento de los mercados es incapaz de garantizar el mejor resultado económico, es decir, la eficiencia. Los mercados no competitivos son uno de estos casos, como se ha comentado en la sección anterior. El segundo conjunto de fallos del mercado son las externalidades, positivas o negativas. Las externalidades se producen cuando la decisión de un agente económico concreto (individuo, empresa u organización pública o privada) genera un resultado no intencionado e indirecto sobre la utilidad de otro agente. Por ejemplo, para maximizar sus beneficios, una empresa producirá bienes o servicios, pero al hacerlo acaba generando contaminación. La contaminación es un resultado indirecto de la decisión de la empresa sobre otros agentes; en este caso, se trata de una externalidad negativa, ya que genera mayores costes para los demás. Sin embargo, también existen externalidades positivas: supongamos que los bienes producidos por la empresa son medicamentos: la empresa produce los medicamentos para generar beneficios, pero en el proceso acaba descubriendo nuevas fórmulas y nuevos medicamentos que mejorarán la salud de las personas en general. El objetivo inicial de la empresa de maximizar sus beneficios se ha traducido en un aumento del bienestar de los pacientes que se beneficiarán de vivir más y mejor[4] . Así pues, podemos conceptualizar las externalidades negativas y positivas de la siguiente manera:

---

4 Conviene recordar que el objetivo de las empresas **no es** generar bienestar social cuando crean nuevos medicamentos. Las empresas farmacéuticas no son organizaciones filantrópicas.

- ***Conceptualización de las externalidades negativas***
- ***Conceptualización de las externalidades positivas:***

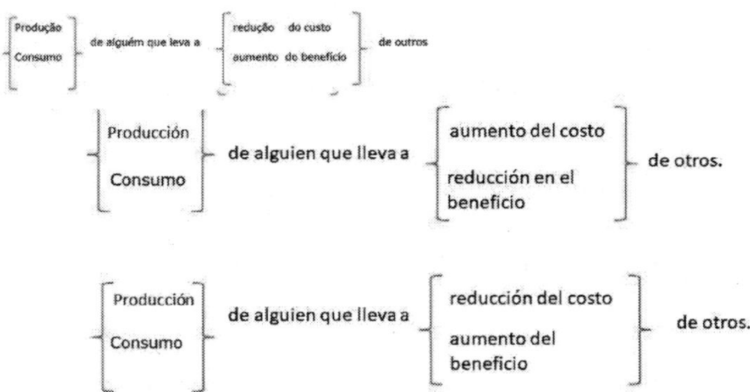

A continuación, es posible pensar en más ejemplos de externalidades. Individuos que deciden en privado (por alguna razón personal) fumar, pero acaban generando humo para las personas de su entorno, que se convierten en "fumadores pasivos". O los que deciden organizar fiestas cuyo ruido acaba molestando a sus vecinos que quieren tranquilidad. O los consumidores que deciden comprar y utilizar coches particulares y acaban generando contaminación y más congestión en las calles. Y tantos otros casos que ilustran situaciones en las que decisiones privadas de individuos u organizaciones acaban, sin querer o a propósito, provocando un empeoramiento de la situación de los demás: las llamadas *externalidades negativas*. Por otro lado, podemos pensar en madres que, por pura preocupación por la salud de sus hijos pequeños, deciden vacunarlos contra enfermedades transmisibles, reduciendo así la incidencia de estas enfermedades en toda la población infantil. También hay vecinos que deciden invertir privadamente en cámaras y medidas de seguridad privadas y, al final, ahuyentan a los malos de sus casas, mejorando la vida de todos sus vecinos. Por último (pero sin agotar los ejemplos), un apicultor puede facilitar la polinización de los árboles frutales propiedad de sus vecinos fruticultores. Al igual que en el caso de las externalidades negativas, en el caso de las externalidades *positivas* no hay intención, planificación ni propósito de ayudar a los demás: las consecuencias positivas para los otros niños, los vecinos o los fruticultores se generaron por casualidad, como resultado de una decisión racional[5] en beneficio propio.

3.3.1. Ineficiencia de las externalidades positivas y negativas.

Pero ¿por qué la presencia de externalidades constituye un fallo del mercado que requiere la intervención del Estado para corregirlo? Porque, teniendo en cuenta la perspectiva de la sociedad en su conjunto, cuando se producen externalidades –tanto negativas como positivas– se producen ineficiencias económicas. Esto se debe a que la decisión privada, al despreciar los costes o beneficios generados en otros, es incapaz de generar la maximización del bienestar, o la minimización de pérdidas y costes. Por lo tanto, es necesaria la acción del Estado para garantizar que se tiene en cuenta el bienestar de "todos los demás". La diferencia entre bienestar privado y bienestar social (del resto de la sociedad), que es la esencia de las externalidades negativas y positivas, puede visualizarse mejor mediante gráficos de costes y beneficios marginales (o ingresos), tanto privados como sociales:

Gráfico 15. Externalidades negativas y positivas

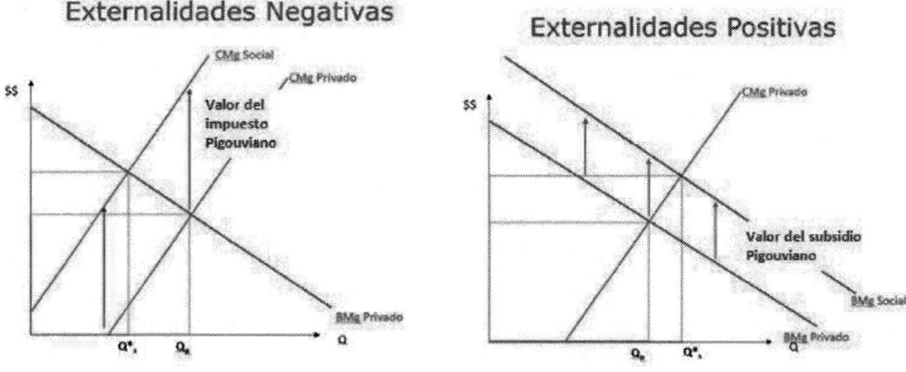

5 Recuerda la definición de racionalidad del capítulo 2.

A la izquierda, tenemos una representación típica de las externalidades negativas. Imaginemos el caso de una empresa que produce coches. Hemos visto antes, en el capítulo 2, que la decisión óptima de la empresa es producir una determinada cantidad de bienes (en este caso, coches) que iguale su coste marginal de producción con su ingreso marginal, o podríamos decir, su beneficio marginal. En el gráfico, la cantidad que representa la decisión de maximización de la empresa sería Q_p. Sin embargo, cuando la empresa produce coches, genera contaminación en las ciudades, lo que podría considerarse un coste adicional para la sociedad. Dado que el coste marginal social va más allá del coste marginal privado al que se enfrenta la empresa cuando produce coches, la curva GMC social es "más alta" que la curva GMC privada. De ello se deduce que si se tuvieran en cuenta los costes sociales y se tomara una decisión óptima -que igualara el coste marginal con el beneficio marginal- la cantidad a producir ya no debería ser $Q_{p,}$ sino Q^*_s, que es una cantidad menor. Como la sociedad sufre por la contaminación que generan los coches, le gustaría tener una cantidad de coches menor que la que le gustaría tener a la empresa $(Q)_{p.}$

Del mismo modo, tenemos el gráfico de externalidades positivas a la derecha. Volvamos al ejemplo de la empresa farmacéutica: maximiza su beneficio produciendo una cantidad Q_p que iguala su BMg privado con su beneficio o ingreso marginal privado. Pero dado que su producción de medicamentos genera beneficios no deseados para terceros (sus pacientes), se genera un BMg adicional, representado por la curva de BMg social superior. Se puede observar que, para la sociedad en su conjunto, lo ideal sería producir una cantidad Q^*_s superior a Q_p, que viene dada por la igualdad del BMg de la empresa con el BMg social. Si sólo se tiene en cuenta la información privada, la empresa no tendrá ningún incentivo para producir Q^*_s sino sólo Q_p. **Merece la pena saberlo:**

<table>
<tr><th colspan="2">Externalidades: precursoras del concepto</th></tr>
<tr><td></td><td>Arthur Cecil Pigou

(1877-1959)

Se le considera el fundador de la Economía del Bienestar y el principal precursor del movimiento ecologista, al establecer la distinción entre costes privados y costes sociales, y abogar por la intervención del Estado, mediante subvenciones e impuestos, para corregir los fallos del mercado e internalizar las externalidades.</td></tr>
</table>

Imagen: Dominio público.

3.3.2. Soluciones al problema de las externalidades

La solución clásica al problema de las externalidades fue formulada por primera vez por Arthur Pigou (véase el recuadro anterior) en sus estudios sobre la Economía del Bienestar. En opinión de Pigou, la cuestión era relativamente sencilla: las externalidades existían porque sus creadores no tenían en cuenta los costes (en el caso de las externalidades negativas) o beneficios (en el caso de las externalidades positivas) que generaban en los demás, es decir, eran costes y beneficios *externalizados.* Por lo tanto, la solución llegaría cuando esos costes o beneficios se *internalizarán, es* decir, fueran tenidos en cuenta por quienes los causaron. Bastaría entonces con que el Estado hiciera que esto ocurriera cada vez que las externalidades fueran creadas por entidades privadas. Una vez más, el análisis gráfico de la intervención sugerida por Pigou para resolver el problema de las externalidades es bastante claro:

Gráfico 16. Solución pigouviana para externalidades negativas y positivas

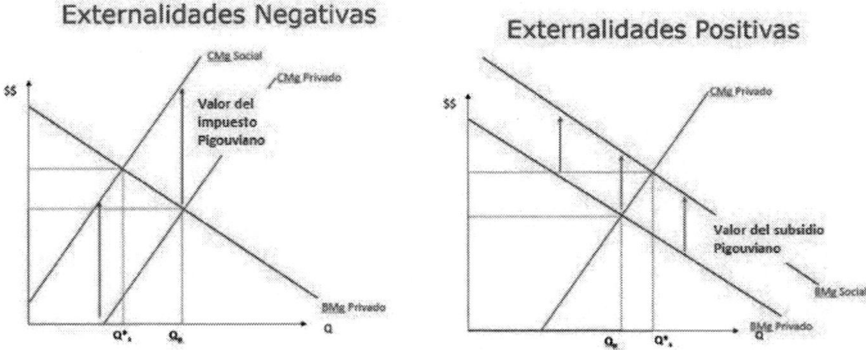

Como se puede ver, la idea de Pigou es medir cuánto difieren los costes marginales privados de los costes marginales sociales en el caso de externalidades negativas, y lo mismo para la diferencia entre los beneficios marginales privados y los beneficios marginales sociales en el caso de externalidades positivas. Una vez conocidas las diferencias, el Estado podría crear impuestos o subvenciones para resolver el problema causado. Por ejemplo, si la empresa que produce externalidades negativas tuviera que pagar un impuesto perfectamente igual a la diferencia entre el valor del PBF social y el PBF privado (diferencia vertical entre las dos curvas del gráfico de la izquierda), empezaría a considerar no la curva del PBF privado, sino la del PBF social. Así, su nueva decisión óptima, teniendo en cuenta los costes generados para la sociedad, pasa a ser producir Q^*_s. Por otro lado, si es posible medir exactamente la diferencia entre las dos BMg del gráfico de la derecha, y el valor de esta diferencia se entrega a la empresa productora en forma de subvención, ésta empezará a considerar no sólo la BMg privada, sino también el valor que recibe como subvención, lo que le hace tener en cuenta la BMg social. Como resultado, su nueva decisión óptima es producir más, no sólo Q_p sino Q^*_s. De nuevo, la externalidad positiva está *perfectamente internalizada.*

¿Es la solución pigouviana, mediante impuestos directos y subvenciones, la única solución económica posible? No. De hecho, desde la perspectiva de un análisis económico de la ley, los impuestos y las subvenciones no son ni de lejos la solución ideal para resolver el problema generado por las externalidades. A menudo, la mejor solución sería la posibilidad de negociaciones entre los individuos causantes de la externalidad y los afectados por ella. Esto es lo que propuso el economista Ronald Coase en su artículo de 1960, El problema del coste social. Este artículo ofrece una nueva visión sobre la resolución de las externalidades negativas, una fuerte crítica a la propuesta fiscal pigouviana. El trabajo fue tan influyente que dio lugar a todo el campo del Análisis Económico del Derecho. Debido a su importancia, especialmente para el AED, trataremos en detalle la propuesta de Coase, en lo que se ha dado en llamar el Teorema de Coase, en un capítulo posterior sobre los derechos de propiedad.

3.4. PROPIEDAD PÚBLICA

La tercera categoría de fallos del mercado que analizaremos son los bienes públicos. Desde una perspectiva económica, los bienes públicos (puros) se caracterizan por dos propiedades especiales: tienen un consumo *no rival* y, al mismo tiempo, *no excluyente.* Tener un consumo no rival significa que la cantidad disponible para el consumo de dicho bien o servicio es siempre la misma, independientemente de cuántas personas ya lo hayan consumido o lo estén consumiendo. El consumo no excluyente es quizá más sencillo de entender: es difícil, o incluso imposible, excluir a alguien del consumo de ese bien o servicio por falta de pago (o por cualquier otro motivo). Un ejemplo de bien público puro sería el alumbrado público: un coche o un peatón que camine de noche por una avenida se beneficiará sin duda del alumbrado público. Sin embargo, el hecho de que un coche o un individuo más consuma el alumbrado no reduce la cantidad de alumbrado disponible para otras personas y otros coches. El consumo de alumbrado no es rival. Al mismo tiempo, es muy difícil impedir que las personas o los conductores de automóviles consuman el alumbrado público alegando que no están pagando por el servicio. El consumo de alumbrado tampoco es excluyente. La lista de bienes públicos es bastante larga, aparte del alumbrado de las vías públicas: faros que iluminan los barcos en las costas, autopistas cuando no están congestionadas, playas o parques públicos cuando no están llenos de gente, información relevante para las personas o las empresas (científica, noticias, financiera de empresas que cotizan en bolsa, meteorológica, etc.), policía o seguridad pública, etc.

3.4.1. Bienes públicos puros, bienes públicos impuros y bienes privados

Curiosamente, los bienes públicos puros pueden acabar transformándose en bienes públicos *impuros* o incluso en bienes privados (con consumo rival y excluyente). El cuadro siguiente muestra ejemplos y ayuda a comprender la dinámica de la transformación:

Cuadro 3.1. Bienes públicos, bienes privados

		¿Rivaliza con el consumo?	
		Sí	**No**
¿Es excluyente?	**Sí**	**Propiedad privada (manzana, todavía)**	**Propiedad pública impura (televisión por cable, sitio web de noticias)**
	No	**Propiedad pública impura (acera abarrotada, playa abarrotada)**	**Bien público puro (alumbrado público, seguridad pública)**

En un extremo, tenemos el caso de los bienes privados, los que tradicionalmente se estudian en situaciones de mercado "común". Un simple bien o producto adquirido comercialmente, como una manzana, o incluso un bien adquirido en una transacción más compleja, como una propiedad, son bienes que tienen consumo rival: una vez adquirido por una persona concreta, ya no está disponible para otra persona (esa unidad concreta). Incluso se puede pensar en un servicio, por ejemplo, de un abogado a su cliente: el tiempo que ese profesional dedica a un cliente concreto no puede emplearse igualmente para otro cliente. El servicio del abogado tiene un consumo rival. Además, en estos ejemplos es evidente que el vendedor del bien o servicio tiene la capacidad de excluir del consumo a las personas que no paguen el precio preacordado. En otras palabras, estos bienes y servicios tienen un consumo excluyente. En el otro extremo, tenemos el caso de los bienes públicos, que acabamos de definir en el apartado anterior. El alumbrado público y la seguridad ciudadana son "bienes" o servicios con consumo no rival y no excluyente.

Sin embargo, consideremos el caso de otro bien público: una playa desierta, de difícil acceso y conocida por pocos turistas. Inicialmente, el "consumo" de la playa por un turista o veraneante reduce prácticamente en nada la disponibilidad de la playa y sus beneficios para otras personas. Su consumo no es rival. Es más, es muy difícil, prácticamente imposible y además inexistente en ese momento, que exista una forma de impedir la entrada a las personas que no pagan por usar la playa. Su consumo también es "no excluible". Es decir, un caso perfecto de bien público. Puede ocurrir, sin embargo, que la fama de la belleza de la playa se extienda entre turistas y lugareños y, con el tiempo, cada vez más gente empiece a frecuentarla. Llega un momento en que se construyen aeropuertos y autopistas que la conectan. Durante la temporada de vacaciones, multitudes acuden al lugar. Los bañistas tienen problemas para encontrar un lugar donde colocar sus sombrillas o incluso extender sus toallas. El "consumo" de la playa se convierte en rivalidad. Nos encontramos ante la situación de un bien público impuro: consumo rival, pero no excluyente.

Como ya se ha mencionado, otro ejemplo de bien público sería la información relevante para las personas y/o las organizaciones. Una vez que se ha creado cierta información, no es costoso difundirla o reproducirla, por lo que nuevas personas pueden obtenerla prácticamente (y por lo general) de forma gratuita; por tanto, la información se consume de forma no excluyente. Además, el hecho de que una persona más tenga acceso a cierta información -sea de la naturaleza que sea- no reduce la disponibilidad de esa misma información para otras personas. Su consumo no es rival. De nuevo, un caso perfecto de bien público. Sin embargo, las organizaciones e incluso las personas que producen información–por ejemplo, los medios de prensa (que producen información periodística), las empresas que invierten en investigación y desarrollo (que producen información para la creación de nuevos productos, e incluso fórmulas de medicamentos, como vimos anteriormente), etc.–pueden crear mecanismos para prohibir el acceso a quienes no paguen, e incluso castigar a quienes reproduzcan esa información para otros. Esto es lo que han hecho las agencias de noticias cuando empezaron a poner sus contenidos a disposición de los *internautas*: se paga por acceder a las noticias y algunas incluso han creado mecanismos para impedir el "copy/paste" de los contenidos. Así, aunque las noticias que crean siguen teniendo un consumo no rival, ahora tienen un consumo excluyente: los lectores/consumidores que no paguen no tendrán acceso al contenido. En estos casos, tenemos el segundo tipo de bien público impuro.

Es interesante observar que, en algunos casos, los bienes públicos impuros pueden acabar convirtiéndose en bienes privados. Volviendo al caso de la playa, que inicialmente estaba desierta y se hizo muy conocida: supongamos que, además de transformarse su uso y consumo de no rival a rival, al cabo de un tiempo, por alguna desafortunada decisión del ayuntamiento, se autoriza la construcción de comunidades privadas y cerradas en el lugar. Para utilizar la playa en esos tramos, basta con ser residente del condominio o pagar una cuota. Nos damos cuenta de que el uso de la playa es ahora no sólo rival, sino también excluyente. En el proceso, un bien puramente público puede acabar convirtiéndose en un bien privado.

Los bienes públicos (puros) se definen económicamente como bienes o servicios que tienen un consumo no rival -su consumo por un consumidor no disminuye en modo alguno su disponibilidad para otros consumidores- y no excluible -es difícil o muy costoso tratar de impedir que los consumidores que no pagan consuman el bien-.

3.4.2. Ineficiencia de los bienes públicos

¿Cuál es el problema de los bienes públicos desde el punto de vista de la eficiencia? Aparte de los casos en que tales bienes se ofrecen de forma natural, como la playa, los bienes públicos creados artificialmente, por el esfuerzo humano, sufrirán un impacto fuerte y negativo cuando se dejen libres en el mercado, sin intervención estatal. Precisamente porque su consumo es no rival y no excluible, existen algunos problemas para sus productores/vendedores: es muy difícil o costoso crear mecanismos para obligar a la gente a pagar por su uso (porque el consumo es no excluible); además, puede ser difícil incluso identificar quién está consumiendo sin pagar, porque el consumo es no rival (no hay reducción de la cantidad del bien o servicio que se ha producido). En resumen: "hacer autostop" en el consumo es muy fácil, y sin duda es lo que harán la mayoría de los consumidores potenciales. Como resultado, pocos o nadie tendrán incentivos para pagar por el consumo y, a su vez, con pocos o nadie pagando, no habrá incentivos para que los productores produzcan ese bien o servicio. Así, la cantidad de bienes públicos ofrecida en el mercado tiende a ser muy inferior a la que la sociedad desearía, es decir, una cantidad ineficiente.

Por esta razón, en presencia de bienes públicos, la intervención del Estado puede estar justificada para crear mecanismos de incentivo a la producción de estos bienes. Tales formas de incentivos podrían ser análogas a las existentes en situaciones de externalidades positivas: subvenciones, incentivos financieros y fiscales, producción estatal, etc. Sin algún tipo de apoyo estatal, el mercado de bienes públicos será ineficiente, definiendo así su característica de fallo de mercado.

3.5. ASIMETRÍAS DE INFORMACIÓN: PROBLEMA PRINCIPAL-AGENTE (O AGENCIA), RIESGO MORAL Y SELECCIÓN ADVERSA

El último de los fallos del mercado que trataremos en este capítulo es la asimetría de la información[6]. Antes de empezar, es

[6] Esto no quiere decir que hayamos agotado los tipos existentes de fallos del mercado, sólo que estamos tratando los más comúnmente discutidos en la teoría

importante subrayar que las situaciones de asimetría de información no son lo mismo que las de información incompleta o imperfecta. En el mundo en que vivimos, y dada la limitada capacidad cognitiva de los seres humanos, la información será siempre y necesariamente imperfecta: nadie puede decir con precisión lo que ocurrirá en un futuro próximo (ni siquiera en un plazo de 24 horas...). Cuando hablamos de situaciones de asimetría informativa, nos referimos precisamente a casos en los que el nivel de información entre entidades no es simétrico, es desigual, es decir, unas tienen más información que otras. Es evidente que este tipo de situaciones no son deseables y, más aún, pueden generar ineficiencias, debido al desequilibrio entre las partes, especialmente en las relaciones contractuales.

El quid del problema de la asimetría informativa reside en las acciones *ocultas* y/o los *atributos* ocultos. Las acciones ocultas se producen, normalmente en el contexto de las relaciones contractuales, cuando al menos una de las partes realiza acciones que no pueden ser observadas o controladas por la otra parte. Además, esta imposibilidad conduce a resultados no deseados, o incluso a pérdidas, para la segunda parte. Por otro lado, cuando existen atributos ocultos –normalmente de un bien o servicio objeto de comercio– alguna información o atributo de ese bien o servicio no es conocido por las partes, especialmente por las que van a adquirirlo. También es fácil ver que, en tales situaciones, puede haber pérdidas para los perjudicados por la asimetría de información.

Definamos y analicemos ahora los tres problemas más conocidos derivados de la asimetría de la información.

---

económica. Otro factor muy importante a efectos del análisis de la economía del derecho son los costes de transacción. No obstante, éstos se tratarán debidamente en el capítulo dedicado al Derecho y la Economía de la Propiedad Privada.

3.5.1. Problema de agencia (o problema principal-agente)

El problema de la agencia suele plantearse en situaciones en las que existe una relación contractual directa o indirecta. Un "principal" tiene algún objetivo económico, pero para alcanzarlo necesita contratar a "agente(s)" que le ayuden. El problema surge cuando el agente contratado tiene objetivos diferentes a los del principal. Como consecuencia, las acciones del agente o agentes, que están ocultas, conducen a resultados que no interesan o incluso perjudican al principal.

Existen varios ejemplos clásicos de problemas de agencia: (i) El empresario (principal) que contrata empleados (agentes) para trabajar en su empresa, pero no puede controlarlos en todo momento; por tanto, los empleados no trabajan correctamente, lo que provoca malos resultados, e incluso pérdidas, para el empresario. (ii) El director general de una empresa (agente) que toma decisiones que no son necesariamente las mejores para el valor de la empresa y sus accionistas (principales), sino sólo con vistas a generar primas y ganancias propias para el ejecutivo[7].

Más interesantes para el análisis económico del Derecho son los problemas de agencia que se generan, por ejemplo, en los contratos de colaboración público-privada: el Estado contrata a una empresa para que realice una obra pública, pero sin posibilidad de controlar en todo momento la ejecución de la obra, la empresa acaba realizándola con una calidad inferior a la deseada, con unos costes y una duración superiores a los óptimos posibles. Este tipo de problema de agencia es bastante recurrente al menos por dos razones: los elevados costes de supervisión en este caso (más que en los casos "ordinarios" de *acciones ocultas*) y el hecho de que en realidad existe aquí una relación contractual tripartita: el verdadero mandante en este

---

[7] Para casos reales de problemas de agencia causados por los consejeros delegados a los accionistas de sus empresas en tiempos de crisis, véase, por ejemplo: https://money.cnn.com/galleries/2009/news/0909/gallery.highest_paid_worst_CEOs/index.html

caso es la población que se beneficiaría de la obra pública, el Estado (o los cargos públicos o burocráticos responsables de la obra) son el "agente" de la población y, por último, la empresa contratada es el "agente del agente". Existe aquí un problema de doble agencia, con fuertes implicaciones en términos de ganancias y pérdidas.

El problema de agencia surge cuando el agente contratado tiene objetivos diferentes de los del principal que lo contrata, lo que provoca una pérdida para este último. Suele surgir porque el agente tiene acciones ocultas o difíciles de controlar para el principal.

3.5.2. Riesgo moral

La asimetría informativa provocada por las acciones ocultas también puede generar el problema del riesgo moral: la parte cuyas acciones no pueden ser observadas tiene incentivos para cambiar su comportamiento con el tiempo en detrimento de la parte que no puede vigilar bien las acciones de la primera. El cambio de comportamiento suele producirse porque, además de no poder observarse sus acciones, existen cláusulas o reglas que dan garantías a una de las partes. Los ejemplos aclaran la definición del problema: un cliente contrata un seguro contra daños en su coche; tras adquirir el seguro, se vuelve más "descuidado" en el cuidado del coche, porque sabe que, si hay un problema, está protegido por el seguro. Esto genera unas pérdidas superiores a las esperadas para la compañía de seguros. Otro ejemplo sería el de un joven empresario que adquiere inversiones de terceros para poner en marcha su negocio; con esta inversión, sin casi nada que perder, el empresario empieza a tomar decisiones mucho más arriesgadas para el negocio, perjudicando los intereses de los inversores. Por último, en el caso del apartado anterior sobre el problema de agencia, cuando los consejeros delegados toman decisiones que van en contra de los intereses de los accionistas, además de un problema de agencia como el explicado, existe también un problema de riesgo moral: los consejeros delegados lo hacen cuando saben que están protegidos por su contrato con la empresa. No es infrecuente que el problema de agencia coexista con el problema de riesgo moral; sin embargo, es importante poder diferenciarlos mediante las definiciones precisas de cada uno de ellos que ofrecemos aquí.

El concepto de rescate puede estar intrínsecamente ligado al problema del riesgo moral, especialmente en escenarios económicos en los que las grandes empresas toman muchas decisiones imprudentes respaldadas por la expectativa de que, en caso de quiebra, el Estado intervendrá para salvarlas. Esta expectativa puede crear un círculo vicioso de conductas de riesgo exacerbadas, ya que elimina o mitiga las consecuencias negativas que normalmente ayudarían a moderar dichas conductas. La idea de que el Estado actuará como red de seguridad puede animar a las instituciones a buscar mayores beneficios a través de operaciones más arriesgadas, sabiendo que las pérdidas potenciales serán socializadas, mientras que las ganancias seguirán siendo privadas. Como explican Mackaay y Rousseau (2015):

> El riesgo moral aparece cada vez que, como consecuencia de una supervisión imperfecta, por ser costosa para el asegurador, el asegurado se desvía del comportamiento acordado con el asegurador, posiblemente de forma implícita, para buscar una ventaja para sí mismo, aumentando la probabilidad o el alcance del riesgo asumido por el asegurador. El riesgo moral, en el ámbito de los seguros, se corresponde con el problema de agencia en otros contextos. Es un ejemplo de comportamiento oportunista".
> "Como consecuencia **del riesgo moral, la aseguradora aumenta sus costes para todos los asegurados y, en consecuencia, ajusta las primas. Los asegurados acaban pagando los costes de su discreta indiferencia...** Si el riesgo moral es muy grave, el seguro puede llegar a ser inviable. Por eso no se puede asegurar el riesgo de quiebra de una empresa o una pérdida en bolsa". (Mackaay y Rousseau, 2015, p.138. énfasis añadido)

En el riesgo moral, una de las partes tiene acciones que no pueden observarse y, por tanto, tiene incentivos para cambiar su comportamiento con el tiempo. Esto acabará provocando una pérdida por parte de la parte que no puede supervisar las acciones de la primera.

3.5.3. Selección adversa

El tercer problema derivado de la asimetría informativa se da en los mercados en los que hay productos/servicios de distintas calidades y el consumidor no puede distinguirlos; hay entonces atributos *ocultos* en los productos. Además, como los consumidores no pueden distinguir la calidad real de lo que quieren comprar, el precio que se cobra en el mercado es el mismo (precio de equilibrio) y es el precio medio: como los consumidores no saben si el producto que tienen delante es de buena calidad, se niegan a pagar un precio muy alto; en cambio, si el precio que se cobra es demasiado bajo, intuyen que se trata de un producto de baja calidad. Sin embargo, dado que el precio de equilibrio aplicado es un precio medio, los vendedores de productos de alta calidad no tendrán ningún incentivo para vender: su producto vale más que el precio medio del mercado. Por tanto, abandonan el mercado (renuncian a vender) y sólo quedan los vendedores y los productos de baja calidad (que tienen muchos incentivos para vender al precio medio, que es superior al valor real de sus productos). Así es como, en una situación en la que los atributos del producto están ocultos, los productos de baja calidad "expulsan" a los productos de alta calidad. Esta idea fue propuesta por primera vez por George Akerlof en un artículo de 1970 sobre el mercado de limones (coches usados), que le valió el Premio Nobel de Economía. Akerlof demostró matemáticamente la situación en la que, en un mercado de limones en el que los consumidores no conocen la calidad real de cada coche usado, los coches de baja calidad acaban expulsando a los de buena calidad. Por eso este problema se llama selección adversa.

Además del mercado del limón de Akerlof, existen otros ejemplos reales del fenómeno de la selección adversa. Otro economista dio otro ejemplo de selección adversa, en este caso en el mercado laboral. Michael Spence, que compartió el Premio Nobel de Economía con Akerlof en 2001, demostró que, si no existen mecanismos para diferenciar entre los trabajadores más cualificados y los menos cualificados en el mercado laboral, el salario ofrecido por los empresarios tenderá hacia un salario medio; si esto ocurre, sólo los trabajadores menos cualificados permanecerán en el mercado, ya que los más cualificados no tendrán incentivos para continuar. Esto es especialmente cierto en situaciones en las que existen mercados sustitutivos, o si pensamos que el "mercado laboral" es una o unas pocas empresas. En cualquier caso, Spence estaba más interesado en proponer soluciones para resolver este tipo de selección adversa potencial. Según el economista, la solución pasaría por mecanismos de *señalización* creíbles. Por poner un ejemplo, sin entrar en esta discusión, en el caso de la selección adversa en el mercado laboral, los diplomas con una sólida reputación y credibilidad serían un mecanismo para señalar a los trabajadores cualificados de los no cualificados: sólo los primeros podrían superar cursos rigurosos y obtener buenos diplomas.

Otro ejemplo clásico del problema de la selección adversa procede del mercado de seguros. Consideremos el caso de los seguros de salud (por ahora olvidémonos de la regulación que existe en el mercado brasileño y pensemos en la naturaleza de este bien y de su mercado): las aseguradoras tienen inicialmente grandes dificultades para distinguir qué clientes tienen más problemas de salud (y, por tanto, necesitarán utilizar más los servicios del seguro) y cuáles tienen menos problemas de salud. La aseguradora tendrá entonces que fijar el precio de la prima en un valor medio. Sin embargo, los clientes que tienen pocos problemas de salud y saben que van a utilizar muy poco el seguro se ven disuadidos de contratarlo. Si renuncian a contratar el servicio, sólo quedarán los clientes que utilizarán mucho el seguro, lo que caracteriza la selección adversa. Esto acaba haciendo inviable el negocio para las propias aseguradoras. De nuevo recurriendo a Mackaay y Rousseau (2015), estos autores lo explican bien:

> La selección adversa aparece cuando una aseguradora, por falta de información o por otras razones, cobra la misma prima a grupos que ofrecen riesgos diferentes. Esto anima a las personas que saben que se encuentran entre los peores riesgos a suscribir su plan de seguro sin revelar esta cualidad, porque para ellos el seguro es ventajoso. En cambio, la falta de diferenciación desanima a los mejores riesgos. Prefieren asegurarse con un competidor dispuesto a diferenciar, porque para ellos esto se traduce en una prima

> más baja. El asegurador que no discrimina acabará asegurando los peores riesgos, lo que acabará reflejándose en las primas cobradas (Mackaay & Rousseau, p.136).

Cuando los productos o servicios tienen una calidad que los compradores no pueden distinguir u observar, puede producirse un proceso de selección adversa en el que, en equilibrio, los productos de alta calidad son "expulsados" del mercado, quedando sólo los de baja calidad.

3.5.4. Ineficiencia de las asimetrías de información y soluciones

De los distintos ejemplos vistos anteriormente se desprende con cierta claridad que en todas las situaciones en las que se producen problemas de asimetría informativa se generan pérdidas, al menos para una de las partes perjudicadas por la asimetría. Es más, en algunos casos, la ausencia de información equilibrada entre las partes perfectas hace que no se produzcan transacciones beneficiosas para ambas partes, llevando incluso al fin del mercado en su conjunto. Éstas son las pérdidas de excedentes cooperativos a las que aluden los economistas como ejemplos de ganancias a las que se renuncia.

Los diversos economistas que se han dedicado al estudio de las asimetrías de información investigan formas de minimizar su aparición. Como ya se ha mencionado, los economistas (y otros estudiosos) estudian los distintos mecanismos de *señalización* y *cribado que* pueden crearse: en el primero, los vendedores que disponen de más información sobre la calidad real de sus productos y servicios encuentran formas de enviar señales creíbles sobre esta información a sus compradores; en el segundo, los propios compradores invertirán en mecanismos eficaces para obtener la información que necesitan antes de adquirir un producto o servicio cuya calidad desconocen inicialmente ("*cribado*"). Por último, una de las formas de minimizar la aparición de efectos deletéreos causados por las asimetrías de información sería invertir en el diseño de contratos eficientes, para evitar problemas como la agencia y el riesgo moral.

El tema de las asimetrías de información es un amplio campo dentro de la literatura sobre economía, organización y análisis económico del derecho, que permite discusiones muy avanzadas. Por ahora, terminaremos aquí con estas discusiones introductorias, pero invitamos al lector a profundizar en esta fascinante área en el futuro.

3.6. CONCLUSIONES: LOS FALLOS DEL MERCADO Y LA LEY

En este capítulo, conceptualizamos los fallos de mercado más conocidos y discutidos tradicionalmente en la teoría económica. Los mercados con competencia imperfecta, externalidades, bienes públicos y/o asimetrías de información son, por definición, aquellos que, si se dejan funcionar libremente –la oferta y la demanda solas, sin un tercero que las "coordine"–, no alcanzarán automáticamente la situación de maximización del bienestar social o de la eficiencia económica. Se producirán pérdidas por diversos motivos, y pérdidas que posiblemente podrían evitarse si hubiera alguna intervención con este fin (minimizar las pérdidas económicas) y en este sentido. Es por ello por lo que los primeros economistas, como Arthur Pigou, imaginaron que el Estado podría cumplir esta función de "corregir" los fallos del mercado, dado el poder y el monopolio de la fuerza que tiene el Estado a través de la imposición de las normas de derecho.

Sin embargo, esto no significa que el Estado a través de la ley sea la única o incluso la mejor forma de resolver los fallos del mercado. Algunos autores discuten el hecho de que el Estado, formado por políticos, burócratas y otros grupos de personas con intereses propios, no siempre utiliza las normas legales para intervenir en el mercado de forma que se maximice el bienestar social o se garantice la eficiencia económica. Los defensores de la llamada escuela de *la elección pública* (que, en términos generales, propone estudiar la ciencia política a través de la lente de la microeconomía, especialmente el supuesto de agentes racionales maximizadores) afirman que cada vez que el Estado interviene en el mercado para supuestamente resolver fallos de mercado, acaba generando *fallos de gobierno que* pueden ser más perjudiciales que los primeros. Estos estudiosos abogan por otras vías, que van mucho más allá de la intervención legal, para resolver las ineficiencias provocadas por los fallos del mercado.

El debate sobre la mejor manera de evitar las pérdidas debidas a fallos del mercado rebasa las fronteras del mundo académico y también es intenso en las políticas públicas. Dejaremos este apasionante debate a los estudios y la experiencia práctica de nuestros lectores.

PREGUNTAS

1. En el estudio de la regulación gubernamental han surgido la teoría de la captura y el término "búsqueda de rentas". Marque V o F en estos conceptos:

   a) ( ) La "teoría de la captura" afirma que las agencias gubernamentales creadas para regular sectores que causan externalidades negativas acaban sirviendo a los intereses de estos mismos sectores–existe, por tanto, una "captura" de las agencias reguladoras por parte de los regulados.

   b) ( ) La "búsqueda de rentas" representa la competencia por los favores del gobierno, que se produce cuando las industrias gastan recursos, tiempo, dinero e influencia política para obtener normativas que favorezcan a su propio negocio.

   c) ( ) La "teoría de la captura" se refiere a la normativa medioambiental aplicada a la caza de animales.

   d) ( ) Por "búsqueda de alquileres" se entiende la normativa urbanística aplicada para controlar el mercado de alquiler de inmuebles.

2 No es una forma de resolver los problemas de externalidades:

a) Vía reglamentaria.

b) Vía fiscal.

c) Mediante la asignación de derechos de propiedad.

d) Mediante subasta para ver quién paga más por reducir la externalidad.

3. Tick V o F. Una fábrica de coches está situada junto a una lavandería. Para producir sus 100 coches cada mes, la fábrica emite humo que acaba ensuciando los 100 kg de ropa lavada en el mismo periodo por la lavandería.

a) ( ) Los costes privados de la fábrica son los costes de producción de 100 coches.

b) ( ) Los costes sociales son los costes de la fábrica por producir 100 coches más los costes de lavandería por lavar 100kg de ropa más las pérdidas generadas por el humo en la ropa.

c) ( ) Los costes sociales son los costes de las pérdidas generadas por el humo en la ropa.

d) ( ) Los costes sociales son los costes de lavar 100 kg de ropa en la lavandería.

e) ( ) La fábrica de coches no produce beneficios sociales.

4 Sobre los bienes públicos es correcto decir:

a) Son bienes que generan un consumo no rival y no excluible: el consumo por parte de una persona no reduce la cantidad de este bien para otras personas, y es imposible o muy difícil obligar a las personas a pagar por él para tener acceso a su consumo.

b) Son las que ofrece el Estado.

c) Las escuelas y los hospitales son ejemplos de bienes públicos.

d) Se venden en el mercado según las leyes de la oferta y la demanda.

5 Sobre los problemas de asimetría de la información, marque V o F:

a) ( ) La selección adversa se produce cuando, al no poder observar los atributos ocultos de una de las partes (o de sus productos), el mercado acaba atrayendo únicamente a vendedores (o compradores) de peor calidad. El ejemplo clásico del mercado de limones (coches usados) es un buen ejemplo.

b) ( ) El *riesgo* moral se produce cuando, ante la imposibilidad de observar las acciones ocultas de una de las partes, se crea un incentivo para que actúe de forma contraria a los intereses de la otra parte. El ejemplo clásico del mercado de seguros que disuade al asegurado de tener más cuidado es un buen ejemplo.

c) ( ) En el mercado de los seguros de enfermedad, en el que la aseguradora no sabe si el cliente potencial es fumador habitual o no, existe el problema de la selección adversa.

d) ( ) En el mercado de los seguros de accidentes de automóvil, en el que la aseguradora no sabe con qué cuidado conducen los conductores, existe el problema de la selección adversa.

e) ( ) En el mercado crediticio, en el que la entidad financiera que concede el crédito no sabe si el cliente potencial es un deudor persistente o no, existe el problema del daño moral.

6 ¿En qué circunstancias puede producirse una "selección adversa"?

a) Cuando los consumidores son incapaces de evaluar correctamente la calidad de un producto o servicio.

b) Cuando los productores son incapaces de ajustar rápidamente la oferta para satisfacer la demanda.

c) Cuando los precios no pueden ajustarse para equilibrar la oferta y la demanda.

d) Cuando el gobierno prohíbe la venta de un producto.

7) ¿Qué es una "externalidad" en economía?

a) Un acuerdo voluntario entre dos partes que beneficia a ambas.

b) Una intervención gubernamental en la economía para corregir un fallo del mercado.

c) Un coste o beneficio no considerado por el mercado, que afecta a terceros.

d) Un mecanismo que permite la asignación eficiente de recursos.

8. ¿Cuál de las siguientes políticas puede utilizarse para corregir un fallo del mercado debido a externalidades negativas?

a) Subvenciones para fomentar la producción del bien en cuestión.

b) Impuestos sobre la producción del bien en cuestión.

c) Establecer un precio máximo para el bien en cuestión.

d) Restricciones en la cantidad producida de un bien sustitutivo.

9. ¿Cuál es el papel del gobierno en la corrección de los fallos del mercado?

a) Estimular la libre competencia entre empresas.

b) Intervenir lo menos posible en la economía de mercado.

c) Corregir los fallos del mercado mediante políticas económicas.

d) Alejarse de la economía de mercado y dejar que los agentes económicos actúen libremente.

10. En un mercado de coches usados, ¿cuál es un ejemplo de problema de selección adversa?

a) Los compradores tienen toda la información sobre la calidad de los coches.

b) Los vendedores no tienen información sobre el precio que los compradores están dispuestos a pagar.

c) Los compradores pagan un precio elevado por el coche, pero luego descubren que está en mal estado.

d) Los vendedores de coches usados no pueden ajustar rápidamente la oferta a la demanda.

Respuestas:

1–V, V, F, F

2–D

3–V, V, F, F

4–A

5–V, V, V, F, F

6–A

7–C

8–B

9–C

10 – C

REFERENCIAS BIBLIOGRÁFICAS

Azevedo, Paulo F. D. (2014). "Análisis económico de la defensa de la competencia". En Timm, Luciano (org.) **Direito e Economia no Brasil,** 2ª ed. São Paulo: Editora Atlas.

Coase, Ronald H. (1960). "El problema del coste social". **Law and Economics,** 3, 1-44.

Mackaay, Ejan y Rousseau, Stéphane (2015). **Análisis Económico del Derecho**, 2ª ed. Traducción: Sztajn, Rachel. São Paulo: Editora Atlas.

Viscusi, W. Kip; Harrington, Joseph E. Jr y Sappington, David EM. (2018) **Economics of regulation and antitrust.** Cambridge, MA: MIT press.[4]

Capítulo 4.

Teoría de juegos

En el tercer partido de la primera ronda de la Copa Mundial de 1958, contra la Unión Soviética, el seleccionador Vicente Feola, en una situación clásica, explicó en la pizarra la táctica para derrotar al equipo de la antigua Unión Soviética. Nilton Santos enviaría el balón desde la izquierda del centro del campo hacia la derecha del ataque, con Garrincha regateando a tres rivales y centrando al área para que Mazola cabeceara y marcara. Con ingenuidad o ironía, no lo sabemos, Mané Garrincha preguntó: "Señor Feola, ¿ha hecho gestiones con los rusos?".

4.1. ¿QUÉ ES LA TEORÍA DE JUEGOS?

Nuestra supervivencia depende de la interacción con otros seres humanos, tanto si estas relaciones son armoniosas como conflictivas. Muchas interacciones humanas conllevan potenciales antagónicos, ya sea para la cooperación y la armonía o para el conflicto y el desastre. Abundan los ejemplos: relaciones entre parejas, hermanos, vecinos, alumnos y profesores, países, sindicatos y empresarios, etc. La historia de la humanidad es tanto una historia de luchas y guerras como una historia de cooperación fructífera.

La teoría de juegos se centra precisamente en las interacciones dentro de un grupo de individuos, incluidos gobiernos y empresas, en las que las acciones de cada uno repercuten en un resultado que interesa a todos. Sin embargo, esto no basta para que una situación sea relevante para la teoría de juegos: la forma de actuar de los individuos debe ser estratégica, es decir, deben ser conscientes de que sus acciones afectan a los demás. El hecho de que mis acciones afecten al resultado no requiere un comportamiento estratégico si no soy consciente de este hecho. Por lo tanto, decimos que la teoría de juegos estudia la interacción dentro de un grupo de individuos en el que los implicados saben que sus acciones tendrán un efecto en el resultado y actúan en consecuencia, es decir, adoptan una interacción estratégica.

Formalmente, la Teoría de Juegos es una rama de la matemática aplicada estrechamente relacionada con la realidad (investigación empírica), que se centra en el análisis del comportamiento de los agentes racionales (*homo economicus* u *homo rationalis*) en las interrelaciones sociales, mediante el desarrollo de modelos o juegos que simulan determinadas situaciones de conflicto y cooperación, proporcionando técnicas matemáticas generales para evaluar la iteración estratégica.

Esta teoría se presenta como una especie de paraguas, ya que puede ser utilizada por diversas áreas, o incluso como una teoría racional de las ciencias sociales, en la que se estudia el comportamiento de los decisores (jugadores), cuyas acciones repercuten unas sobre otras. En este sentido, el matemático ganador del Premio Nobel de Economía 2005, Robert Aumann (1998), sugiere que un nombre más sugerente para esta disciplina sería "Teoría de la Decisión Interactiva", en contraposición a Teoría de Juegos. El profesor israelí enseña:

> La Teoría de Juegos es una herramienta que nos dice adónde nos llevarán los incentivos. La historia y la experiencia nos enseñan que si queremos alcanzar determinados objetivos, incluidos los morales y éticos, lo mejor es analizar los incentivos y los efectos de lo que estamos haciendo.[1]

El gran logro de esta materia reside en transformar una situación compleja en un "juego", de modo que un modelo más fácilmente observable permite traducir algunas intuiciones. De este modo, la teoría de juegos se revela como una herramienta facilitadora para organizar el pensamiento estratégico.

---

1 AUMANN, Game Theory, The New Palgrave Dictionary of Economics, Vol 2, editado por J. Eatwell, M. Milgate y P. Newman, Macmillan, Londres y Basingstoke, 1987, p. 480.

Cabe señalar que, en la teoría de juegos, mientras los responsables de la toma de decisiones intentan manipular el entorno, que también está formado por los demás agentes, éstos intentan manipularlos a su vez. Por ejemplo, si un contribuyente adopta la estrategia de no cumplir todas sus obligaciones fiscales, la otra parte (Hacienda) reaccionará de alguna manera.

No existe una "teoría general de los juegos", ya que cada juego tendrá su naturaleza definida por sus propios elementos explícitos o habituales. De hecho, el análisis se simplifica con la estructuración del juego, así como con el estudio de juegos clásicos que señalan comportamientos en situaciones similares, como veremos.

La teoría de juegos se aplica[2] a las interacciones humanas (económicas, sociales, políticas, etc.) de la siguiente manera: 1) mediante un conocimiento teórico previo de la situación (teoría política, económica, etc.), ésta se define como un juego, estableciendo así las reglas, los jugadores, las estrategias posibles y los resultados previsibles; 2) hay que encontrar una "solución teórica de juego"; 3) esta solución debe aplicarse o sugerirse a la realidad o teoría estudiada –económica, sociológica, política, etc.– Algunos ejemplos de juegos pueden ser poco realistas, pero su simplicidad no impide que permitan comprender mejor que en la vida real las cuestiones esenciales del conflicto o la cooperación.

Una persona que conozca la teoría de juegos no será necesariamente un buen jugador, pero tendrá una visión optimizada a la hora de tomar decisiones. La principal ventaja de la teoría de juegos es que proporciona un *marco* teórico para tomar decisiones estratégicas. Como tal, debemos empezar por proporcionar la base teórica mínima y luego pasar a la teoría de juegos práctica, incluyendo algunas áreas más matemáticas y otras más explicati-

---

2 El aspecto positivo se refiere al análisis de las interacciones sociales a partir de las instituciones existentes (mundo del ser). Por otro lado, el aspecto normativo estudia cómo podrían ser las interacciones (mundo del deber ser), es decir, el comportamiento abstracto.

vas. Sin embargo, debemos reiterar que estamos presentando un modelo teórico de decisión, no una teoría infalible que dará siempre la mejor respuesta, ya que esto es imposible.

4.2. BREVE HISTORIA

Existe cierto debate sobre los inicios formales de la teoría de juegos. Algunos apuntan a estudios probabilísticos del siglo XVIII o a modelos de duopolio (Cournot) del XIX, pero es innegable que la sistematización se produjo con el libro "Teoría de juegos y comportamiento económico", escrito por John Von Neumann y Oskar Morgenstern en 1944, ampliando la idea del trabajo original de Von Neumann (Zur Theories der Gesellschaftsspiele) sobre el tema.

Los trabajos de Von Neumann y Morgenstern fueron objeto de largos y extensos artículos de revisión en revistas económicas, algunos de los cuales auguraban una amplia y rápida aplicación. Otro foco de gran desarrollo fue el de los departamentos de matemáticas, principalmente por A. W. Tucker y sus alumnos del Departamento de Matemáticas de Princeton y de la Rand Corporation, un Think Tank sin ánimo de lucro con sede en California.

Como el Proyecto Manhattan contaba con muchos profesores de Princeton, entre ellos Von Neumann, la Teoría de Juegos no tardó en utilizarse en las estrategias militares de la Guerra Fría. Como consecuencia, se ha escrito mucho sobre la influencia de la Teoría de Juegos y formas afines de la Teoría de la Elección Racional, como el análisis de sistemas en la estrategia nuclear, y sobre cómo el contexto de la Guerra Fría y la financiación militar contribuyeron a dar forma a la Teoría de Juegos y la Economía.

Los investigadores de la paz publicaron amplios estudios a finales de los años cincuenta y sesenta basados en los Juegos del Dilema del Prisionero para analizar la Guerra Fría, como hizo Thomas Schelling. Mientras estaba pendiente la ratificación del Tratado de No Proliferación Nuclear, entre 1965 y 1968, la Agencia de Control de Armamento y Desarme de Estados Unidos (ACDA) patrocinó importantes investigaciones sobre los juegos de negociación con información incompleta y su aplicación a las carreras armamentísticas y el desarme.

Desde finales de los años 70, se puede afirmar que la teoría de juegos es la herramienta más importante y útil para analizar situaciones de toma de decisiones. Especialmente en escenarios en los que la mejor respuesta de un agente depende de las expectativas sobre el comportamiento de los demás, y la mejor estrategia de los demás depende del comportamiento del agente.

Dejando a un lado sus limitaciones, en los últimos 40 años la teoría de juegos se ha aplicado fructíferamente a numerosas situaciones en el campo de la economía, la ciencia política, la biología, el derecho, etc. En el resto de este capítulo, ilustraremos las principales ideas y conceptos de la teoría de juegos y algunas de sus aplicaciones, utilizando ejemplos sencillos del ámbito jurídico.

4.3. ELEMENTOS DE LOS JUEGOS

En un juego, los jugadores (al menos dos) adoptarán alguna estrategia (toma de decisiones), de acuerdo con ciertas reglas sobre la interacción de las estrategias elegidas por los propios jugadores. Cada jugador buscará un resultado positivo o negativo. Estos son los tres elementos de un juego: 1) jugadores; 2) estrategia; 3) resultado.

Las reglas son factores importantes que dirigen el juego, es decir, son leyes que los jugadores deben respetar. En muchas situaciones, estas reglas proceden de instituciones sociales preexistentes (jurídicas, lógicas, políticas, etc.)

4.3.1. Jugadores

La primera definición se refiere a la naturaleza subjetiva de un juego. Los jugadores implicados son los agentes económicos que interactúan en la relación. Así, en el caso de una interrelación, debe haber al menos dos jugadores, y no existe un número máximo de jugadores.

Los grupos cuyos miembros actúan de manera uniforme pueden considerarse un solo jugador, como ocurre con los países, las empresas y los equipos deportivos. En los juegos, cada jugador debe ser capaz de evaluar el alcance de sus objetivos y los de los demás jugadores, y elegir así una estrategia de cooperación o competencia con los demás participantes. Los jugadores no necesitan saber nada de teoría de juegos para adoptar la mejor estrategia, pero sí conocer cuáles son sus preferencias.

4.3.2. Estrategias

Para la teoría de juegos, las estrategias deben describir las acciones de cada jugador en cualquier circunstancia posible, siendo el plan de acción completo de los agentes. Por tanto, es imposible examinar una estrategia completa, en detalle, para cualquier juego real. Esto explica por qué los teóricos del juego no son necesariamente buenos jugadores de ajedrez, debido al gran número de estrategias posibles. Sin embargo, en modelos de juego más simplificados, es posible identificar las mejores estrategias.

En cada juego, se busca un conjunto de estrategias de todos los jugadores que produzca una solución de equilibrio. Puede que no haya una solución ideal, pero sí varias.

4.3.3. Resultados

Los resultados de un juego son los elementos que componen el conjunto de posibilidades de los efectos de las elecciones de los jugadores, es decir, los *resultados* obtenidos por los jugadores en función de su estrategia.

Aunque la teoría de juegos se basa en la lógica utilitarista, debido a la imposibilidad de comparación interpersonal de los niveles de utilidad, en algunos juegos es posible utilizar la aproximación de la propensión a pagar, referida a la posibilidad de calcular los resultados en moneda.

4.4. REGLAS Y CARACTERÍSTICAS DE LOS JUEGOS

Una vez determinados los tipos de situaciones de los que se ocupa la teoría de los juegos, debemos discutir cómo analiza estas situaciones. Como cualquier otra teoría, el objetivo de la teoría de juegos es organizar nuestro conocimiento y aumentar nuestra comprensión del mundo exterior. Es un modelo matemático que trata de identificar los aspectos más esenciales de una situación dada, analizarlos utilizando ciertos supuestos y procedimientos y, al final, concluir algunos principios generales y predicciones que pueden aplicarse a instancias individuales.

Para tener algún poder predictivo, la teoría de juegos necesita postular algunas reglas según las cuales actúan los individuos. Si no describimos cómo se comportan los individuos, cuáles son sus objetivos y cómo intentan alcanzarlos, no podemos derivar ninguna predicción en una situación determinada. Por lo tanto, para aportar cierta disciplina al análisis, necesitamos introducir alguna estructura en términos de reglas del juego.

Las reglas de un juego son las condiciones en las que se desarrolla una partida, y pueden referirse al número de veces que se repite el juego, los límites de las elecciones implicadas y todas las demás posibilidades complejas de un modelo que reproduce las principales características de la realidad.

4.4.1. Tipos de información

El supuesto más importante, y quizá uno de los más controvertidos, de la teoría de juegos es que los individuos son racionales, es decir, que tienen preferencias bien definidas sobre el conjunto de resultados posibles y aplican la mejor estrategia disponible para perseguirlos.

El modelo clásico de racionalidad común implica que los individuos conocen las estrategias disponibles para todos, que tienen preferencias completas y coherentes sobre los posibles resultados y que son conscientes de estas preferencias. Además, pueden determinar la mejor estrategia para sí mismos y ponerla en práctica. Estos son los juegos con información perfecta. Sin embargo, en la realidad, los jugadores casi siempre desconocen la información, al menos en parte.

Tomemos el ejemplo de dos estudiantes de Derecho: Felipe y Caio. Ambos saben que su dedicación a los estudios de Economía influirá en sus resultados al final del semestre. Como la profesora Luciana asigna las notas de forma comparativa, Felipe sabe que el tiempo de estudio de Caio influirá en las notas de ambos, al igual que Caio sabe que Felipe sabe, y así ad infinitum, lo que lleva a ambos a estudiar todo lo posible. Como profesores, sabemos que esto no ocurrirá en la realidad, por desgracia.

Los "juegos de información perfecta" son aquellos en los que todos los jugadores conocen con precisión cualquier resultado posible porque toda la información está disponible, como ocurre en el ajedrez. Sin embargo, la mayoría de los juegos implican situaciones más complejas, con información incompleta, de modo que el jugador debe adoptar su estrategia sin conocer las posibles acciones de su oponente; un ejemplo claro es el juego del Póquer, en el que los jugadores no saben qué cartas tienen los demás.

Merece la pena señalar que la revolución de la información ha tenido un impacto directo en la teoría de juegos. Al principio, se consideraba que la información era ilimitada, un supuesto muy fuerte. Sin embargo, con la gran aportación de Harsanyi (1968), se empezó a trabajar con la idea de *racionalidad acotada.*

La información incompleta puede agruparse en tres conjuntos (Harsanyi, 1968) de situaciones: 1) Los jugadores pueden desconocer el resultado del juego; 2) Los jugadores pueden desconocer sus propios resultados; y 3) Los jugadores pueden desconocer sus espacios estratégicos o los de los demás jugadores.

El concepto de inconsciencia está relacionado con la reducción de la racionalidad perfecta y construye el concepto de racionalidad limitada. Existen otras limitaciones (Feinberg, 2004), como la incapacidad de conocer las implicaciones lógicas y el alcance total de la situación, la indiferencia ante posibilidades con baja probabilidad y la toma de decisiones costosas. Por tanto, la racionalidad limitada permite un comportamiento ideal, pero en un entorno restringido y sin tener en cuenta la posibilidad de que no se conozca el alcance completo de la situación.

Al principio del desarrollo de la teoría de juegos, no existían herramientas para trabajar con juegos con información incompleta. Los teóricos simplemente suponían que era completa, o que este modelo se acercaba a la realidad. Sin embargo, era muy difícil mantener esta suposición, ya que es imposible que los responsables de la toma de decisiones conozcan todos los hechos. Esta idea se superó con la idea de racionalidad limitada, de modo que aunque el juego se defina con cierto nivel de inconsciencia, es posible desarrollar mejor sus características y llegar a una solución, aunque modelizar juegos con incertidumbre sea una tarea difícil.

Los modelos de juego repetitivos generan información, aunque sea intuitiva, sobre las relaciones que tienen lugar. Así, es posible predecir los mencionados fenómenos de cooperación, altruismo, confianza, castigo y venganza, y como se refieren al comportamiento de los jugadores, pueden considerarse "información subjetiva".

A modo de ejemplo, imaginemos un contrato de franquicia comercial, un contrato relacional a largo plazo cuyas partes son el franquiciado y el franquiciador. En esta relación, ambos actores (franquiciado y franquiciador) pueden aprender del comportamiento del otro comprendiendo qué cláusulas contractuales son más sensibles para su contraparte.

El desarrollo de la estadística bayesiana ha sido muy útil en la elaboración de estos modelos, ya que se observa que los modelos de juegos repetitivos generan información (aunque sea intuitiva) sobre las relaciones que tienen lugar, de forma que se pueden predecir los fenómenos de cooperación, altruismo, confianza, castigo y venganza, y se puede denominar "información subjetiva", ya que se refiere al comportamiento de los jugadores.

Aunque la información ha evolucionado mucho, para simplificar los modelos es habitual utilizar dibujos con información completa, lo que supone una reducción de la realidad, pero es suficiente para proporcionar al analista material para la toma de decisiones, es como la materialización del principio de parsimonia (la navaja de Occam).

4.4.2. Tiempo de juego

Es importante señalar que, en lo que respecta al aspecto temporal del juego, hay dos aspectos relevantes. El primero se refiere a la temporización de las acciones, ya que los juegos pueden ser simultáneos o secuenciales. El segundo es el número de veces que tiene lugar el juego: un juego único o repetitivo.

4.4.2.1. Partidas simultáneas

Los juegos simultáneos son aquellos en los que todos los jugadores deciden y actúan al mismo tiempo. El ejemplo más sencillo es un juego de pares o impares. Los jugadores no saben cuál será el número de su oponente hasta que lo ponen al mismo tiempo.

También se considera simultáneo un juego en el que las decisiones no se toman en el mismo momento, sino que las partes desconocen la decisión del otro jugador, lo que constituye una situación de ignorancia mutua. Esto significa que los jugadores realizan sus jugadas en el mismo momento lógico, aunque no haya simultaneidad cronológica, pero la decisión se toma sin conocer el comportamiento del otro jugador.

En este sentido, imagine un juego de pares o impares. Los jugadores conocen la decisión del otro en el mismo momento y ya han elaborado su propia estrategia. Por otro lado, también podemos pensar en dos empresas competidoras que toman decisiones sobre la producción.

4.4.2.2. Juegos secuenciales

En los juegos secuenciales o dinámicos, las jugadas se suceden una tras otra, como en una partida de damas o ajedrez. El jugador sabe cuál fue la jugada anterior de su adversario. En otras palabras, los jugadores tienen información -aunque sea poca- sobre las estrategias anteriores. Para que un juego se considere secuencial, al menos un jugador debe ser capaz de observar y responder a la toma de decisiones de otro jugador.

La principal forma de presentar este juego es de forma extensa, a menudo en forma de "árbol de decisiones", ya que es más fácil visualizar la sucesión de elecciones estratégicas.

Los juegos fiscales, por ejemplo, son en su mayoría secuenciales. Por ejemplo, en un juego fiscal con entrada por homologación, el jugador-contribuyente conoce parte de la estrategia utilizada por el jugador-contribuyente.

4.4.2.3. Juegos únicos frente a repetitivos

Hay juegos que sólo se desarrollan una vez, ya sea de forma simultánea o secuencial, y las jugadas tienen lugar en un breve espacio de tiempo. Se trata de juegos únicos, también conocidos como "juegos de una sola jugada".

En el ámbito fiscal, por ejemplo, podemos pensar en el impuesto de transmisiones causa mortis, que sólo se produce una vez para el contribuyente. Por lo tanto, las autoridades fiscales no tienen forma de aprender de la historia del comportamiento individual.

Por otro lado, hay juegos que se repiten a lo largo del tiempo, lo que permite a las partes "aprender" del comportamiento de la otra. Esta posibilidad de "aprendizaje" crea todo un nuevo conjunto de estrategias.

Ciñéndonos al ejemplo anterior, imaginemos los impuestos federales que paga una empresa que mantiene sus actividades a lo largo del tiempo. Esta relación suele ser repetitiva y ambas partes

(Hacienda y contribuyentes) pueden aprender de las decisiones pasadas de la otra.

4.4.3. Reputación: aprender el juego

A veces, los jugadores no tienen la oportunidad de observar el comportamiento de los demás y, posiblemente, aprender de ellos. Por otra parte, en muchas situaciones, las partes pueden superar este problema de información, como vimos en los capítulos anteriores.

Los jugadores pueden aprender del comportamiento de otros jugadores y cambiar sus opciones estratégicas para el futuro. También pueden utilizar otras herramientas fuera del juego para reducir las asimetrías. Esto puede hacerse mediante mecanismos de supervisión y control o incluso algún tipo de modelización de la "criba", por ejemplo, los requisitos previos para optar a las licitaciones. Otra forma importante de reducir la asimetría de la información es cuando una parte utiliza su reputación en el mercado para mostrar a los demás su intención, lo que se denomina "señalización". Tuvimos ocasión de hablar brevemente de estos dos procesos en el capítulo anterior, cuando abordamos los problemas causados por la asimetría de la información.

Además de la detección y la señalización, los jugadores de juegos repetidos pueden basar sus decisiones estratégicas en el comportamiento de otros jugadores. Esta estrategia es muy importante y se utiliza en las relaciones contractuales.

4.5. REPRESENTACIÓN DEL JUEGO

Al analizar un juego, hay que empezar por especificar su representación. Para ello, es necesario construir la estructura de los juegos con sumo cuidado y precisión. Un modelo demasiado simple puede excluir algunos aspectos relevantes que es necesario dilucidar; por otra parte, si es demasiado complejo, puede crear obstáculos en el estudio de variables importantes. Por ello, para evitar estos extremos, existen dos formas importantes: la forma normal o estratégica y la forma extensiva.

Es posible describir los juegos, con todos sus elementos, analíticamente, es decir, como descripciones de un modelo matemático. Sin embargo, para simplificar la visualización ("interfaz") existen otras dos formas clásicas de mostrar la descripción simplificada de la realidad.

4.5.1. Forma normal

La forma de representación normal o estratégica es la forma más sencilla y compacta de visualizar un juego. Este modelo se construye utilizando una matriz cuadrada con tantas columnas y filas como estrategias y con los resultados identificados en las celdas de la matriz. La forma normal hace hincapié en la simultaneidad de la selección de estrategias de los jugadores.

Definición formal: Un juego en forma normal corresponde a un conjunto finito N de jugadores. Para cada jugador $i \in N$, existe un conjunto no vacío E_i de estrategias posibles. El jugador i actuará para maximizar sus resultados según su conjunto de preferencias, que pueden representarse mediante una función de utilidad u.

Representamos el juego en forma normal con una matriz de resultados. En el lado izquierdo tenemos las estrategias del jugador 1, mientras que las estrategias del jugador 2 se sitúan en la parte superior de la matriz. Por convención, en cada celda el primer número representa el resultado (nivel de satisfacción de la utilidad[3]) para el jugador 1 y el segundo número representa el resultado para el jugador 2 –para las estrategias seleccionadas–.

---

3 Los números utilizados no representan magnitud, sino orden. Esto significa que un número mayor que otro significa que es más preferible, pero no cuántas veces es mejor. Recordemos que el utilitarismo moderno utiliza las utilidades ordinalmente y no cardinalmente.

Figura 1.

Jugador 1 \ Jugador 2	izquierda	derecha
Arriba	U_1, U_2	W_1, W_2
Abajo	V_1, V_2	Z_1, Z_2

No es posible representar todos los juegos en forma normal como una matriz, ya que las representaciones matriciales no son muy útiles en escenarios con más de dos jugadores o con estrategias continuas. La forma normal no tiene en cuenta el tiempo y asume que todos los jugadores deciden simultáneamente, por lo que se considera un modelo estático (Myerson, 1997).

4.5.2. Formulario extenso

Como su nombre indica, la forma extensiva de un juego es una especificación que permite representar la secuenciación de las posibles acciones de los jugadores, con sus elecciones estratégicas en cada nodo de decisión, teniendo en cuenta la información limitada que cada jugador tiene sobre los movimientos del otro cuando toma una decisión, así como sus resultados para el juego.

Definición formal: Un juego en su forma extensiva consiste en un conjunto finito de n jugadores (racionales), un árbol de juego en el que las ramas significan la adopción de una estrategia por el jugador identificado en cada nodo que da lugar a la rama. En los últimos nodos (nodos terminales) del árbol, hay conjuntos de resultados para cada jugador. El subconjunto de nodos para cada jugador se denomina "nodos de jugador". Cada camino desde la raíz del árbol hasta un nodo terminal es un conjunto de estrategias.

En otras palabras, el juego se representa mediante una estructura de árbol con un conjunto de ramas, cada una de las cuales conecta dos puntos también denominados "nodos de decisión". De este modo, la representación se presenta como un simple diagrama que muestra las opciones de elección relacionadas con los distintos nodos secuenciales en el tiempo, de modo que el final de cada rama representa los resultados ("payoff"). Los jugadores están representados en los nodos, y a partir de ellos las ramas simbolizan sus posibles elecciones.

Imaginemos un contrato en el que José es contratado por María para hacer un traslado de João Pessoa a São Paulo. María puede o no contratarlo, pagándole por adelantado, y luego José puede o no realizar el transporte. Esta relación puede describirse ampliamente:

Digrama 2.

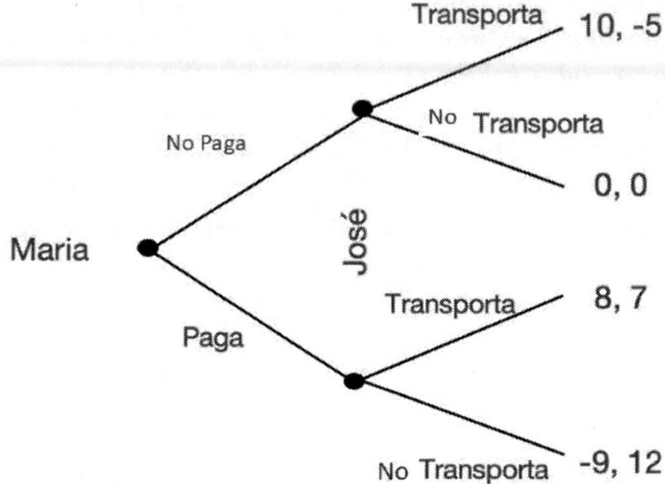

Por regla general, la representación extensiva de un juego describe juegos secuenciales, ya que relaciona las decisiones con distintos momentos en el tiempo. En este sentido, como las jugadas son secuenciales, la información suele ser perfecta, ya que cada jugador tiene la posibilidad de observar la toma de decisiones del jugador anterior. Se trata, por tanto, de un modelo dinámico (Myerson, 1997) porque incluye una descripción completa de la secuencia de cómo pueden ocurrir los acontecimientos.

En situaciones de juegos simultáneos, cuando se presentan en forma extensiva, es necesaria una "corrección" para mostrar que la decisión se toma sin la información de la jugada anterior (esto se hace mediante una línea discontinua que rodea los nodos de decisión). En el ejemplo siguiente, José decide si coge el transporte sin saber si María ha pagado o no.

Digrama 2.

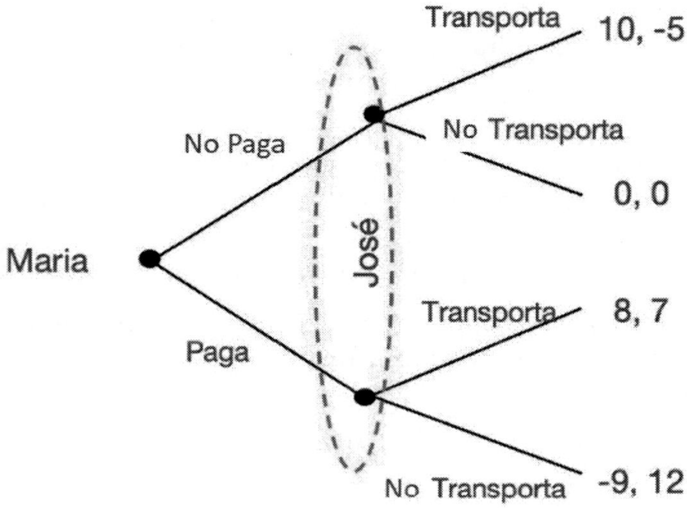

4.6. JUEGOS DE SUMA CERO Y JUEGOS COOPERATIVOS

Hay juegos en los que, si un jugador gana, el otro tiene necesariamente que perder, como es el caso del par-impar. Este tipo de juegos se clasifican como de suma cero, es decir, la suma de los cambios en los resultados de los jugadores es cero, de modo que la ganancia de un jugador implica necesariamente la pérdida de otro. En otras palabras, los juegos de suma cero son aquellos en los que, durante el transcurso del juego, no se produce ninguna variación positiva o negativa, creación o destrucción, en los valores de los resultados.

Por el contrario, los juegos de suma no nula son aquellos en los que es posible que todos los jugadores pierdan o ganen al mismo tiempo, es decir, que la ganancia de un jugador no implica necesariamente la de otro; el resultado puede variar. Las relaciones comerciales entre dos países son un ejemplo obvio de juego de suma no nula, ya que ambos pueden ganar simultáneamente, como demuestran los modelos económicos internacionales.

Conviene recordar que los contratos, como veremos en el capítulo 7, si se celebran voluntariamente, no pueden considerarse juegos de suma cero, ya que ambas partes aumentan su nivel de satisfacción.

Contrariamente al sentido común, la distinción entre juegos cooperativos y no cooperativos no se refiere a la presencia o ausencia de conflicto. En un juego llamado cooperativo, los jugadores tienen la capacidad de llegar a acuerdos que deben cumplirse, mientras que en un juego no cooperativo esto no ocurre.

En los juegos no cooperativos, los jugadores analizan sus acciones y preferencias de forma autónoma. En un juego cooperativo o de coalición, las acciones de un grupo o coalición de jugadores se analizan como una sola e independientemente del resto de jugadores, si los hay.

Un ejemplo fácil de identificar como juego cooperativo son las alianzas para formar gobierno en el régimen parlamentario, en el que unos partidos tienen que unirse para formar mayoría y elegir a un representante, independientemente de los demás partidos.

Como afirma Nash (1957, p. 3)[4], un juego se considera cooperativo si existen compromisos vinculantes y exigibles, es decir, cuando una de las partes puede exigir a la otra el comportamiento acordado. Sin embargo, cuando no hay compromiso ni credibilidad de cumplimiento ("enforcement"), son no cooperativos, aunque haya comunicación previa al juego.

Merece la pena señalar que las personas que deciden no cooperar en beneficio mutuo no son necesariamente tontas o irracionales; al contrario, pueden estar actuando de forma perfectamente racional.

Existe una línea de pensamiento que considera que los juegos de suma cero son necesariamente no cooperativos, pero esto no es técnicamente correcto. Es posible que algunos o todos los jugadores cooperen. Un ejemplo claro de ello puede darse en una discusión procesal

---

4 . Problema de la negociación

en la que es admisible que las partes transijan y lleguen a un acuerdo o cooperen, ya que, teóricamente, la pérdida de una parte equivale a la ganancia de la otra, sin tener en cuenta los costes de transacción.

En el otro extremo, hay juegos completamente cooperativos, en los que los jugadores sólo tienen intereses comunes, como entre un piloto de avión y el operador de la torre.

4.7. SALDOS

A través de la noción de equilibrio, los teóricos de los juegos tratan de examinar la propensión de los jugadores totalmente racionales con creencias correctas a jugar a cualquier juego. Teniendo en cuenta que la irracionalidad y las creencias incorrectas son bastante comunes en la realidad, el concepto de equilibrio es un excelente punto de partida para predecir cómo es probable que se desarrollen los juegos en el mundo real.

En otras palabras, el equilibrio es el punto teórico "estable"; sin embargo, no significa que vaya a ser el resultado del juego, sino que debe guiar al decisor. Aquí sólo hablaremos de los principales tipos de equilibrio.

4.7.1. Equilibrio de la estrategia dominante

El problema para un jugador en un juego estratégico es decidir la acción que va a tomar sin saber qué acciones tomarán sus oponentes. Por lo tanto, cada individuo tiene que formarse una hipótesis sobre las opciones de acción de los demás jugadores, y esto no siempre es una tarea fácil. Pero en algunos casos, esta dificultad no se plantea realmente, porque existe una manera óptima de llevar a cabo una acción independientemente del juego que pretendan los demás.

Es el equilibrio en el que todos los jugadores tienen una estrategia que domina a las demás, de modo que sólo queda una. Esto significa que para cada jugador hay una estrategia que siempre es la mejor, independientemente de lo que hayan hecho los demás.

Ejemplo:

Figura 2.

B \ A	Izquierda	Derecha
Arriba	10 , 2	8 , 4
Abajo	0 , 8	4, 0

En este juego, siempre es mejor para B elegir Alta, independientemente de lo que elija el jugador A, porque 10 > 0 y 8 >4. Del mismo modo, para el jugador A, no importa lo que elija B, siempre es mejor elegir la estrategia Correcta (porque 4 > 2, y 8>0).

Por lo tanto, el conjunto estratégico (Alto, Derecha) es un equilibrio de estrategia dominante.

4.7.2. Equilibrio de Nash

Supongamos ahora que dos jugadores discuten cómo deben jugar estratégicamente una determinada partida para 2 personas a través de la comunicación previa a la partida. ¿A qué tipo de acuerdo llegarían? Por supuesto, no podemos dar una respuesta precisa a esta pregunta antes de saber más sobre los detalles del juego, pero podemos decir lo siguiente: sea cual sea el acuerdo, debe ser "autoejecutable" en el sentido de que ningún jugador debería tener motivos para desviarse de su promesa si cree que el otro jugador cumplirá su parte del acuerdo. Dicho de manera informal, un equilibrio de Nash es un resultado que correspondería a un acuerdo autoimpuesto en este sentido. Una vez alcanzado, ningún individuo tiene incentivos para desviarse de él unilateralmente.

Un equilibrio de Nash es una situación en la que todos hacen lo mejor que pueden, teniendo en cuenta lo que hacen los demás.

Definición formal: un equilibrio de Nash es un perfil estratégico en el que la estrategia de cada jugador es la mejor respuesta a las estrategias de los demás jugadores. En este caso, se aplica la máxima de que la "mejor respuesta" de un jugador es la estrategia que, dadas las estrategias de los demás, maximiza su rendimiento.

Vale la pena señalar que toda estrategia de equilibrio dominante es también un equilibrio de Nash, pero lo contrario no es cierto. Veamos un pequeño cambio en el juego anterior:

Diagrama 4.

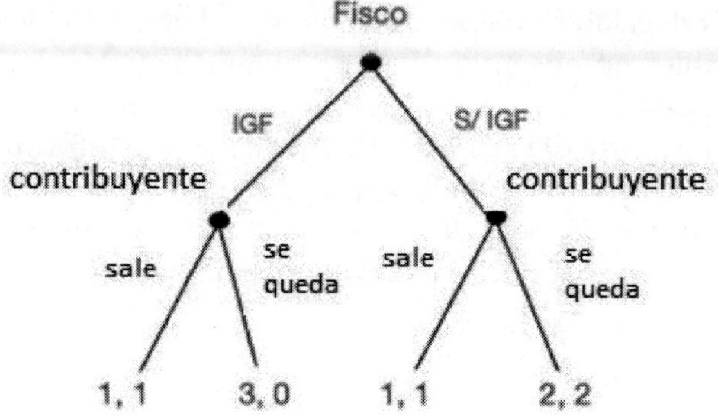
Fisco
IGF
S/ IGF
contribuyente
contribuyente
sale
se
queda
sale
se
queda
1, 1
3, 0
1, 1
2, 2

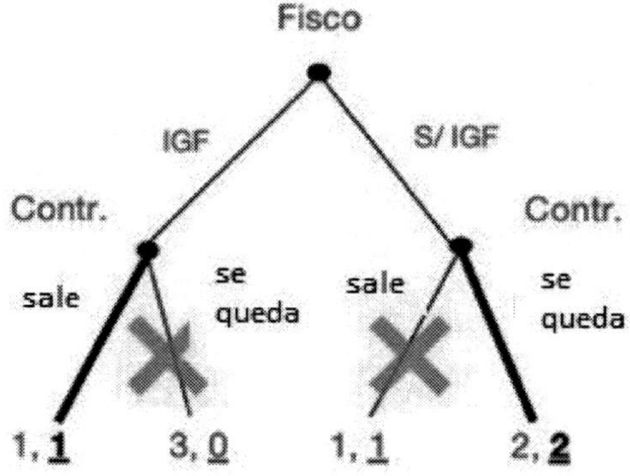
Fisco
IGF
S/ IGF
Contr.
Contr.
sale
se
queda
sale
se
queda
1, 1
3, 0
1, 1
2, 2

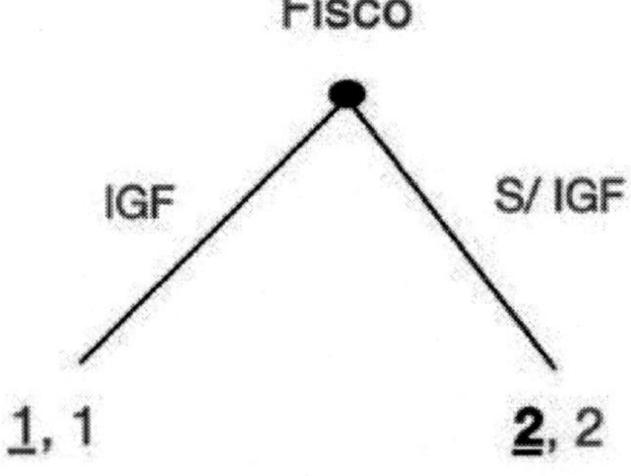
Fisco
IGF
S/ IGF
1, 1
2, 2

Es fácil ver que el jugador B tiene una estrategia dominante (Alta es siempre mejor que Baja), pero el jugador A no tiene una estrategia dominante, sin embargo, el jugador puede ver que B seguramente jugará Alta, por lo que su análisis tiene en cuenta la elección de su contraparte. Por lo tanto, el conjunto (Alta, Derecha) es un equilibrio de Nash.

Este tipo de equilibrio es tan importante que podemos utilizarlo para explicar la construcción de las instituciones[5] en una sociedad.

Si consideramos una interacción estratégica jugada entre dos jugadores, en la que el jugador 1 se elige al azar de una población y el jugador 2 se elige al azar de otra población. Por ejemplo, la situación podría ser un juego de compra en un mercadillo, entre un comprador y un vendedor. Imaginemos que esta situación se repite a lo largo del tiempo y que en cada iteración juegan dos jugadores elegidos al azar. Si este proceso se establece en un perfil de acción, es decir, si de vez en cuando las elecciones de acción de los jugadores en el papel del jugador 1 y las del jugador 2 son siempre las mismas, entonces podemos considerar que este resultado es una institución.

Aunque los jugadores comiencen con acciones arbitrarias, siempre que recuerden cómo han resultado las acciones de los jugadores anteriores en el pasado y elijan las acciones que son mejores, cualquier convención social debe corresponder a un equilibrio de Nash. Si un resultado no es un equilibrio de Nash, entonces al menos uno de los jugadores no está respondiendo mejor y, tarde o temprano, un jugador en ese papel caerá en una acción mejor que será adoptada por los jugadores después.

En otras palabras, un resultado que no sea un equilibrio de Nash carece de un cierto sentido de estabilidad, por lo que, si se

---

5 Para la economía, una institución es una construcción cultural de repetición. Las instituciones son estructuras humanas de normas sociales (positivas o no) que moldean y restringen el comportamiento individual.

desarrollara una convención sobre cómo jugar a un determinado juego a lo largo del tiempo, esperaríamos que esa convención correspondiera a un equilibrio de Nash del juego.

4.7.3. Equilibrio de inducción hacia atrás

Al igual que en los juegos estratégicos, el concepto de equilibrio en los juegos de forma extensiva se basa en la idea de que cada jugador realiza la mejor respuesta al juego de los demás jugadores. El equilibrio por inducción inversa es un algoritmo (secuencia de pasos) que da como resultado una recomendación de elección de acción en cada nodo de decisión.

La inducción hacia atrás es el proceso de razonar hacia atrás en el tiempo, desde el final de un problema o situación, para determinar una secuencia de acciones óptimas. Se procede examinando el último punto en el que debe tomarse una decisión y, a continuación, identificando qué acción sería la óptima en ese momento. Con esta información, se puede determinar qué hacer en el penúltimo punto de decisión. Este proceso continúa hacia atrás hasta determinar la mejor acción para cada posible situación o conjunto de información en cada momento.

Una desventaja del procedimiento de inducción inversa es que su aplicación está limitada a ciertos tipos de juegos. El procedimiento es más adecuado para resolver juegos con información perfecta. En cualquier caso, el procedimiento de inducción inversa puede demostrarse con un ejemplo sencillo. Imaginemos un juego con dos jugadores: las autoridades fiscales (A) y el contribuyente (B). Las autoridades fiscales (A) tienen dos opciones estratégicas: crear un impuesto sobre las grandes fortunas o IGF (1A) o no crearlo (2A). A su vez, tras la elección de las autoridades fiscales, el contribuyente tiene dos estrategias: abandonar el país (1B) o permanecer en él (2B). Mediante inducción invertida, sólo podemos analizar el comportamiento del Contribuyente. Este jugador puede preferir quedarse si Hacienda no crea el IGF, pero puede también elige irse si se crea el IGF. En la siguiente fase de análisis, Hacienda sólo debería analizar las alternativas restantes, prefiriendo no crear el IGF, si se verifica que el contribuyente erigiría irse.

4.8. JUEGOS CLÁSICOS

Los teóricos del juego ya han estudiado algunas situaciones generales que se aplican a diversos escenarios de la vida real en diferentes ámbitos. A través de estos estudios, se ha podido avanzar en los análisis de situaciones, tomando como punto de partida información ya consolidada.

Existen varios juegos clásicos: el juego del cobarde; la batalla de los sexos; el ciervo o el conejo; la paloma y el halcón; entre otros. Sin embargo, en este libro de investigación sólo nos centraremos en los más importantes para la ley.

4.8.1. El dilema del prisionero

Este juego representa una situación en la que dos agentes (Racionaldo y Economildo), sospechosos de robo, son detenidos. Sin embargo, la policía no tiene pruebas suficientes para condenarlos por este delito basándose únicamente en la posesión de bienes robados[6] . Si ninguno de los dos delincuentes confiesa, significa que cooperan entre sí, y ambos serán acusados del delito menor. Por ello, la policía los interrogará en salas de interrogatorio separadas, de modo que los dos presos no puedan comunicarse, por lo que la información será imperfecta. La policía intentará convencer a cada preso de que confiese el delito, ofreciéndole una pena reducida –incluso un indulto–, mientras que el otro preso será procesado por

---

6 Suponemos que la pena esperada para el delito de robo es mayor que para el delito de receptación.

el delito más grave. Si ambos confiesan, ambos serán juzgados por robo, un delito más grave, con una condena ligeramente reducida.

Se hace la misma propuesta a ambos prisioneros, y ambos conocen los efectos de cada acción o información completa, además de ser completamente conscientes de que se ha ofrecido exactamente el mismo trato al otro prisionero.

En otras palabras, el dilema del prisionero es un juego en el que las estrategias dominantes de ambos jugadores conducen al peor resultado para ambos.

Este juego puede representarse en forma normal (matricial), como en el ejemplo numérico siguiente, en el que cuanto mayor sea el número, mejor. El primer dato es el resultado Economildo (al lado), mientras que el segundo dato es el resultado Racionaldo (arriba):

Figura 3.

Economildo \ Racionaldo	Se calla	Delata
Se calla	-2 , -2	0 , -10
Delata	-10, 0	-8, -8

Veámoslo desde el punto de vista de cada jugador:

- Racionaldo piensa: Si Economildo se calla, ¿cuál es la mejor estrategia para mí? Como 0 > -2, entonces Racionaldo prefiere chivarse. El siguiente pensamiento de Racionaldo es:

Si Economildo se chiva, ¿cuál es la mejor estrategia para mí? Dado que -8 > -10, Racionaldo también opta por chivarse.

- Economildo opina lo mismo, con los mismos resultados, compruébalo.

En otras palabras, chivarse es una estrategia dominante para ambos jugadores, haga lo que haga el otro. Además de ser un equilibrio de estrategia dominante, también es un equilibrio de Nash, porque ninguno de los jugadores tiene incentivos para cambiar su estrategia.

Para generalizar el razonamiento, los resultados de cada jugador se han renombrado en la matriz siguiente para definir los criterios necesarios para diseñar un juego de dilema del prisionero. En el dilema del prisionero tradicional, tenemos que B > A (B es preferible a) y C > D (C es preferible a D), destacando que los valores no importan, sólo las relaciones ordinales. Como puede verse a continuación en la Figura 4.:

Figura 4.

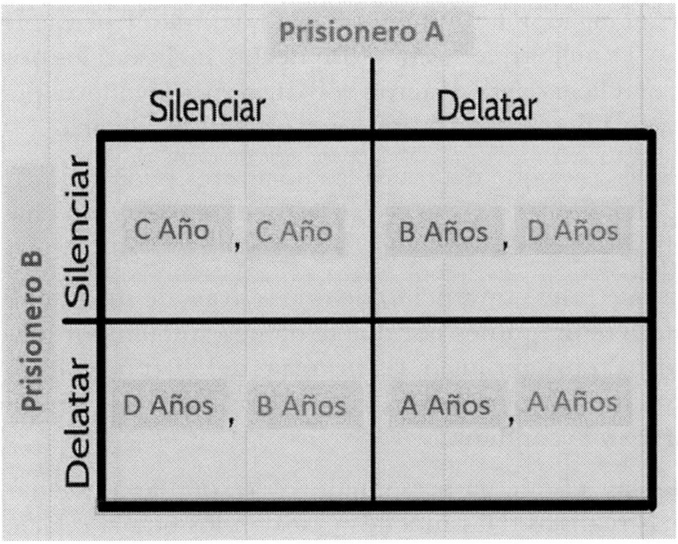

		Prisionero A	
		Silenciar	Delatar
Prisionero B	Silenciar	C Año , C Año	B Años , D Años
	Delatar	D Años , B Años	A Años , A Años

A diferencia de muchos juegos, el Dilema del Prisionero no tiene una solución óptima para todos los jugadores, ya que, si ambos optaran por el silencio, el resultado sería mejor para ellos. Ambos jugadores se beneficiarían si decidieran callar juntos, pero ambos temerían que el otro cambiara de estrategia. Por lo tanto, para ambos jugadores, la solución de equilibrio es la delación. Es interesante darse cuenta de que su equilibrio de Nash no corresponde al mejor resultado para los jugadores.

Al principio, se podría pensar que esta situación sólo se produce porque los prisioneros están en celdas separadas y, por lo tanto, no pueden comunicarse antes de la partida. Seguramente, se podría argumentar, si los jugadores debatieran cómo jugar la partida, se darían cuenta de que (Silencio, Silencio) es mejor que (Retraso, Retraso) para ambos y, por tanto, acordarían jugar Silencio en lugar de Retraso. Pero incluso si se llega a ese acuerdo verbal antes de que empiece la partida, ¿qué hace que el jugador 1 esté tan seguro de que el jugador 2 no se chivará, apuñalándole por la espalda en el último momento? Al fin y al cabo, si el jugador 2 está convencido de que el jugador 1 cumplirá su parte del trato y permanecerá en silencio, es mejor que se chive. De hecho, incluso si los prisioneros consiguen llegar a un acuerdo verbal, ambos jugadores pueden temer razonablemente una traición, volviendo al dilema.

¿Y qué crees que pasaría si los jugadores pudieran firmar contratos vinculantes? ¿Y si el partido se repitiera muchas veces? ¿Cambiaría la situación?

Aunque estés convencido de que se trata de un auténtico dilema, quizá te preguntes por qué le damos tanta importancia a una tontería. En primer lugar, la “historia” del dilema de los presos es casi una broma, pero eso es lo que ocurre con la negociación de los cargos y la condena.

Además, el dilema presentado corresponde a escenarios mucho más realistas. Hay muchos casos en los que la relación entre individuos es extremadamente similar a la estudiada, en la que el mejor resultado depende de la cooperación, pero las partes tienen incentivos para desviarse de su comportamiento. Conviene recordar que una afirmación importante de la economía es que la búsqueda individual del bienestar produce resultados eficientes: la famosa mano invisible. Sin embargo, en el dilema del prisionero encontramos una demostración sorprendente de que, sin un sistema legal de incentivos y acuerdos vinculantes, los jugadores pueden obtener resultados inferiores.

Las situaciones del tipo dilema del prisionero surgen en muchos escenarios interesantes, como las carreras armamentísticas, la competencia de precios, la resolución de disputas con o sin abogados, etc. Los jugadores obtienen mejores resultados si actúan de forma cooperativa, pero tienden a comportarse de un modo que conduce a un resultado menos deseable. Como ejemplo, consideremos el juego de precios en un mercado de naranjas, donde sólo hay dos agricultores y pueden fijar un precio bajo (B) o un precio alto (A). El agricultor que fija el precio más bajo se queda con todo el mercado, en cambio, si fijan el mismo precio, se reparten el mercado a partes iguales con el otro.

Este ejemplo pinta un panorama muy sombrío de las interacciones humanas, pero la realidad no parece tan desoladora. De hecho, a menudo vemos cooperación entre agentes, en lugar de comportamientos egoístas. Un importante campo de investigación de la teoría de juegos es el análisis de los entornos, las instituciones y las normas que realmente apoyan la cooperación ante situaciones aparentemente desesperadas como el dilema del prisionero.

Para ilustrar uno de estos escenarios, consideremos una repetición del juego del Dilema del Prisionero. En un juego repetitivo, cada jugador debe tener en cuenta no sólo cuál es su recompensa en cada interacción, sino también cómo influye el resultado de cada una de estas interacciones en las futuras. Por ejemplo, cada jugador puede inducir la cooperación del otro adoptando una estrategia que castigue el mal comportamiento y recompense el bueno.

Este dilema del prisionero repetitivo permite otras estrategias, como:

- tit for tat, en el que cada participante sigue un curso de acción coherente con el turno anterior de su oponente. Por ejemplo, si un jugador es provocado, responde con represalias; si no es provocado, coopera.

Un buen ejemplo podría ser entre dos empresas competidoras, A y B. Pueden utilizar una estrategia de "ojo por ojo" para que ambas salgan beneficiadas. Si A empieza con un precio alto (estrategia de cooperación), sólo cambia de estrategia si B adopta precios bajos (no cooperación). Si, tras bajar los precios, B vuelve a subirlos, A sigue el comportamiento de B y también sube los precios.

- "Gatillo sombrío", en la estrategia del gatillo sombrío, un jugador coopera en la primera ronda y en las siguientes, siempre que su oponente no se eche atrás en el trato, como al principio del ojo por ojo. Sin embargo, una vez que el jugador descubre que el oponente ha hecho trampas en la partida anterior, deserta para siempre.

Esto demuestra que la cooperación puede prevalecer con contratos ejecutables o también a través de las normas institucionales del mercado, incluida la reputación.

4.8.2. Juego del pollo

Se trata de un juego intrascendente para identificar quién es el más cobarde. Esta relación se parece al dilema del prisionero, pero difiere en que tiene dos equilibrios de Nash, lo que no genera previsibilidad.

Este juego quedó inmortalizado en la película clásica "Rebelde sin causa", en la que los personajes Jim (interpretado por James Dean) y Buzz compiten por Judy (Natalie Wood). Los miembros de la banda de Buzz se reúnen en un acantilado con vistas al océano Pacífico y organizan una competición entre Jim y Buzz, que deben conducir hacia el acantilado; el primero que salte de su coche es declarado cobarde, mientras que el último en saltar es un héroe y tiene derecho al corazón de la joven Judy. Cada jugador tiene dos estrategias: saltar antes que el otro jugador (A) y después que el otro jugador (D). Si saltan al mismo tiempo (A, A), sobreviven, pero pierden a Judy. Si uno salta antes y el otro después, este último sobrevive y se queda con Judy, mientras que el primero consigue vivir, pero sin Judy. Por último, si ambos deciden saltar después del otro (D, D), mueren.

Figura 5.

Buzz \ Jim	Antes	Después
Antes	0 , 0	-1 , 1
Después	1 , -1	-10 , -10

El resultado probable no está claro. Si Jim cree que Buzz saltará antes que él, entonces es mejor esperar y saltar después. Por otro lado, si piensa que Buzz le esperará, es mejor saltar primero: es joven y habrá otras Judys.

Si nos fijamos en (-1, +1), Buzz se desvía primero y obtiene -1, pero no tiene ningún incentivo para cambiar e ir recto porque perdería aún más (-100). Jim está contento con esta situación y lo mejor que puede hacer ahora es seguir adelante y no desviarse para obtener +1. No hay ninguna razón para que Jim se desvíe antes y pase de +1 a 0. Se trata, por tanto, de un equilibrio de Nash.

Al igual que (+1, -1). El problema es que ninguno de los dos sabe cuál será la estrategia del otro.

El juego de la gallina también se utiliza como analogía para situaciones más interesantes, como lo ocurrido en el Checkpoint Charlie de Berlín en octubre de 1961, cuando se convirtió en el escenario de un enfrentamiento entre tanques estadounidenses y soviéticos que tomaron posiciones, pero, a pesar de la tensión, nadie disparó. Otro roce similar se produjo con la crisis de los misiles de Cuba y el resultado fue el mismo.

En el ámbito jurídico, existe algo similar a la frenética competencia de precios en algunos concursos públicos de bienes y servicios comunes, cuando los licitadores superan sus límites de costes, generando la maldición del perdedor.

4.8.3. Caza de ciervos

En la teoría de juegos, la caza del ciervo es un juego que describe un *compromiso* entre la seguridad individual y la cooperación social, y es una analogía del contrato social que formó el Estado moderno.

Este problema de la caza del ciervo tiene su origen en el libro del filósofo Jean-Jacques Rousseau "Discurso sobre el origen y los fundamentos de la desigualdad entre los hombres". En la narración de Rousseau, dos cazadores deben decidir por separado, y sin que el otro lo sepa, si van a cazar un ciervo o una liebre. Sin embargo, ambos cazadores saben que la única manera de cazar con éxito un ciervo es con la ayuda del otro. Un cazador puede cazar una liebre solo con menos esfuerzo y menos tiempo, pero vale mucho menos que un ciervo y tiene mucha menos carne. Por tanto, Rousseau postula que sería mucho mejor que cada cazador eligiera, por separado, el objetivo más ambicioso y mucho más gratificante de cazar el ciervo, renunciando a cierta autonomía a cambio de la cooperación y el poder adicional del otro cazador.

A diferencia del dilema del prisionero, en la caza del ciervo hay dos equilibrios de Nash de estrategia pura: uno en el que ambos jugadores cooperan y otro en el que ambos desertan.

Figura 6.

		Jugador 1	
		Ciervo	Liebre
Jugador 2	Ciervo	5, 5	2 , 0
	Liebre	2, 0	2, 2

Un ejemplo muy claro de este juego está en el derecho internacional, donde los países son los participantes en una cacería de ciervos. Pueden, por ejemplo, trabajar juntos para mejorar el buen gobierno de las empresas, como ocurrió con la idea de crear la Sociedad de Naciones y los posteriores organismos supranacionales.

4.8.4. Juego de entrada

En algunas situaciones, sin embargo, los jugadores observan al menos algunas de las jugadas realizadas por otros jugadores, por lo que esta no es una opción de modelización adecuada. Tomemos, por ejemplo, el juego de entrada que se muestra a continuación. En este juego, una empresa aspirante (D) decide primero si entra en un mercado monopolizado por la empresa monopolista (M). Después de observar la elección de D, el monopolista decide si luchar contra la entrada, por ejemplo, mediante recortes de precios y/o campañas publicitarias, o aceptar tranquilamente.

Diagrama 5.

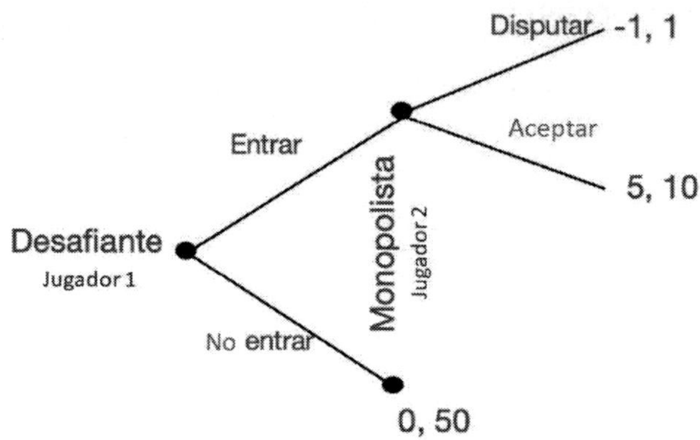

En este ejemplo, suponemos que el Retador prefiere entrar sólo si el Monopolista está de acuerdo, y el Monopolista prefiere quedarse solo en el mercado. Sin embargo, si se produce la entrada, prefiere aceptar; de ahí los números de recompensa adjuntos a los nodos finales del juego. Sólo para recordarlo, el primer resultado es la utilidad para el jugador 1–retador–el segundo resultado es la utilidad para el jugador 2.

La solución es por inducción hacia atrás, es decir, mirando al final. Vamos: Si entra el aspirante, ¿cuál será la mejor respuesta para el monopolista? Aceptar le dará una rentabilidad de 10 y disputar le dará sólo 1. Así que preferirá aceptar. Ahora el retador tendrá que sopesar si entrar con una puntuación de 5 -ya que el monopolista aceptaría- o no entrar con una puntuación de 0. En este juego, el equilibrio sería entrar y aceptar.

El resultado puede ser diferente si la partida se juega varias veces, porque en esta situación el segundo jugador puede preferir jugar cada vez, enviando una señal a los primeros jugadores de que nunca adoptará la estrategia de aceptar. Una situación similar ocurrió en la

Guerra Fría, cuando en un juego similar de agresión entre EEUU y la URSS, Nikita Khrushchev envió la señal de que no habría posibilidad de aceptar la invasión, si había agresión, habría guerra.

Diagrama 6.

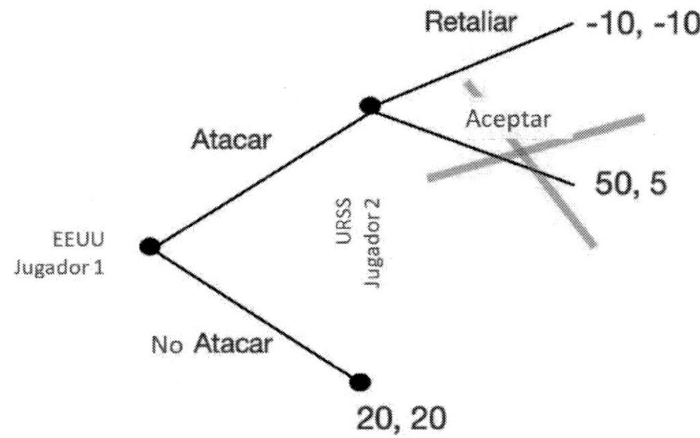

En el ámbito jurídico, esta situación es muy común en los litigios, con diversas posibilidades de respuesta por parte del demandado, incluidas las reconvenciones. En este juego, el primer jugador (demandante) decide presentar -o no- una demanda, y el segundo jugador (demandado) tiene algunas estrategias procesales que pueden ser similares al "juego de la entrada".

4.8.5. La batalla de los sexos (o Bach o Stravinsky)

Batalla de sexos es un juego de coordinación para dos jugadores que también incluye elementos de conflicto. En este juego, una pareja quiere encontrarse en un evento. Hoy en día, para evitar discusiones, este juego ha pasado a llamarse Bach o Stravinsky, y el debate se centra en cuál de los dos programas ver.

La idea es que dos jugadores A y B están en sus oficinas un viernes por la tarde intentando averiguar qué deben hacer después del trabajo. No pueden dejar de ponerse en contacto, pero les gustaría quedar y pasar la tarde yendo a un concierto de Bach o de Stravinsky. Sin embargo, al estar enamorados, lo más importante para ellos es hacer algo juntos; ambos ven la noche como "desperdiciada" si no la pasan juntos.

Podemos representar esta historia como un juego estratégico de 2 personas utilizando la matriz. Obsérvese que, una vez más, la elección de los valores de utilidad es arbitraria, además de la clasificación de los resultados que conlleva:

Figura 7.

B \ A	Bach	Stravinsky
Bach	8 , 4	0 , 0
Stravinsky	0 , 0	4, 8

Al igual que el dilema del prisionero, la batalla de los sexos también es un ejemplo famoso en la teoría de juegos que nos ayudará a ilustrar muchos conceptos interesantes. ¿Cuál es tu predicción sobre el resultado de este juego? ¿Con y sin comunicación previa al juego?

Este juego tiene dos equilibrios de Nash, que es cuando ambos jugadores eligen la misma estrategia. En el caso de los juegos repetitivos, existen estrategias mixtas, en las que ambos jugadores pueden estar satisfechos.

En el ámbito jurídico, este juego es muy relevante en el área de los contratos, donde las estrategias cooperativas son importantes.

4.9. CONCLUSIÓN

La teoría de juegos, como hemos visto, pretende estudiar todas las relaciones humanas y tiene una aplicación clara y directa en todos los ámbitos del derecho y la economía.

Tras cubrir los conceptos básicos de la Teoría de Juegos, así como ejemplificar los modelos de juego más relevantes para el área jurídica, trataremos otro importante concepto de la Economía, la Economía del Comportamiento, en armonía con el Derecho.

PREGUNTAS

1) ¿Qué es la teoría de juegos?

   a) Una teoría matemática que se centra en el análisis de los juegos de azar

   b) Teoría matemática que se centra en el análisis de situaciones de competencia y cooperación entre individuos o grupos.

   c) Una teoría política centrada en el análisis de la gobernanza

   d) Una teoría sociológica que se centra en el análisis de los grupos sociales

2. ¿Cuál es el objetivo de la teoría de juegos?

   a) Desarrollar técnicas para garantizar la victoria en los partidos

   b) Analizar cómo influyen las estrategias de los jugadores en el resultado final de la partida.

   c) Estudiar las motivaciones de los jugadores al competir

   d) Todas las anteriores

3. ¿Cuál es el concepto clave de la teoría de juegos?

   a) Jugador

b) Juego

c) Estrategia

d) Todas las anteriores

4. ¿Cuál es la diferencia entre un juego cooperativo y un juego no cooperativo?

   a) En un juego cooperativo, los jugadores trabajan juntos para lograr un objetivo común, mientras que, en un juego no cooperativo, los jugadores compiten entre sí.

   b) En un juego cooperativo, los jugadores son amigos entre sí, mientras que, en un juego no cooperativo, los jugadores son enemigos.

   c) En un juego cooperativo, los jugadores se turnan, mientras que, en un juego no cooperativo, todos juegan al mismo tiempo.

   d) En un juego cooperativo, los jugadores no tienen objetivos claros, mientras que, en un juego no cooperativo, los jugadores sí tienen objetivos claros.

5 ¿Qué es un equilibrio de Nash?

   a) Un equilibrio en el que todos los jugadores eligen la misma estrategia

   b) Un equilibrio en el que ningún jugador tiene incentivos para cambiar su estrategia

   c) Un equilibrio en el que todos los jugadores eligen estrategias diferentes

   d) Un equilibrio en el que todos los jugadores eligen la estrategia que maximiza su puntuación

6) ¿En qué situaciones puede aplicarse la teoría de juegos al Derecho?

   a) En caso de negociación colectiva entre trabajadores y empresarios

b) En caso de litigio entre las partes de un contrato

c) en los casos de decisiones estratégicas en la aplicación del Derecho penal

d) Todas las anteriores

7) ¿Cómo se utiliza la teoría de juegos para entender la decisión de una parte en un litigio?

a) Analizar las posibles consecuencias de la acción y sus opciones estratégicas

b) Analizar las opciones estratégicas de la otra parte implicada en el litigio.

c) Analizar las opciones estratégicas del juez y del jurado

d) Todas las anteriores

8. ¿Para qué sirve la teoría de juegos aplicada al Derecho?

a) Proporcionar una comprensión más profunda de la decisión estratégica de las partes implicadas en litigios jurídicos

b) Predecir con exactitud la decisión final en un litigio judicial

c) Ayudar a encontrar soluciones más justas a los litigios.

d) Todas las anteriores

9) ¿En qué situaciones puede aplicarse la teoría de juegos para comprender la decisión de una parte en un contrato?

a) En caso de negociaciones sobre cláusulas contractuales

b) en caso de litigio sobre el cumplimiento de obligaciones contractuales

c) En caso de negociaciones sobre precios y pagos

d) Todas las anteriores

10. ¿Cómo puede aplicarse la teoría de juegos para comprender la decisión de una empresa en cuestiones éticas?

a) Analizar las posibles consecuencias de la acción y sus opciones estratégicas
b) Analizar las opciones estratégicas de otras empresas implicadas en la cuestión ética
c) Analizar las opciones estratégicas de los reguladores y el público
d) Todas las anteriores

Respuestas:

1–b

2–b

3–c

4–a

5–b

6–d

7–b

8–a

9–d

10 – d

REFERENCIAS BIBLIOGRÁFICAS

AUMANN, Robert. **Almost Strictly Competitive Games**, Journal of the Society for Industrial and Applied Mathematics 9. 1961.

___; MASCHLER, M. **The Bargaining Set for Cooperative Games**, Advances in Game Theory, Annals of Mathematics Study 52, editado por M. Dresher, L. S. Shapley y A. W. Tucker, Princeton University Press, 1964.

___. **Game Theory**, The New Palgrave Dictionary of Economics, Vol 2, editado por J. Eatwell, M. Milgate y P. Newman, Macmillan, Londres y Basingstoke, 1987.

___; HEIFETZ, A. **Incomplete Information**, en Handbook of Game Theory with economic applications, Vol 3, editado por R. J. Aumann y S. Hart, Elsevier, Amsterdam, 2002.

DAVIS, Morton D. **Game Theory: A Nontechnical Introduction**. Mineola: Dover Publications. 1997.

EATON, B. C., EATON, D. F. **Microeconomia**. São Paulo: Saraiva, 1999.

HARSANYI, J. **Juegos con información incompleta jugados por jugadores 'bayesianos', partes I-III**. Management Science, 14:159-182, 320-334, 486-502, 1968.

KREPS, D. M. **A Course in Microeconomic Theory**. Cambridge: Princeton University Press, 1990.

MORGENSTERN, Oskar; VON NEUMANN, John. **The Theory of Games and Economic Behavior**. Princeton University Press, 1947.

NASH, J. F. **Juegos no cooperativos. Anales de Matemáticas**, nº 54,1951.

PINDICK, Robert S. y RUBINFELD, Daniel L. **Microeconomía**. 6. ed. São Paulo: Pearson Prentice Hall, 2005.

OSBORNE, M.J.; RUBINSTEIN, A. **A course in game theory.** Cambridge: The MIT Press, 1994.

VARIAN, H. R., **Microeconomic Analysis.** 3rd. Nueva York: W.W. Norton, 1992.

Capítulo 5.

Economía del comportamiento y Derecho

En un jurado, el abogado penalista, llamado Fillipe, comenzó: —Estimados jurados, Su Señoría el Fiscal, Su Señoría el Juez, me gustaría tomar la palabra.

El juez responde: "Su Señoría tiene la palabra.

El abogado repite: —Estimados Jurados, Su Señoría el Fiscal, Su Señoría el Juez de Derecho, pido la palabra.

El magistrado dice: "Adelante, doctor.

Y este ciclo se repite dos veces más, hasta que el juez golpea la mesa y dice que va a disolver el jurado y declarar la indefensión del acusado.

Antes de que esto ocurra, Fillipe toma la palabra: —Verán, señores, el honorable juez, un hombre experimentado y cordial, ha perdido la cabeza porque repetí la misma frase cuatro veces. Imaginen a un hombre inculto como el acusado, que se ha pasado la vida siendo llamado "Cabeção" por la víctima...

5.1. ¿QUÉ ES LA ECONOMÍA DEL COMPORTAMIENTO?

En los primeros capítulos de este libro presentamos un análisis razonado del comportamiento racional de los individuos en sus relaciones cotidianas. Ahora estudiaremos las actitudes de los agentes con un comportamiento irracional (no 100 % racional), dado que la toma de decisiones a cualquier nivel (personal, profesional o económico) suele estar influida por nuestra intuición y otros impulsos. Teniendo en cuenta que los seres humanos tendemos a confiar demasiado en lo que llamamos intuición, es cierto que cometemos sistemáticamente los mismos errores, incurriendo en sesgos cognitivos.

Aunque utilizan enfoques diferentes, tanto la economía como la psicología estudian el comportamiento humano. La economía trata de construir modelos que representen el comportamiento de forma simplificada, mientras que la psicología busca respuestas a las actitudes humanas. La Economía del Comportamiento (BE) se sitúa precisamente en este encuentro de análisis del comportamiento humano.

La EC utiliza elementos cognitivos, sociales y emocionales para comprender el comportamiento socioeconómico de los individuos en el mundo real, combinando recursos de la economía y la psicología. A diferencia de la economía neoclásica, no parte del supuesto de que la mayoría de las personas tienen preferencias bien definidas y toman decisiones bien informadas y basadas en su propio interés. Por el contrario, la EC se utiliza para aquellos análisis que se apartan de la teoría tradicional de las elecciones económicas.

La base teórica procede de observaciones empíricas del comportamiento humano, que demuestran que las personas no siempre toman decisiones "racionales" según los supuestos de la economía clásica, aunque dispongan de la información y las herramientas necesarias para hacerlo, como veremos en los ejemplos siguientes.

En esencia, los economistas conductuales utilizan la psicología como herramienta para analizar los "fallos" de la teoría del consumo y, al igual que con el concepto de utilidad, emplean un enfoque que se sitúa entre la experimentación y el pensamiento económico tradicional. En otras palabras, sus límites no están claramente definidos.

Insistimos en que no hay antagonismo entre el enfoque tradicional de la economía basado en la Teoría de la Elección Racional y la economía del comportamiento. Al contrario, son complementarios. En este sentido, la economía conductual no ignora la calidad predictiva de los modelos económicos neoclásicos, sino que debe entenderse como una herramienta capaz de sofisticar su análisis. De este modo, el enfoque conductual y el enfoque neoclásico no son mutuamente excluyentes, sino más bien compatibles. De hecho, en los últimos años, tanto la teoría como las políticas públicas se han beneficiado enormemente de la inteligente combinación de las enseñanzas de la microeconomía tradicional con las de la moderna economía conductual.

5.2. LA RACIONALIDAD Y SUS LÍMITES

Al principio, la economía utilizaba modelos matemáticos para explicar el comportamiento de los agentes basándose en el supuesto de que tenían plena racionalidad, lo cual era absolutamente irreal. En segundo lugar, el enfoque de la economía se basaba en la idea de "racionalidad limitada", término asociado a los trabajos de Herbert Simon en la década de 1950. Este concepto reconoce que no todas las decisiones son óptimas, dado que los seres humanos tienen limitaciones a la hora de procesar la información: hay restricciones en términos de conocimiento o información, así como de capacidades informáticas.

Al reconocer que los sesgos cognitivos son un elemento importante en la forma en que las personas toman decisiones, la ciencia económica empezó a aprovechar estos descubrimientos de la psicología. Esta mayor comprensión del mecanismo de la toma de decisiones, así como del comportamiento humano, ha permitido a los economistas desarrollar predicciones más precisas de los procesos de toma de decisiones. Se da la circunstancia de que estos comportamientos se han convertido en el objeto de estudio de la Economía del Comportamiento. Para ilustrarlo, recordemos el estudio de Dan Ariely sobre las suscripciones a la revista "The Economist":

Inicialmente, había tres opciones de suscripción:

1) Suscripción en línea por 59,00 dólares

2) Suscripción impresa por 125,00 dólares

3) Suscripción en línea e impresa por 125,00 dólares

La primera oferta puede parecer razonable. La segunda opción un poco cara, pero aun así razonable. Puede que el consumidor no supiera si la suscripción sólo por Internet por 59 dólares era mejor oferta que la opción sólo impresa por 125. Pero seguro que sabía que la opción impresa y por Internet por 125 dólares era mejor que la opción sólo impresa por 125 dólares.

Cuando el profesor Ariely realizó una simulación con estudiantes del MIT, presentándoles las tres opciones, el resultado fue que el 16 % eligió la primera opción y el 84 % eligió la tercera. Este resultado tiene sentido, ya que la segunda opción está dominada por la tercera. Tras eliminar la segunda opción, Dan Ariely presentó dos opciones de suscripción:

1) Suscripción en línea por 59,00 dólares

2) Suscripción en línea e impresa por 125,00 dólares

¿El resultado será el mismo? En teoría sí, ¿verdad?

Con este nuevo formato, y aún con el mismo conjunto de curvas de información e indiferencia, las elecciones cambiaron al 68 % que prefiere la primera modalidad de suscripción y al 32 % que prefiere la segunda opción.

Esto demuestra que, en determinadas situaciones, el comportamiento humano no es tan racional como pensaba la teoría económica clásica. En este capítulo estudiaremos estas limitaciones de la racionalidad.

5.3. DOS SISTEMAS Y LA TEORÍA DE LAS PERSPECTIVAS

En estudios sobre elecciones conductuales, Daniel Kahneman y Amos Tversky (1979) realizaron estudios controlados para comprender cómo los agentes económicos evalúan sus perspectivas de pérdida y ganancia de forma asimétrica, con una clara aversión a la pérdida. En otras palabras, la reacción depende de la perspectiva: si se pierde peso, suele ser mayor.

Por ejemplo, el dolor de perder 100,00 reales sólo podría compensarse con el placer de ganar mucho más de 100,00 reales. Así pues, a diferencia de la teoría de la utilidad esperada, que se basa en la decisión que tomarían agentes perfectamente racionales, la teoría prospectiva pretende describir el comportamiento real de las personas.

Daniel Kahneman, en su libro "Rápido y lento", trata de explicar por qué nuestras evaluaciones y decisiones suelen estar reñidas con las nociones formales de racionalidad mediante un marco teórico de doble sistema, apoyando la tesis de que las personas tienen dos sistemas de pensamiento distintos en sus mentes. El Sistema 1 se encarga de reconocer patrones y responder con rapidez, mientras que el Sistema 2 se concentra en tareas más complejas, que requieren un mayor esfuerzo intelectual. Desde esta perspectiva, el Sistema 1 se refiere a procesos de pensamiento intuitivos, automáticos, basados en la experiencia y relativamente inconscientes. En cambio, el Sistema 2 es más reflexivo, controlado, deliberativo y analítico.

El Sistema 1 es el "hogar" de los heurísticos (atajos cognitivos) que aplicamos y el responsable de los sesgos (errores sistemáticos) que somos capaces de cometer cuando tomamos decisiones[1]. ¿Cuál es la capital de Brasil? ¿Cuánto es 1+1? Respuestas como éstas proceden del sistema 1, son automáticas, igual que frenar un coche lo es para un conductor.

El Sistema 2 alberga actividades mentales más complejas y detalladas, por ejemplo: ¿Cuánto es 23 x 16? ¿Cuál es el tercer país más poblado del mundo? Para llegar a las respuestas, la gente suele tener que dedicar más esfuerzo cognitivo, como cuando se responde a una pregunta de un examen.

En este contexto, merece la pena recordar el ejemplo de Kahneman sobre el *gorila invisible,* dirigido por los investigadores Christopher Chabris y Daniel Simons. Este estudio consistía en un cortometraje en el que dos grupos técnicos intercambiaban pases de baloncesto, en el que un equipo llevaba camisetas blancas y el otro negras. Ante este escenario, los espectadores debían contar cuántos

---

[1] Kahneman, 2011.

pases había realizado el equipo de blanco, sin tener en cuenta a los que vestían de negro. Una tarea difícil y totalmente absorbente.

Durante el vídeo, aparece una persona disfrazada de gorila, cruza la pista, se da golpecitos en el pecho y se va, permaneciendo en la escena unos 9 segundos. Según la investigación, de los miles de personas que vieron el vídeo, aproximadamente la mitad no notó nada raro. Incluso merece la pena buscarlo en YouTube y pedirle a alguien que no lo sepa que lo vea.

Es cierto que la tarea de contar los pases, y más aún sin tener en cuenta a uno de los equipos, hace que la gente pase por alto al gorila. Sería imposible que alguien que viera el vídeo sin esta tarea no notara la extrañeza. Por tanto, podemos concluir que, aunque las funciones automáticas de ver y orientarse son responsabilidad del sistema 1, dependen de la asignación de cierta atención al estímulo relevante.

Este ejemplo muestra cómo nos pueden engañar nuestros ojos. Nuestra racionalidad tiene límites más amplios de lo que sabemos o imaginamos. Por eso el estudio de los sesgos es tan importante en la práctica.

5.4. SESGOS COGNITIVOS

Como hemos visto, nuestra comprensión puede surgir de dos sistemas de pensamiento: el sistema 1 o automático/intuitivo, y el sistema 2 o reflexivo. Ahora podemos pasar a dilucidar la influencia de los sesgos cognitivos en los procesos de toma de decisiones.

Los individuos tienen una percepción sesgada de la realidad y el cerebro humano sigue atajos resolutivos para facilitar la toma de decisiones. Esto hace que las personas cometan pequeños errores en el proceso de elección. Los heurísticos o sesgos cognitivos son esos atajos que pueden llevarnos a tomar decisiones que, desde la perspectiva de la maximización de la utilidad, no son las mejores. No hay modelos matemáticos que apoyen la heurística; son procesos simples, a menudo sin mucha consistencia ni coherencia.

El ser humano dispone de una caja de herramientas psicológicas para tomar decisiones: un conjunto de reglas (también llamadas heurísticas) que ayudan al agente a tomar decisiones teniendo en cuenta la información disponible, no siempre dotado de todos los datos necesarios, a menudo bajo presión o en distintos entornos.

Como enseñan Kahneman y Tversky, en la toma de decisiones influyen especialmente factores que van desde la estructura del problema hasta las normas, hábitos y características particulares del decisor. Es posible que estos elementos den lugar a sesgos que induzcan al abandono de la racionalidad en el juicio intuitivo y, en consecuencia, a decisiones erróneas desde un punto de vista racional (Tabak y Amaral, 2018).

Dadas estas distorsiones de la racionalidad, cada vez es más necesario intervenir, especialmente por medio de la ley, para eliminar o mitigar el efecto irracional de los prejuicios en las decisiones que realmente repercuten en el funcionamiento de la sociedad.

El individuo necesita tener en cuenta una gran cantidad de información y relacionarla de forma sistemática, utilizando la racionalidad, que tiene limitaciones, como vimos antes. Por eso, es bastante habitual que los agentes utilicen atajos mentales o heurísticos para adoptar decisiones de calidad, más pragmáticas y rentables.

A pesar de generar importantes ganancias de eficiencia en la toma de decisiones, el uso de la heurística puede provocar escollos en determinadas situaciones, como la tendencia del agente a aceptar una proposición como verdadera simplemente porque es más fácil de entender. En estas situaciones, el agente racional puede tomar una decisión equivocada, creyendo realmente que es la que maximiza su satisfacción. Analicemos los principales sesgos señalados por la literatura especializada.

5.4.1. Sesgo de anclaje

El sesgo de anclaje se produce de tal forma que, al exponerse a una información o experiencia previa a la decisión, el individuo la utilizará como base, también llamada ancla, para su razonamiento a la hora de considerar estimaciones y emitir juicios. Este sesgo se debe a la fuerte propensión de la mente humana a hacer asociaciones.

Un ejemplo fácil de visualizar el efecto de un anclaje es cuando el agente ve un anuncio de promoción en un escaparate. Además, los puestos de palomitas de maíz de los cines recurren mucho al anclaje, porque el precio del paquete pequeño es muy alto en relación con el valor de mercado de las palomitas, lo que hace que el consumidor lo compare con el precio del paquete grande, que parece proporcionalmente más bajo. En esta situación, las palomitas pequeñas han anclado un precio caro en la mente del consumidor, que acaba considerando un "gran negocio" comprar las palomitas grandes porque son "más baratas".

El sesgo de anclaje hace que basemos nuestra comparación en la primera información que recibimos sobre un tema. Cuando estamos definiendo planes o haciendo estimaciones sobre algo, interpretamos la información más reciente desde el punto de referencia de nuestro anclaje, en lugar de verla objetivamente. Esto puede distorsionar nuestro análisis e impedir que actualicemos nuestros planes o previsiones tanto como deberíamos (Tabak y Amaral, 2018).

Imagina que vas a comprar un regalo para tu madre y te has fijado un límite de 500 reales. Encuentras un anillo que sabes que le encantará, pero cuesta 1.500 R$, que está muy por encima de tu límite. Antes de salir de la tienda, ves una pulsera por 750 reales, que sigue estando por encima de tu presupuesto, pero te parece barata porque la comparas con el anillo. Vale la pena recordar aquí la actuación del sistema de protección al consumidor, que intenta frenar las llamadas "falsas promociones", que consisten en aumentar artificialmente el precio para dar un descuento simulado y volver al valor original, porque el consumidor puede caer en este sesgo y hacer la compra sin un verdadero deseo racional de comprar.

La explicación original del sesgo de anclaje procede de un artículo de Tversky y Kahneman (1974). En su teoría, los agentes racionales que parten de algún valor inicial harán primero alguna estimación o predicción. Es un punto de partida y luego se ajustan a partir de este momento inicial. El sesgo de anclaje se produce porque los ajustes mentales son lentos y parsimoniosos, lo que conduce a decisiones incorrectas. Esto se conoce como la hipótesis del anclaje y el ajuste. Para respaldar su trabajo sobre el anclaje, realizaron un estudio en el que estudiantes de secundaria adivinaban las respuestas a ecuaciones matemáticas en cinco segundos y luego se les pedía que estimaran el producto:

8 □ 7 □ 6 □ 5 □ 4 □ 3 □ 2 □ 1

Otro grupo (tratamiento) de alumnos recibió la misma secuencia a la inversa:

1 □ 2 □ 3 □ 4 □ 5 □ 6 □ 7 □ 8

¿El resultado medio fue el mismo? Debería serlo.

El primer grupo estimó, por término medio, que la multiplicación era de 2.250, mientras que el segundo grupo de estudiantes hizo una estimación mental, por término medio, de 512. La respuesta correcta es 40.320. Los investigadores argumentaron que esta diferencia entre los dos grupos se debía a que los alumnos hacían cálculos parciales mentalmente y luego intentaban ajustar estos valores al total para obtener una respuesta. El primer grupo -con la secuencia descendente- empezaba calculando multiplicaciones con números más grandes, por lo que sus cuentas parciales tenían un punto de partida mayor, al que se anclaban; en cambio, el segundo grupo empezaba con multiplicaciones más pequeñas, lo que les hacía suponer que el resultado final sería menor. En otras palabras, los primeros números anclaron la expectativa de la cantidad total.

Este tipo de sesgo es muy común en las negociaciones, ya que una propuesta inicial puede anclar todos los pasos posteriores, y es muy explotado por algunos profesionales, como los agentes inmobiliarios.

5.4.2. Sesgo de encuadre

Este sesgo se produce cuando el decisor, ante la necesidad de razonar, adopta como parámetro un recuerdo, una experiencia o una situación análoga. Como resultado, la caja de herramientas adaptativa se convierte en un instrumento para realizar ajustes mentales en su punto de partida con el fin de alcanzar una alternativa que conduzca a un resultado más valioso.

El efecto de encuadre se produce cuando la forma en que se presentan las opciones, aunque sean sustancialmente iguales, manipula la elección de los agentes. Un caso clásico es el de la suscripción de Dan Arielly a la revista "The Economist", mencionado anteriormente.

Otra clara demostración de este sesgo es la siguiente situación. Fíjate en las siguientes afirmaciones:

1) ¿Aceptaría una apuesta que ofrece un 10 % de posibilidades de ganar 95,00 reales y un 90 % de posibilidades de perder 5,00 reales?

2) ¿Pagaría cinco reales para participar en una lotería que ofrece un 10 % de posibilidades de ganar 100 reales (los 5 más 95) y un 90 % de posibilidades de no ganar nada?

La mayoría de la gente prefiere el segundo fotograma, ya que este escenario hace que parezca que no hay pérdida.

Desde este punto de vista, teniendo en cuenta que los ajustes son imprecisos, si se produce un cambio en la forma de plantear el problema, es probable que el agente parta de un punto de partida diferente y, en consecuencia, llegue a una conclusión distinta. Por lo tanto, estos resultados diferentes derivados de la forma en que se plantea el problema se denominan en la bibliografía sesgo de encuadre.

5.4.3. Aversión a la pérdida

Este sesgo está relacionado con la tendencia de las personas a valorar más las pérdidas que las ganancias. Es lo que la economía tradicional denomina aversión al riesgo. En otras palabras, el miedo a la pérdida pesa más que la sensación de ganancia.

El sesgo de aversión a las pérdidas se ha estudiado ampliamente en muchos campos, como las finanzas, la economía conductual y la psicología. En finanzas, la aversión a las pérdidas se cita a menudo como una de las razones por las que se produce un fenómeno conocido como "efecto de disposición". Se trata de la tendencia de los inversores a vender pronto los activos rentables y conservar durante mucho tiempo los activos deficitarios con la esperanza de recuperar sus pérdidas. Además, la aversión a las pérdidas puede hacer que la gente se comporte de forma irracional en otras situaciones, como en los juegos de azar, haciendo que el jugador apueste más dinero para "recuperar" el dinero. Esta es una consecuencia de la falacia del coste hundido.

Un factor que contribuye a este sesgo es el miedo al arrepentimiento. Las personas tienden a arrepentirse más cuando toman una decisión que sale mal que cuando toman una decisión rentable. Por ello, es más probable que eviten los riesgos cuando se enfrentan a la posibilidad de perder. Otro factor es la expectativa de que las pérdidas son más probables que las ganancias, aunque las estadísticas muestren una distribución diferente. Esta expectativa suele basarse en experiencias pasadas y puede llevar a las personas a valorar más el dinero que ya tienen que el que pueden ganar.

Un ejemplo trivial es si estás jugando al póquer con una amiga y ella va perdiendo. De repente, necesita irse y te ofrece la opción de ir ella con todo o terminar la partida en tablas. En esta situación, aunque estés ganando claramente, puedes tener la tentación de elegir la opción de terminar la partida en tablas, porque te da la sensación de que no has perdido la partida, aunque no hayas ganado.

De este modo, la aversión a las pérdidas es un fenómeno generalizado que influye profundamente en la forma en que las personas toman decisiones en muchos ámbitos de su vida.

5.4.4. La heurística de la disponibilidad

La heurística de disponibilidad es un juicio sobre algo basado en cómo son los ejemplos disponibles en la mente del individuo. Así que esta heurística tiene mucho que ver con la memoria de instancias específicas y con lo que alguien ha estado expuesto. Por ejemplo, si alguien le pregunta por la población de Chicago y usted no la conoce, pero tiene en mente las poblaciones de Nueva York o São Paulo, probablemente sobrestimará la población estimada de Chicago.

Este juicio también se produce cuando el individuo atribuye una relevancia significativa a acontecimientos grandes y memorables que están más cerca o más presentes en las noticias, desestimando las estadísticas reales. Cuando se trata de pensar en la frecuencia de muertes por diferentes causas, la gente tiende a sobrestimar el número de muertes por, digamos, accidentes de avión, pero subestima el número de muertes por ahogamiento, por ejemplo. Esto se debe a que la gente oye hablar de muertes por accidentes de avión en las noticias, por lo que puede recordar un buen número de ejemplos de este tipo, pero no puede recordar ejemplos de personas que murieron ahogadas. Por eso, leer las noticias puede ser engañoso, ya que los casos raros pueden ocultarse hasta el punto de parecer habituales.

Un ejemplo de estudio clásico, realizado en EE. UU., consistió en plantear a alguien la siguiente pregunta: ¿Hay más palabras en inglés que empiecen por "r" o que tengan "r" como tercera letra? Para responder a esta pregunta, es inevitable traer a la mente palabras concretas. Las palabras que empiezan por "r" son fáciles de pensar; las palabras que tienen "r" como tercera letra son más difíciles de pensar, así que la gran mayoría de los encuestados respondieron que hay palabras en inglés que empiezan por "r". De hecho, hay casi el doble de palabras con "r" como tercera letra.

Esta heurística se basa en el supuesto de que los seres humanos tienen tendencia a sobrestimar la similitud y los efectos de un acontecimiento que se recuerda con mayor facilidad, otorgándole un peso indebido. Así, al tomar una decisión, el agente acaba relacionando la circunstancia con el recuerdo más vívido, notorio o significativo de que dispone. Esto no siempre conduce a sesgos, pero pueden producirse como resultado del uso de esta heurística.

Es posible que esta heurística lleve a los gestores públicos y a los legisladores a actuar en defensa de los intereses de grupos específicos, no porque sean corruptos, sino porque piensan que los objetivos de estos grupos de presión representan los deseos de la sociedad en su conjunto. Este fenómeno se conoce como "captura cognitiva de la regulación". Podemos encontrar este fenómeno, por ejemplo, en la regulación de los mercados financieros, donde los intereses de la regulación global acaban siendo suplantados por los objetivos de grupos más pequeños que ejercen presión sobre los reguladores (Tabak y Amaral, 2018). También ocurre en la gestión pública en presupuestos participativos con escaso apoyo popular.

5.4.5. La heurística de la representatividad

El heurístico de la representatividad se refiere a situaciones en las que las decisiones tienden a basarse en lo parecido que es un ejemplo a otra cosa o en lo típico o representativo que es el caso en cuestión. Por ejemplo, etiquetar a alguien como inteligente sólo porque lleva gafas, basándose únicamente en el hecho de que llevar gafas es un atributo muy común en las personas que obtienen altas calificaciones. De este modo, la representatividad es básicamente un estereotipo.

A diferencia de lo que vimos en el apartado anterior, mientras que la disponibilidad tiene más que ver con el recuerdo de situaciones concretas, la representatividad tiene más que ver con el recuerdo de un prototipo, estereotipo o promedio. Al igual que la heurística anterior, no siempre conduce a sesgos, pero éstos pueden producirse como resultado de su uso.

El ejemplo más famoso, citado por Kahneman, es el de una señora llamada Linda que es cajera en un banco. En este problema, te cuentan algo sobre Linda y luego te preguntan cuál es su profesión más probable. Linda es licenciada en filosofía. Tiene 31 años, está soltera y es una mujer muy inteligente y franca. Cuando era estudiante, participó en manifestaciones antinucleares y ecologistas, pero también le preocupaban mucho los problemas de discriminación y justicia social. ¿Cuál de las siguientes afirmaciones es más probable que sea cierta?

a) Linda es cajera en un banco;

b) Linda es cajera de banco y participa activamente en el movimiento feminista.

Básicamente, se la describe de tal manera que no puedes evitar pensar que debe ser feminista, porque el prototipo/estereotipo que la gente tiene en la cabeza es que las mujeres que son como Linda son feministas. Así que cuando se pregunta a la gente si es más probable que Linda sea cajera de banco o cajera de banco feminista, la mayoría de la gente dice lo segundo, aunque no tenga sentido, en términos de probabilidad. En este caso, la gente utiliza un atajo que implica un estereotipo para responder a la pregunta e ignora las probabilidades reales. Veamos esto representado por un diagrama de Venn (como los conjuntos):

Diagrama 7.

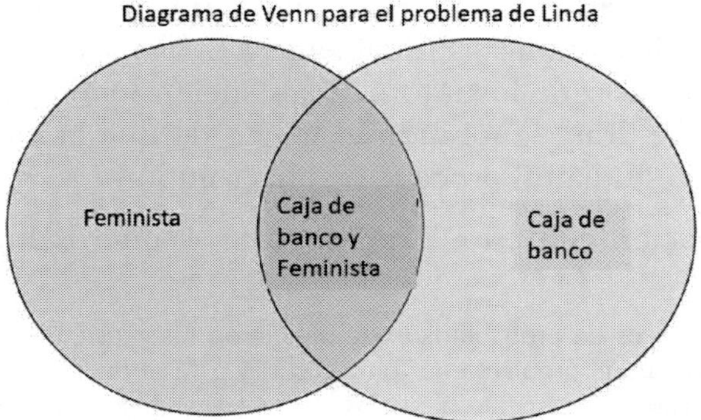

En términos estadísticos, esto es lo que se conoce como falacia de la conjunción. Se trata de una falacia formal que se produce cuando se supone que unas condiciones específicas son más probables que una sola general. La probabilidad de que dos sucesos ocurran juntos, en "conjunción", es siempre menor o igual que la probabilidad de que cualquiera de ellos ocurra solo.

Otro ejemplo es un estudio realizado en 1973 por Kahneman y Tversky[2] . En este estudio, describían a una persona llamada Tom W. como alguien de gran inteligencia, aunque carece de verdadera creatividad. Tom necesita orden y claridad, sistemas limpios y organizados en los que cada detalle encuentre su lugar. Su escritura es más bien monótona y mecánica, animada ocasionalmente por juegos de palabras y destellos de imaginación de tipo ciencia ficción. Tom parece sentir poca simpatía por los demás y no le gusta relacionarse con los demás, pero tiene un profundo sentido moral. A los participantes en este grupo se les pidió que clasificaran en qué área estaba realizando Tom sus estudios de posgrado.

Más del 95 % de los participantes dijeron que Tom estudiaría más informática que educación o humanidades. ¿Por qué? Recor-

---

2 Kahneman, D., y Tversky, A. (1973). On the psychology of prediction. Psychological Review, 80(4), 237-251.

demos que había más alumnos estudiando educación o humanidades que informática. Probablemente, la mayoría de la gente pensaba así porque los informáticos suelen tener características como las de Tom, ignorando el hecho de que la mayoría de la población estudiantil procede de otro campo.

En relación con estos experimentos, Daniel Kahneman concluye que:

> Los juicios de probabilidad que ofrecieron nuestros participantes, tanto para el problema de Tom W como para el de Linda, correspondían precisamente a juicios de representatividad (similitud y estereotipos). La representatividad pertenece a un grupo de evaluaciones básicas estrechamente vinculadas que probablemente se generan juntas. Los resultados más representativos se combinan con la descripción de la personalidad para producir las historias más coherentes. Los relatos más coherentes no son necesariamente los más probables, pero son verosímiles, y las nociones de coherencia, verosimilitud y probabilidad se confunden fácilmente. (p. 161 y 162).

Podemos ver por qué la representatividad y la disponibilidad parecen similares, porque cuando se utilizan estas heurísticas, siempre se recupera información preexistente para hacer una conjetura. Pero la representatividad tiene menos que ver con ejemplos concretos y más con estereotipos, probablemente formados a partir de ejemplos. En este sentido, la disponibilidad tiene que ver con ejemplos concretos y con la facilidad con que nos vienen a la mente. Por eso solemos utilizar la disponibilidad cuando juzgamos el número de cosas, porque contar los ejemplos que nos vienen a la mente es una forma de responder a este tipo de preguntas.

5.4.6. Sesgo retrospectivo

El sesgo retrospectivo, también llamado fenómeno del "ya lo sabía" o del cisne negro, es la tendencia de las personas a percibir acontecimientos pasados como más previsibles de lo que realmente fueron.

Después de un acontecimiento, los agentes asumen que estaban seguros del resultado antes de que ocurriera. Por ejemplo, muchos editores afirman que la serie de libros de Harry Potter tiene todos los elementos para alcanzar el éxito que alcanzó, pero a la autora le rechazaron el manuscrito varias editoriales. Este sesgo retrospectivo distorsiona los recuerdos anteriores al acontecimiento y es una fuente importante de exceso de confianza en la capacidad de un individuo para predecir los resultados de acontecimientos futuros.

En un desarrollo posterior de las heurísticas de disponibilidad y representatividad, Paul Meehl y Baruch Fischhoff observaron que los médicos clínicos suelen sobrestimar su capacidad para predecir el resultado de un caso concreto, porque afirman conocerlo desde el principio, y estos últimos siguieron estudiando este tipo de sesgo.

Se pueden ver ejemplos de sesgo retrospectivo en los testimonios de inversores que explican inversiones audaces que salieron bien, en investigaciones científicas con resultados imprevistos e incluso en discusiones jurídicas sobre la ocurrencia de accidentes y su previsibilidad.

Ejemplos de grandes catástrofes medioambientales son el colapso de la presa de Mariana, en Minas Gerais. Tras producirse la catástrofe, varios expertos empezaron a señalar que se trataba de algo previsible, pero no conocido previamente.

Así, este sesgo presenta una sobrestimación de la facilidad con la que puede producirse un éxito, así como una simplificación excesiva de lo que debería hacerse en la situación analizada, teniendo en cuenta los acontecimientos y resultados anteriores. Este sesgo actúa, en particular, alterando el análisis de la comprensión de un resultado. De este modo, el individuo se da cuenta de que los acontecimientos que han tenido lugar deben conducir al acontecimiento final, sin tener en cuenta que, en el curso de la acción, los resultados son sólo probabilidades.

5.4.7. Sesgo de confirmación

El sesgo de confirmación se produce cuando el individuo analiza los hechos y los interpreta de forma que ratifiquen su postura inicial sobre el tema, en lugar de considerar las nuevas pruebas presentadas. Este sesgo se manifiesta cuando la persona busca información o lecturas que ratifiquen su perspectiva sobre el problema propuesto, o cuando tiene recuerdos selectivos de eventos o argumentos, al tiempo que anquilosa e invalida argumentos contrarios, aunque sean lógicos y convincentes (Tabak y Amaral, 2018).

En este escenario, la nueva información sólo sirve para confirmar creencias previas, nunca para refutarlas. Por regla general, esto se debe a que el Sistema 1 es más crédulo, lo que le lleva, ante una afirmación, a buscar en su memoria asociativa elementos que contribuyan a una idea preestablecida.

5.4.8. Sesgo de presente y descuento intertemporal hiperbólico

¿Qué prefieres? ¿100 libras hoy o 100 libras la próxima Navidad? Sí, la misma cantidad. Probablemente hayas contestado que preferirías hacerlo hoy, como haría la mayoría de la gente si se enfrentara a la misma pregunta. Así que podemos concluir que la gente está dispuesta a renunciar a parte del valor futuro para recibirlo en el presente. Esto se denomina tasa de descuento intertemporal y es perfectamente compatible con la racionalidad económica clásica.

Así, cuanto mayor es la tasa de descuento, más prisa, impaciencia o valor concede el individuo o la sociedad al disfrute presente. Una tasa de descuento elevada lleva a las personas a renunciar a los beneficios futuros.

La función matemática que explicaría este comportamiento racional es la misma que la del tipo de interés compuesto, una función exponencial, pero aquí con un descuento en lugar de un aumento. Este descuento es constante para intervalos fijos, es decir, si María es indiferente entre 95,00 reales hoy y 100,00 reales dentro de un mes, su tasa de descuento es del 5 % mensual, tanto en el presente como dentro de un año.

Lo que pasa es que la tasa de descuento no cambia con el tiempo. En el ejemplo de María, ella es indiferente entre 95,00 reales hoy y 100,00 reales dentro de un mes, pero su comportamiento cambia si la diferencia de un mes es sólo en el año siguiente, por ejemplo, puede ser indiferente entre 99,90 reales dentro de un año y 100,00 reales dentro de un año y un mes. En otras palabras, su tasa de descuento ha disminuido con el tiempo. Aunque la diferencia sea de un mes en ambos casos, el valor de los acontecimientos que están más lejos en el futuro cae más lentamente que el de los que están más cerca del presente.

Así, la función matemática que más se aproxima a este comportamiento es la hiperbólica. A corto plazo, su comportamiento es similar al del descuento exponencial, pero a largo plazo decae mucho más rápidamente, como puede verse en el gráfico siguiente:

Figura 8.

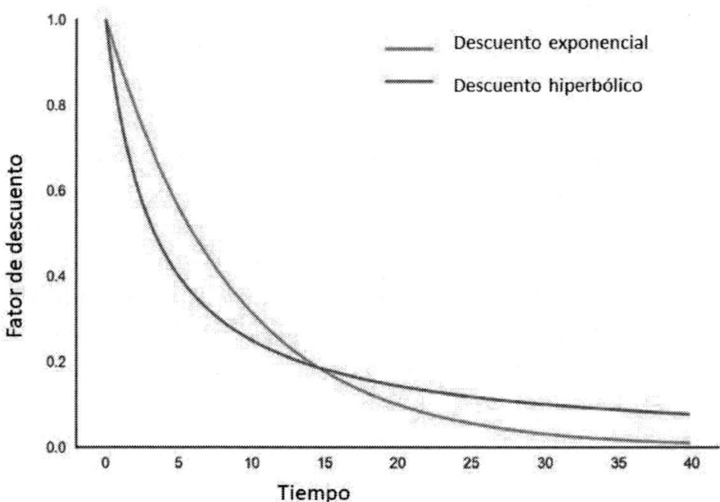

Por término medio, las personas muestran un grado significativamente mayor de impaciencia en el presente, lo que los lleva a tomar decisiones que generan menores resultados a corto plazo en comparación con la posibilidad de un mayor rendimiento a largo plazo. Es el sesgo del presente, mucho más valioso que el futuro.

En el mundo jurídico, esto se aprecia claramente en las cuestiones medioambientales, con una escasa valoración del futuro y un peso desproporcionado del presente.

5.4.9. Exceso de confianza

El exceso de confianza se manifiesta de dos maneras. Por un lado, el individuo cree que le ocurrirán cosas buenas con más frecuencia de lo que indican las estadísticas. Por otro, tiende a reducir la probabilidad de que le ocurran cosas malas más de lo que le ocurren a la gente en general, como enfermedades, accidentes y pérdidas de trabajo.

Como consecuencia, este sesgo nos hace ser menos precavidos de lo que deberíamos en las distintas circunstancias de nuestra vida, por ejemplo, en el tráfico o en el lugar de trabajo.

Imaginemos a una persona que mira la punta de un iceberg y cree que puede definir su tamaño y forma con total precisión, un fenómeno que en la bibliografía se denomina ilusión de "profundidad explicativa". Este escenario describe un caso de exceso de confianza, que se produce cuando el agente sobrestima sus habilidades y capacidades y tiene una idea equivocada de la exhaustividad de sus conocimientos, lo que le lleva a pensar que comprende los fenómenos. Esto los lleva a pensar que comprenden fenómenos complejos con mucha mayor profundidad de la que realmente lo hacen. Por ejemplo, en el mercado financiero, este sesgo se produce cuando el inversor cree tener todos los conocimientos y la comprensión del mercado para realizar las mejores inversiones con el fin de obtener mejores resultados que la media del mercado.

5.4.10. Sesgo de statu quo

Al tomar decisiones, aunque sea de forma imperceptible, los individuos se inclinan por mantener el estado actual de las cosas, a menos que las ventajas de un posible cambio sean perceptibles. En consecuencia, el sesgo decisorio hacia el statu quo tiende a reproducir elecciones irracionales, que impiden maximizar la utilidad esperada del agente.

Incluso sin realizar un análisis coste-beneficio, el individuo tiende a dar más importancia a la posición en la que ya se encuentra. Esto se debe en parte a nuestra aversión a la pérdida, pero también a nuestra resistencia al esfuerzo que puede exigir el cambio. Por ejemplo, la gente intenta preservar el formato estándar del régimen de propiedad en sus matrimonios, simplemente porque opta por no discutir el asunto con su pareja o no está dispuesta a gastar energía en una decisión así.

En este sentido, en circunstancias en las que la persona no está familiarizada con el tema o se muestra excesivamente indecisa entre las opciones presentadas, puede observarse el sesgo del statu quo. De este modo, con la intención de evitar riesgos o el miedo a aceptar una decisión que genere malos resultados, existe una alta probabilidad de optar por la respuesta estándar, también conocida como "por defecto".

Como resultado, la gente prefiere mantener su comportamiento por defecto, incluso en situaciones en las que se encuentra obviamente en desventaja. Una de las razones es la simple falta de atención. En este sentido, gran parte de la gente adopta lo que Cass Sunstein y Richard Thaler llaman la heurística del "como sea", de modo que se eligen mayoritariamente las alternativas por defecto.

El uso de este sesgo es muy común en las políticas públicas de planificación individual, como la adhesión a planes de salud, la donación de órganos o los planes de pensiones.

Imaginemos la situación de Juan, que es un joven trabajador de clase media, y la empresa en la que trabaja ofrece un seguro médico y dental, en el que los trabajadores están automáticamente inscritos. El coste del seguro se deduce, por defecto, del salario total de Juan. Por supuesto, existe la opción de renunciar al seguro médico, en cuyo caso la paga aumenta. João no está seguro de si necesita o no el seguro de enfermedad –puede estar cubierto por el SUS–, pero no se lo piensa mucho y se adelanta y lo acepta para no tener que ir al departamento de Recursos Humanos de su empresa.

Este es un ejemplo de sesgo de statu quo porque es más probable que los trabajadores de la empresa de John dejen las cosas como están a que tomen la decisión de abandonar el plan de seguro médico. Si las cosas fueran al revés y el valor por defecto fuera no incluir el seguro médico, habría muchos menos trabajadores cubiertos por el plan de salud de la empresa. Esto se debe al sesgo del statu quo, porque somos más propensos a dejar las cosas como están que a esforzarnos por hacer un cambio.

5.4.11. Sesgo de brecha de empatía

El sesgo de la brecha de empatía describe nuestra tendencia a subestimar la influencia de los distintos estados mentales en nuestro propio comportamiento y a tomar decisiones que sólo satisfacen nuestra emoción, sentimiento o estado actual. Este sesgo supone una reducción de la empatía, cuya definición es la capacidad de reconocer, comprender y compartir los pensamientos y sentimientos de otra persona.

Las lagunas de empatía pueden ser interpersonales, en relación con los demás, o intrapersonales, en relación con uno mismo, por ejemplo, a la hora de predecir las propias preferencias futuras. Numerosas investigaciones se han centrado en las lagunas de empatía intergrupal, sus mecanismos psicológicos y neuronales subyacentes y sus implicaciones para el comportamiento posterior. Por ejemplo, los prejuicios hacia los miembros de grupos externos.

Este sesgo se denomina a veces brecha de empatía caliente-fría, término acuñado por George Loewenstein. Se refiere a dos tipos de estados internos. Los estados internos "calientes" se dan cuando nuestro estado mental está influido por el hambre, el deseo sexual, el miedo, el agotamiento u otras emociones fuertes. Un estado mental "frío" es aquel que es más racional y lógico, es decir, que no está influenciado por las emociones. Cuando estamos en un estado interno frío o caliente, no reconocemos la naturaleza temporal de ese estado mental y puede que no nos pongamos en la mentalidad de la otra persona. Al mismo tiempo, sobrestimamos lo racionales que seremos o creemos que siempre nos sentiremos tan cálidos como en un estado emocional.

Por ejemplo, imagina que te preguntan cómo reaccionarías en una situación en la que una persona inconsciente necesitara ayuda. Como actualmente no te encuentras en esa situación tan intensa, podrías tener una respuesta muy racional, como afirmar que realizarías una maniobra de reanimación o llamarías a los bomberos. Anticipas una respuesta lógica porque actualmente te encuentras en un estado mental "frío". Sin embargo, si te encontraras en esta situación, el miedo y la ansiedad podrían hacer que te comportaras de forma muy diferente. Estarías en un estado mental "caliente" y las emociones fuertes pueden influir en tu comportamiento. Esta situación demuestra la brecha de empatía interna, en la que no podemos predecir correctamente cómo nos comportaremos porque hacemos nuestras predicciones basándonos en los estados emocionales actuales.

Esto significa, en términos individuales, que no hacemos predicciones correctas sobre nuestro comportamiento futuro. Este sesgo está relacionado con nuestra tendencia a sobrestimar hasta qué punto nuestro yo futuro compartirá los mismos gustos y preferencias que nuestro yo actual. Las decisiones miopes pueden llevarnos a comportamientos que no nos convienen. Si estamos en un estado de ánimo acalorado, podemos tomar decisiones precipitadas e impetuosas que nos lleven a actuar de forma imprudente. Por ejemplo, si recibimos un correo electrónico de nuestro jefe que nos enfada mucho, es posible que le devolvamos inmediatamente un correo desagradable, generando consecuencias negativas en nuestro trabajo, sin tener en cuenta que nuestro enfado acabará remitiendo con el tiempo.

En derecho penal, los delitos cometidos mediante emociones violentas se consideran un atenuante en la aplicación de la pena para algunos tipos de delitos.

Por otra parte, cuando no nos influyen las emociones viscerales, podemos creer que tendremos un mayor control sobre nuestro propio comportamiento en situaciones en las que se despierten estas emociones. Por ejemplo, imagina que has decidido dejar de comer pizza y una mañana un amigo te invita a una fiesta en una pizzería. Cuando tomas la decisión de ir, no estás en un estado muy emocional. Sin embargo, cuando llegas a la fiesta, tu estado interno cambia y te vuelves muy ansioso y puedes tener la tentación de comerte la pizza. Si pudieras predecir tu comportamiento en un estado mental diferente, probablemente no habrías tomado la decisión de ponerte en una situación difícil.

Como demuestran estos ejemplos, la brecha de empatía actúa como un obstáculo para tomar la mejor decisión para nuestros objetivos a largo plazo y puede producirse en cualquier dirección, de caliente a frío o de frío a caliente.

También somos imprecisos a la hora de predecir el comportamiento de otras personas. La falta de empatía interpersonal puede producirse cuando no tenemos en cuenta cómo pueden afectar las emociones a otras personas. La brecha de empatía también es un problema cuando se trata de nuestra capacidad para comprender la perspectiva de los demás, lo que puede dar lugar a conflictos.

En un importante estudio, Loewenstein (2005)[3] examinó si la brecha de empatía intervenía en el comportamiento predictivo de los drogadictos. El investigador pidió a los drogadictos que predijeran cuánto dinero elegirían antes que un fármaco de

---

3 Loewenstein, G. (2005). Brechas de empatía frío-calor y toma de decisiones médicas. Psicología de la salud, 24(4), S49-S56

mantenimiento que ayuda con los síntomas de abstinencia, cinco días después de que se les preguntara. Por ejemplo, se les pidió que eligieran si prefirieran 10 dólares u otra dosis del fármaco de mantenimiento, 20 dólares u otra dosis, etc. Se preguntó a los adictos antes de recibir una dosis del fármaco de mantenimiento, privados de opiáceos, o después. Loewenstein creía que los individuos se encontraban en estados muy diferentes antes y después de recibir una dosis y que, por lo tanto, el momento en que se formulara la pregunta afectaría a la cantidad de dinero que la gente elegiría antes que un fármaco de mantenimiento.

El experimento reveló que los participantes a los que se les preguntó antes de recibir una dosis del fármaco de mantenimiento, por término medio, dijeron que aceptarían 60 dólares en lugar de otra dosis siguiente cinco días después, mientras que a los que se les preguntó después de recibir una dosis, por término medio, dijeron que elegirían sólo 35 dólares en lugar de otra dosis. A partir de estos resultados, Loewenstein concluyó que los participantes a los que se preguntó después de recibir el fármaco se encontraban en un estado visceral frío y no predijeron con exactitud cómo se sentirían en un estado caliente cinco días después, en un momento en el que no acababan de recibir una dosis.

5.5. CODAZO

Un *codazo es* ese "suave empujón" que una madre elefante da a su cría para que siga moviéndose. Desde esta perspectiva, el nudge es una pequeña y suave intervención diseñada para afectar al comportamiento sin alterar los incentivos monetarios y sin restringir la elección de nadie.

El término nació cuando el editor de Thaler y Sunstein les sugirió un nombre mejor para su libro, que se publicó con el nombre de "paternalismo libertario". Pero ¿en qué consiste? El paternalismo es cualquier acción que limita tus opciones por tu propio bien. Como cuando los padres no te permiten comer chocolate antes de comer. El paternalismo libertario no te quita el chocolate, pero dificulta el acceso a él o implica comerlo en porciones muy pequeñas, para que sea más difícil comer demasiado sin pensar.

El ejemplo más citado de *nudges* es la impresión de la imagen de una mosca doméstica en los urinarios de los aseos masculinos del aeropuerto de Ámsterdam. Esta "orientación" animó a los hombres a orinar en el lugar correcto, lo que redujo la suciedad y el olor en los aseos.

La cuestión principal es que *los nudges* no son órdenes, no deben confundirse con las órdenes policiales que prohíben o condicionan coercitivamente una actividad. En otras palabras, son transformaciones sutiles en la arquitectura de elección de las personas, con capacidad para influir suavemente en ellas –mediante incentivos– para que tomen las decisiones que los gestores públicos consideran mejores.

En este escenario, la arquitectura de la elección es una herramienta fundamental de *los nudges, de modo que* diseñando las opciones disponibles se espera influir en las personas en una determinada dirección.

Para ello, los responsables de estructurar las decisiones de los demás deben ser conscientes de que el responsable de la toma de decisiones es humano y, por tanto, tiene una racionalidad limitada y es susceptible de los sesgos cognitivos presentados anteriormente.

Así, el derecho puede recibir aportaciones de la economía del comportamiento al considerar las preferencias reveladas de los individuos en un intento de maximizar el bienestar social. Por lo tanto, sería posible que el gobierno ayudara a las personas a tomar la mejor decisión social, sin adoptar ninguna medida coercitiva, sino promoviendo políticas que ayuden efectivamente a los agentes a seguir un camino mejor entre las opciones potenciales.

Desde esta perspectiva, elementos como las subvenciones, los impuestos, las condenas o las multas restan libertad de elección al individuo y, por tanto, no son *nudges*. *Para que quede claro*: dejar la fruta al aire libre es un codazo, a diferencia de prohibir el consumo de alimentos procesados.

Para diseñar una arquitectura de decisión se necesitan algunos puntos decisivos: herramientas que reduzcan la probabilidad de error humano y den a los agentes *información* sobre sus acciones para que puedan prevenir o corregir sus errores, o que les ayuden a mapear y categorizar numéricamente las posibilidades para que puedan comparar características y valores.

Por último, hemos lanzado algunos ejemplos del uso de esta herramienta en distintos ámbitos:

1) Una forma eficaz de fomentar los índices de aceptación de las "opciones deseables" es definir el resultado deseado como la opción por defecto. Por ejemplo, la decisión sobre la donación de órganos en el documento oficial. En 1997, Brasil adoptó una política en la que la opción por defecto era donar y el ciudadano tenía que decir expresamente que quería optar por no hacerlo, con el fin de aumentar el número de donantes.

2) Los economistas Richard Thaler y Shlomo Benartzi han desarrollado un programa llamado "Ahorra más mañana" que tiene un diseño de opciones distinto del habitual para animar a la gente a contratar planes de pensiones privados. Utiliza la opción estándar de inscribir a la gente en un plan de pensiones, con la advertencia añadida de que sólo empiecen haciendo pequeñas aportaciones. Sólo cuando sus salarios aumenten, sus aportaciones se incrementarán automáticamente. Resultados: (a) una alta proporción (78 %) de los que se les ofreció el plan se adhirieron, (b) la gran mayoría de los inscritos en el plan (80 %) permanecieron en él hasta su cuarto aumento salarial y (c) las tasas medias de ahorro de los participantes en el programa aumentaron del 3,5 % al 13,6 % en 40 meses.

3) Si compramos un café y un camarero nos ofrece también un pastel, es más probable que compremos el pastel si nos

lo ofrecen como sugerencia; del mismo modo, si vamos a un establecimiento *de comida rápida,* los camareros están entrenados para "vender más", es decir, ofrecer opciones adicionales para acompañar la comida. A menudo son las "bebidas, extras y postres" la parte más rentable de la comida. Esto hace que la gente consuma más

4) En algunas escuelas de Estados Unidos, las opciones saludables se han colocado en lugares visibles y accesibles a la hora del almuerzo, con el fin de fomentar una alimentación sana. Esta colocación de los productos está relacionada con el concepto de "arquitectura de la elección", es decir, la idea de que si los productos se presentan de forma diferente, esto puede ayudar a "empujar" el consumo de las personas hacia la opción deseada.

5) Para disuadir de comer alimentos poco saludables, el número de calorías puede figurar en un lugar destacado del envase, para que los consumidores se lo piensen dos veces antes de comprar. ¿Estaría usted menos dispuesto a comerse un pastel si supiera que tiene 450 calorías? Probablemente sí.

De hecho, podemos ver cómo la economía tiene mucha aplicación práctica para el día a día del profesional del Derecho. Dicho esto, esperamos que este capítulo le sirva de *empujón* para terminar de leer este libro.

PREGUNTAS

1. Sobre la economía del comportamiento, elija la alternativa correcta:

a) El sesgo de confirmación está relacionado con la tendencia del individuo a centrarse en argumentos contrarios a la tesis que defiende

b) el sesgo *del statu quo* muestra que los individuos tienden a no cambiar la situación actual y prefieren mantenerla, aunque les resulte desventajosa.

c) *los nudges* son órdenes diseñadas para forzar al individuo a tomar una determinada decisión

d) cuando, en una situación hipotética, un individuo prefiere recibir 100,00 reales inmediatamente que 200,00 reales al año siguiente, tenemos un caso clásico de sesgo de disponibilidad

e) la heurística de la representatividad se define por la tendencia a distorsionar los acontecimientos representativos, imaginando que eran más predecibles de lo que realmente eran

2. Marque V o F para cada una de las siguientes afirmaciones:

( ) El pago de becas mensuales para subvencionar a estudiantes socialmente vulnerables con alto riesgo de abandono escolar es un ejemplo de empujón.

( ) el comportamiento humano en situaciones de gran presión está representado por el sesgo de la brecha de empatía fría

( ) cuando suponemos que un individuo cuya afición son los videojuegos también es bueno en matemáticas, incurrimos en el sesgo de representatividad

3. (CESPE/CEBRASPE–PGE RO–Abogado del Estado Sustituto–2022) En relación con la economía del comportamiento, elija la opción correcta.

a) La heurística de anclaje revela cómo las personas evalúan la probabilidad de que ocurra un suceso, basándose en los registros ya disponibles en su memoria, evitando el sesgo cognitivo.

b) La influencia y la intervención en el proceso de elección se producen restringiendo las opciones disponibles.

c) *El nudge* es una arquitectura de opciones que puede dar lugar a cambios en el comportamiento del individuo, sin prescindir de la autonomía de su voluntad.

d) Las intervenciones económicas de los funcionarios públicos para cambiar el comportamiento de la población muestran el lado paternalista necesario para el bienestar de la población.

e) La heurística dificulta el proceso de toma de decisiones, especialmente en situaciones complejas con consecuencias a largo plazo.

4) ¿En qué se diferencia la economía conductual de la economía tradicional?

a) La economía del comportamiento tiene en cuenta la influencia de las emociones y la psicología en la toma de decisiones, mientras que la economía tradicional se basa en supuestos de racionalidad.

b) La economía del comportamiento se centra únicamente en la teoría de la elección, mientras que la economía tradicional abarca una amplia gama de temas.

c) La economía del comportamiento no utiliza modelos matemáticos, mientras que la economía tradicional se basa en complejos modelos matemáticos.

d) La economía del comportamiento es una teoría más reciente, mientras que la economía tradicional tiene profundas raíces históricas.

5) ¿En qué situaciones puede ser útil la economía del comportamiento para comprender las decisiones de los consumidores?

a) En situaciones de incertidumbre sobre los precios y la calidad de los productos

b) en situaciones en las que las personas se ven influidas por información sesgada o incompleta

c) en situaciones en las que las personas están sometidas a presiones sociales y culturales

d) Todas las anteriores

6. ¿Cuál es el sesgo más común a la hora de pensar en decisiones financieras?

a) Sesgo de aversión a la pérdida

b) Sesgo de confirmación

c) Sesgo de anclaje

d) Predisposición a seguir a la multitud

7) ¿Cómo puede afectar el sesgo de aversión a las pérdidas a las decisiones judiciales?

a) llevar a los jueces a dar prioridad al castigo de los acusados, independientemente de las pruebas de culpabilidad

b) llevar a los jueces a dar prioridad a la absolución de los acusados, independientemente de las pruebas de culpabilidad

c) Llevar a los jueces a tomar decisiones más cautelosas para la revisión judicial de sus sentencias

d) No influir en las resoluciones judiciales

8) ¿Cómo puede afectar el sesgo de confirmación a las decisiones judiciales?

a) llevar a los jueces a dar prioridad a la información que confirma sus creencias y a ignorar la que las cuestiona

b) Llevar a los jueces a dar prioridad a la información que cuestiona sus creencias y a ignorar la que las confirma.

c) No influir en las resoluciones judiciales

d) animar a los jueces a buscar información en fuentes fiables, independientemente de sus creencias

9) ¿Cómo pueden utilizarse los nudges para fomentar el cumplimiento de la legislación medioambiental?

   a) Aumentar las sanciones económicas para quienes infrinjan la ley.

   b) Proporcionar información y herramientas para ayudar a los ciudadanos a cumplir la ley con mayor facilidad.

   c) Hacer propaganda engañosa para que la gente se sienta obligada a cumplir las leyes.

   d) Todas las alternativas son erróneas.

10. Marque V o F para cada una de las siguientes afirmaciones:

   ( ) El exceso de confianza aumenta el nivel de precaución del individuo, ya que quiere tener razón sobre esa opción

   ( ) la forma en que se presenta una determinada opción influye en el individuo, como explica el efecto de encuadre

   ( ) Un hombre quiere comprarle a su mujer un collar de perlas para celebrar su 15° aniversario de boda. Su presupuesto para el regalo es de 2.000 reales. Cuando consulta el precio en la primera tienda, descubre que el collar que quiere cuesta 5.000,00 reales. Luego, en la siguiente joyería, encuentra un modelo similar por 3.000,00 reales. A pesar de salirse del presupuesto, el hombre decide comprar el collar en la segunda tienda. Este es un ejemplo clásico de sesgo de anclaje.

Respuestas:

1–B

2–F, F, V

3–C

4–A

5–D

6–A

7–C

8–A

9–B

10–F, V, V

REFERENCIAS BIBLIOGRÁFICAS

ARIELY, D. PREDICTAMENTE IRRACIONAL: Las fuerzas ocultas que dan forma a nuestras decisiones. Ed. revisada y ampliada. Nueva York: HarperTorch, 2019.

FISCHHOFF, B. Hindsight ≠ foresight: The effect of outcome knowledge on judgement under uncertainty. Journal of Experimental Psychology: Human Perception and Performance, 1975.

KAHNEMAN, Daniel. Pensar, rápido y despacio, Nueva York: Farrar, Straus y Giroux editores. 2013.

KAHNEMAN, Daniel; TVERSKY, Amos. Sobre la psicología de la predicción. Psychological Review, 80(4), 237-251. 1973

_______. Judgment under uncertainty: heuristics and biases. Science, 185 (4157), 1124-1131. 1974

_______. "Prospect Theory: An Analysis of Decision under Risk". Econometrica 47, nº 2. 1979.

LOEWENSTEIN, G. A visceral account of addiction. En Elster, J. & Skog, O.J. (Eds.). Getting Hooked: Rationality and Addiction, pp. 235264. Cambridge, Inglaterra: Cambridge University Press. 1999

_______. Brechas de empatía frío-calor y toma de decisiones médicas. Health Psychology, 24(4), S49-S56. 2005

PORTO, Antônio M.; GAROUPA, Nuno. Curso de análise econômica do direito. 2ª ed. Barueri/SP: Atlas, 2022

TABAK, Benjamin Miranda; AMARAL, Pedro Henrique Rincon. "Sesgos cognitivos y diseño de políticas públicas". Revista brasileña de políticas públicas (2018)

THALER, Richard H.; SUNSTEIN, Cass R. Nudge. Yale University Press, 2008.

TERCERA SECCIÓN.

APLICACIONES DEL ANÁLISIS ECONÓMICO DEL DERECHO

Capítulo 6.

Derecho y economía de la propiedad privada

Imaginemos que eres propietario de un museo y tienes un vecino que pone la música alta todas las noches, impidiendo que los visitantes del museo disfruten plenamente de su experiencia. ¿Podría prohibirle hacer ruido o podría perjudicar a su negocio? ¿Importa la definición del derecho de propiedad al silencio, es decir, si usted tiene derecho al silencio o su vecino tiene derecho al ruido, a la hora de resolver esta situación?

Pensemos ahora en la situación de un condominio con una pista polideportiva. Varias personas acuden a esta pista, pero quieren practicar deportes diferentes, de modo que cada actividad requiere el uso de todo el espacio. ¿Cómo resolver este problema de forma eficaz? ¿Tendrá alguien establecido el derecho de propiedad? ¿Y eso garantizará que quienes más lo deseen sean quienes lo utilicen?

En ambas situaciones, el análisis económico del derecho tiene mucho que aportar, principalmente mediante el uso de las ideas del teorema de Coase y los costes de transacción, que demuestran la importancia de definir los derechos de propiedad.

En el caso del condominio, si alguien tiene derecho a utilizar la pista –quizá porque la ha reservado– y los implicados pueden negociar a bajo coste, los propietarios pueden acordar una solución que beneficie a todos, quizá estableciendo horarios concretos para el juego, o dividiendo la pista en diferentes zonas para distintas actividades, o incluso cobrando una cuota. En la primera situación, también con un coste de transacción bajo, usted y su vecino podrían negociar una solución que beneficie a ambas partes. Por ejemplo, usted podría pagar a su vecino para que bajara el volumen de la música o incluso contratarle para que tocara en el museo por la noche. El punto clave aquí es que, independientemente de quién sea formalmente el propietario del sonido, la eficiencia económica se conseguirá mediante la negociación.

6.1. TEOREMA DE COASE

El teorema de Coase es una teoría económica desarrollada por Ronald Coase en un importante artículo sobre costes sociales en 1960. Sostiene que en un mercado perfectamente competitivo y sin costes de transacción, la distribución final de los recursos será independiente de las formas jurídicas de propiedad y de otras instituciones. En otras palabras, la eficiencia económica se alcanzará independientemente de quién posea formalmente los recursos.

En su forma original, el teorema de Coase afirma que en un mercado que funcione correctamente, los particulares y las empresas podrán encontrar soluciones eficientes a los problemas de externalidades sin necesidad de intervención gubernamental. Esto se debe a que las partes interesadas podrán negociar y llegar a acuerdos para internalizar estas externalidades a través del mercado, siempre que los costes de transacción sean bajos.

Uno de los ejemplos clásicos utilizados para ilustrar el teorema de Coase es el problema de la contaminación. Supongamos que una fábrica emite contaminantes que causan daños a sus vecinos. Si los costes de transacción son nulos, la fábrica y los vecinos pueden negociar directamente y llegar a un acuerdo sobre cómo repartir los costes de la contaminación de forma eficiente. Por ejemplo, la fábrica puede pagar a los vecinos para compensar los daños causados por la contaminación o invertir en tecnologías para reducir la emisión de contaminantes. Sin embargo, si los costes de transacción son elevados, por ejemplo la fábrica y los vecinos no pueden comunicarse, la fábrica puede no tener incentivos para negociar y los vecinos pueden no tener incentivos para buscar una solución. En este caso, es necesaria la intervención del

Estado para garantizar que los recursos se asignan de forma eficiente, mediante la regulación y el control de la contaminación.

Otra situación en la que es fácil ver la importancia del teorema de Coase es cuando hay un río que utilizan muchas personas para pescar y nadar. Si las personas que utilizan el río para pescar son formalmente propietarias del río, pueden decidir cobrar una tasa a las personas que utilizan el río para nadar o prohibir totalmente la natación. Sin embargo, si el coste de la transacción es insignificante, las personas que utilizan el río para nadar y pescar podrían negociar una solución que beneficie a ambas, quizás estableciendo horarios específicos para la pesca y la natación, o dividiendo el río en zonas diferentes para cada actividad.

Una de las principales implicaciones del teorema de Coase es la sugerencia de que los individuos y las empresas pueden ser capaces de encontrar soluciones a los problemas de externalidades a través del mercado, sin necesidad de intervención gubernamental. Esto es importante porque la intervención gubernamental puede ser ineficaz e injusta y provocar distorsiones en el mercado. El teorema de Coase sugiere que las partes interesadas podrían negociar y llegar a acuerdos para internalizar las externalidades, siempre que los costes de transacción sean bajos.

Otra implicación lógica importante es la sugerencia de que los derechos de propiedad desempeñan un papel importante en la economía y la sociedad. El teorema de Coase sugiere que la propiedad es importante porque permite a las partes interesadas negociar y llegar a acuerdos para internalizar las externalidades. Esto es importante porque la propiedad puede utilizarse como mecanismo para asignar los recursos de forma eficaz y justa.

La importancia del teorema de Coase radica en que ofrece una visión diferente de cómo afectan las instituciones económicas a la eficiencia económica. Sugiere que en situaciones en las que los costes de transacción son insignificantes, la eficiencia económica puede lograrse mediante la negociación entre las partes implicadas, independientemente de las formas jurídicas de propiedad. Esto tiene importantes implicaciones para la regulación económica y la forma de diseñar las políticas públicas. Por otro lado, el teorema también predice que en situaciones en las que los costes de transacción son significativos, la intervención legal–vía regulación, vía impuestos u otro método estatal–tendrá implicaciones decisivas para el resultado económico, y que esto puede no ser eficiente.

En este contexto, la teoría de Coase sugiere que, en lugar de imponer normativas rígidas, sería más eficiente permitir que las partes implicadas negociaran soluciones a problemas económicos, como la contaminación industrial o el uso de los recursos naturales. Esto permitiría adaptar las soluciones a las circunstancias específicas de cada situación y podría resultar más eficaz que las normativas genéricas.

Además, el teorema de Coase tiene importantes implicaciones para la forma en que se diseñan las políticas públicas. Por ejemplo, en lugar de limitarse a transferir recursos de una parte a otra, las políticas públicas pueden diseñarse para reducir los costes de transacción y facilitar la negociación entre las partes. Esto podría ayudar a lograr soluciones más eficientes y justas.

En esencia, el teorema de Coase es una importante teoría económica que sugiere que en situaciones en las que los costes de transacción son insignificantes, la eficiencia económica puede lograrse mediante la negociación entre las partes, independientemente de las formas jurídicas de propiedad. Esto tiene importantes implicaciones para la regulación económica y la forma en que se diseñan las políticas públicas. Por otro lado, el teorema de Coase advierte de los posibles efectos ineficientes en situaciones en las que la negociación entre las partes se ve dificultada por "n" razones. En estas situaciones -que se dan con frecuencia en el mundo real- Coase advierte de la necesidad de que las políticas públicas sean conscientes de las consecuencias de sus acciones sobre la economía. A partir de esta preocupación por el poder de interferencia legal en los derechos de propiedad entre agentes privados en situaciones de altos costes de transacción, autores posteriores derivaron otros teoremas complementarios al de Coase para expresar mejor el análisis normativo del gran autor. Veremos más sobre esto más adelante.

Los ejemplos anteriores han ilustrado cómo puede aplicarse el teorema de Coase en situaciones cotidianas. Un ejemplo cotidiano de cómo puede aplicarse el teorema de Coase en una situación más compleja es pensar en una urbanización en la que a todos los vecinos les gusta poner la música alta, pero uno de ellos tiene un niño pequeño que necesita acostarse pronto. Si los costes de transacción son próximos a cero, los vecinos podrían negociar una solución que beneficie a todos. Por ejemplo, podrían establecer horarios específicos para poner la música alta, o quizá un pago *adicional para compensar* el cambio de comportamiento.

Una situación algo más complicada es la de una ciudad imaginaria en la que hay mucho tráfico de coches y la gente se queja del ruido y la contaminación. Según el teorema de Coase, las partes implicadas –los conductores y los residentes– podrían negociar una solución que beneficie a ambos, quizá estableciendo horarios específicos para el tráfico de coches o encontrando formas de reducir la contaminación. La complicación surge cuando nos damos cuenta de que existe un "bien público", en el sentido económico, porque negociar con todos los implicados es casi imposible (altos costes de transacción). Como vimos en el apartado 3.4 del capítulo 3, la mala definición de los derechos de propiedad crea un fallo de mercado, porque los costes de transacción son tan altos que el mercado no puede resolverlos de forma natural. En estos casos, puede ser necesaria la intervención del gobierno.

6.1.1. ¿Qué relación existe entre el teorema de Coase y los derechos de propiedad?

La relación entre el teorema de Coase y los derechos de propiedad es que el teorema sugiere que la eficiencia económica puede lograrse independientemente de quién sea el titular de unos derechos de propiedad bien definidos, siempre que los costes de transacción sean insignificantes. Esto significa que, si las partes implicadas pueden negociar eficazmente, la distribución legal de los derechos de propiedad no es tan importante para la eficiencia económica.

El teorema de Coase sostiene que, si los costes de transacción son despreciables, las partes implicadas pueden negociar una solución eficiente, independientemente de quién tenga formalmente los derechos de propiedad. Por ejemplo, si María tiene un jardín precioso, pero la casa de Juan está demasiado cerca y él siempre planta grandes árboles que le impiden verlo, podrían negociar una solución que beneficie a ambos, independientemente de quién sea formalmente el propietario del jardín. Por otro lado, si la negociación privada entre las partes no es posible, el teorema demuestra que la asignación legal tendrá un impacto decisivo en el resultado final –y en tales casos, no siempre estará garantizada una solución eficiente que maximice los beneficios y el bienestar de todos–.

Contrariamente a una interpretación errónea habitual, Coase, en su obra de 1960, dedica mucho tiempo a analizar situaciones en las que los costes de transacción son próximos a cero o insignificantes, pero dedica otro tanto a analizar las repercusiones de la interferencia legal en situaciones en las que dichos costes son relevantes. En estos casos, como muestra el autor, las partes no podrán alcanzar una solución eficiente mediante la negociación y la distribución legal de los derechos de propiedad puede ser importante para el resultado económico. Por este motivo, prosigue el autor, los jueces deben preocuparse por las consecuencias de sus decisiones en los conflictos que se plantean ante los tribunales.

El Teorema de Coase afirma que, si los costes de transacción son insignificantes, la distribución inicial de los derechos de propiedad no afecta a la eficiencia económica, ya que las partes implicadas pueden negociar una solución eficiente mediante acuerdos voluntarios. En cambio, si los costes de transacción son significativos, la negociación cooperativa será imposible y la asignación legal determinará el resultado económico final.

Para comprender mejor la idea de Ronald Coase, debemos aclarar qué son los costes de transacción.

6.2. COSTES DE TRANSACCIÓN

Los costes de transacción son un concepto central de la teoría económica que se refiere a los costes que conlleva la realización de una transacción, es decir, la transferencia de bienes o servicios de un individuo o empresa a otro. Estos costes pueden incluir, por ejemplo, los de negociación, medición, control, garantía y administración. Su importancia radica en que estos gastos afectan a la capacidad de los particulares y las empresas para asignar los recursos de forma eficiente.

Los costes transaccionales pueden clasificarse en dos tipos: costes fijos y costes variables. Los costes fijos son los que no varían con el tamaño o el número de operaciones, mientras que los costes variables son los que cambian en función del número de operaciones. Por ejemplo, el coste de contratar a un abogado para redactar un contrato tipo es un coste fijo, mientras que el coste de enviar una carta a cada comprador es un coste variable.

Los costes de transacción también pueden verse influidos por factores institucionales, como las leyes y reglamentos que rigen las transacciones. Por ejemplo, una regulación excesiva puede aumentar los costes de transacción, mientras que una regulación insuficiente puede generar falta de confianza y aumentar los costes de transacción.

En resumen, los costes de transacción son los que intervienen en la realización de una operación de mercado, con un impacto directo en la eficiencia de la asignación de recursos en la sociedad. Pueden incluir costes de negociación, medición, supervisión, garantía y administración.

6.2.1. ¿Cuál es el problema de los costes de transacción?

El problema de los costes de transacción elevados es que pueden impedir que las partes implicadas lleguen a acuerdos eficientes y, por tanto, asignen los recursos de forma ineficaz. Esto puede dar lugar a problemas como la falta de competencia, la falta de innovación, el uso ineficiente de los recursos y la falta de equidad. Además, unos costes de transacción elevados pueden excluir del mercado a algunas partes, como las pequeñas empresas y las personas con bajos ingresos, que no disponen de los recursos necesarios para soportar estos costes.

Unos costes de transacción elevados también pueden provocar problemas de externalidad, cuando las partes implicadas en la transacción no tienen en cuenta las repercusiones de ésta en terceros. Esto puede provocar problemas medioambientales, sociales y económicos, como contaminación, falta de acceso a bienes y servicios y desigualdad.

Además, unos costes de transacción elevados pueden provocar problemas relacionados con la información asimétrica, en la que una de las partes implicadas en la transacción dispone de más información que la otra, lo que puede dar lugar a acuerdos desequilibrados e ineficaces.

La solución a los elevados costes de transacción puede encontrarse a través de distintos enfoques, dependiendo del contexto específico. Algunos de los enfoques más comunes incluyen la actuación del Estado o del propio mercado:

- **Reducción de costes:** una de las formas más directas de reducir los costes de transacción consiste en reducir los costes fijos y variables de la transacción. Esto puede hacerse, por ejemplo, mediante mejores prácticas de negociación, mejores tecnologías y mejor legislación.
- **Regulación y provisión pública:** la normalización puede utilizarse para reducir los costes de transacción, incluido un sistema jurídico que aumente la confianza y la previsibilidad de las consecuencias legales. Otro enfoque consiste en proporcionar servicios públicos, como infraestructuras de comunicación, para ayudar a reducir los costes de transacción.

El impacto de los costes de transacción en la ley puede ser significativo, ya que pueden afectar a la capacidad de las personas y las empresas para acceder a la justicia, especialmente las que tienen menos recursos. Esto puede provocar problemas de desequilibrio de poder e injusticia. Si el coste de proteger los derechos es elevado, esto puede impedir que los particulares y las empresas protejan sus derechos, especialmente los relacionados con la propiedad intelectual, los contratos y la regulación.

También debemos pensar en los costes de transacción de la norma jurídica, desde su redacción hasta su *aplicación*, que pueden llevar a una regulación excesiva o insuficiente, afectando negativamente a la eficiencia y equidad del mercado. Imaginemos un contrato cuya ejecución sea muy costosa, lo que repercutirá directamente en la cantidad de negocios que se realicen en el mercado.

Los costes de transacción son los costes asociados a la negociación, la contratación y el cumplimiento de un acuerdo entre dos o más partes. Incluyen, entre otros, los costes de información, negociación, supervisión y sanción.

6.2.2. Costes de transacción y teoremas normativos

Muy consciente de la existencia de elevados costes de transacción en diversas situaciones del mundo real (de hecho, Coase fue efectivamente el primer economista que llamó la atención sobre su existencia, mucho antes de que se debatieran los derechos de propiedad, en 1937[1]), Coase evalúa que, en estos casos, la asignación de derechos de propiedad entre partes privadas será prácticamente imposible y dependerá de la asignación legal. Sin embargo, esta última no garantizará que siempre se alcance el resultado eficiente, ni siquiera que sea preferible. Pero el autor deja claro que, pensando en la maximización del bienestar social, la preocupación por la eficiencia *debe* existir para los responsables de las políticas públicas y los jueces cuando juzgan casos de conflictos de

1 Coase, Ronald H. (1937). The Nature of the Firm. *Economica*, 4 (16), 386-405.

derechos de propiedad. Este análisis, muy detallado en la segunda parte del artículo de 1960, es sublimemente presentado por Cooter y Ulen (2010) en forma de dos teoremas normativos:

A. Teorema normativo de Coase: "Estructurar la ley de manera que elimine los impedimentos a los acuerdos privados".

B. Teorema normativo de Hobbes: "Estructurar la ley de manera que se minimicen los daños causados por los fallos en los acuerdos privados".

Cooter y Ulen demuestran que estos dos teoremas normativos se derivan de la interpretación del teorema de Coase, y ayudan a comprender cuál es -en opinión del gran economista- el papel de las leyes y las políticas en situaciones en las que fracasa la negociación privada debido a la existencia de elevados costes de transacción. Las leyes deben intentar reducir estos costes de transacción siempre que sea posible, para permitir la negociación privada siempre que sea posible (teorema normativo de Coase). Sin embargo, cuando esto falla, la ley debe tomar la decisión que minimice las pérdidas de las partes, es decir, la eficiente. En otras palabras, el teorema normativo de Hobbes sugiere que cuando los costes de transacción son elevados y no es posible la negociación privada, la ley debe optar por el resultado más eficiente posible. Se trata de teoremas normativos, porque indican a los responsables jurídicos lo que *debe* hacerse.

6.3. DEFINICIÓN DE LOS DERECHOS DE PROPIEDAD

Ahora, después de analizar la importancia que tiene para la sociedad disponer de unos derechos de propiedad bien definidos, debemos examinar específicamente qué entiende el análisis económico por derechos de propiedad. Tanto más cuanto que ya vimos en el capítulo 3 que la definición de bienes públicos y bienes privados es diferente para la economía.

Para la economía, el término "derechos de propiedad" se utiliza para referirse ampliamente a dos tipos subsidiarios de derechos, los derechos de posesión[2] y los derechos de transferencia[3] . En cuanto al primer tipo, la propiedad se define como un punto de confluencia entre derechos y deberes que repercuten en el ámbito del ejercicio de la posesión, siempre que hablemos aquí de esta subespecie utilizaremos el concepto económico de la nota a pie de página y no el concepto jurídico. Así pues, la noción básica de propiedad abarca una amplia colección de derechos de posesión sujetos a excepciones (Shavell, 2003).

Cuando decimos que una persona es propietaria de un terreno, solemos referirnos a que puede hacer prácticamente lo que quiera en él a lo largo del tiempo, como plantar, construir, dejarlo ocioso, independientemente de la mayoría de las contingencias. También se incluye en esta perspectiva de la propiedad el derecho del propietario a impedir que otros utilicen lo que posee a lo largo del tiempo y en la mayoría de las contingencias.

Sin embargo, los derechos de posesión no son absolutos. Por lo tanto, están sujetos a prohibiciones u obligaciones. En el caso de una prohibición, los derechos posesorios se limitan al tiempo durante el cual un determinado uso produce un perjuicio a terceros. Por ejemplo, la prohibición de que un propietario, en el ejercicio inicial de sus derechos posesorios, mantenga un montón de basura que produzca olores perjudiciales para el vecindario. Del mismo modo, en determinadas condiciones, un propietario puede verse obligado a permitir que otros utilicen su propiedad. Por ejemplo, una situación de emergencia en la que se autoriza a otra persona a refugiarse en sus tierras. En términos económicos, el uso de la propiedad no puede generar externalidades, es decir, consecuencias para terceros.

---

2 Los llamados derechos de posesión permiten a los individuos utilizar cosas e impedir que otros las utilicen. Un derecho específico de posesión es un derecho a cometer un acto específico o un derecho a impedir que otros cometan un acto específico.

3 Estudiado en el capítulo sobre contratos.

En cuanto al segundo tipo subsidiario, los derechos de transferencia se definen por la posibilidad de transferir un derecho posesorio, es decir, la opción de la persona que posee un derecho posesorio de cederlo a otra persona, normalmente a cambio de algo, como estudiaremos en el capítulo 7.

6.3.1. Justificación económica de los derechos de propiedad

Dados los desarrollos conceptuales presentados en el tema anterior, considerando los derechos de propiedad bien definidos (con un propietario identificado), cabe preguntarse: ¿por qué debería haber derechos de propiedad sobre las cosas? Dicho de otro modo, ¿en qué aspectos la protección de los intereses de propiedad sobre las cosas y la capacidad de transferirlos promueven el bienestar social, en sentido amplio?

Una primera justificación de la existencia de derechos de propiedad individualizados es que sirve de incentivo para trabajar (Shavell, 2003). Merece la pena examinar este argumento con cierto detalle. Para ello, consideremos primero un modelo estilizado en el que los individuos producen un bien y en el que la medida del bienestar social es la *utilidad del* bien menos la *utilidad del* trabajo (que es negativa). La determinación de la cantidad de trabajo socialmente óptima está clara en este modelo. Así, para un individuo es mejor trabajar una hora más si y sólo si el aumento de la utilidad de consumir lo que se produciría en esa hora supera la *desutilidad de* su hora extra trabajada.

La cantidad de trabajo socialmente óptima no se realiza en ausencia de derechos de propiedad. Si no existen derechos de propiedad individualizados, los agentes tenderán a no trabajar la cantidad socialmente óptima y el bienestar social será inferior al ideal en el modelo que acabamos de describir debido a problemas con los incentivos de los individuos para trabajar.

A la hora de decidir si trabajar una hora extra, un individuo comparará el aumento de la utilidad de consumir la cantidad adicional de su producción con la *desutilidad de trabajar* esa hora extra. El resultado socialmente óptimo puede alcanzarse con derechos de propiedad.

Similar a la esencia de la primera respuesta, otra posible justificación para indagar sobre los fundamentos económicos de la existencia de los derechos de propiedad son los incentivos para mantener y mejorar las cosas (Shavell, 2003). Se puede ver, por tanto, que cuando los individuos tienen derechos de propiedad sobre cosas duraderas, tendrán una muy buena razón para mejorarlas, dado que las poseerán en el futuro y entonces podrán disfrutar de las ganancias resultantes de mantenerlas y mejorarlas (Ellickson, 1993). El propietario cuidará si la propiedad está bien definida; cuando la propiedad es colectiva, no hay incentivos ni coordinación para un buen cuidado.

Además, una ventaja adicional de los derechos de propiedad es el incentivo a la transferencia de cosas, es decir, la idea de que estos derechos promueven la transferencia beneficiosa y voluntaria de cosas, lo que implica una asignación social más eficiente. De este modo, la ventaja directa de la transferencia de bienes –a saber, el comercio– es que aumenta la utilidad de quienes la practican. Esto puede ocurrir porque las preferencias de los individuos difieren. Si el derecho a transferir no existe, o lo ejerce mal un supervisor poco cualificado, los resultados no son socialmente deseables. Explicaremos este punto con más detalle en el capítulo 7.

Por último, la existencia de derechos de propiedad evita por sí misma una cantidad considerable de disputas y, a su vez, de esfuerzos por proteger o tomar cosas. Tanto las disputas -que pueden incluso implicar conflictos físicos- como los esfuerzos por proteger cosas o arrebatárselas a otros son socialmente indeseables en sí mismos. No sólo porque pueden provocar daños, sino también porque no implican la producción de cosas, sino la probable necesidad de reubicarlas.

6.3.2. División de los derechos de propiedad

La división de los "derechos de propiedad" –recordemos que se trata del concepto explicado anteriormente y no del concepto jurídico– puede ser socialmente valiosa cuando distintas partes obtienen diferentes beneficios de ellos. Esto se debe a que, en igualdad de condiciones, pueden obtenerse ganancias si los derechos se asignan adecuadamente a quienes más los aprovechan. La división de los derechos de propiedad tiene varias ventajas (Shavell, 2003). Un ejemplo es la posibilidad de vender o alquilar parte de la propiedad, conservando otra parte, lo que permite al propietario obtener ingresos adicionales sin tener que vender toda la propiedad.

Otro ejemplo es la posibilidad de dividir la propiedad entre más de una persona, lo que permite que varias personas disfruten de los beneficios de la propiedad sin necesidad de compartirla con otras. Además, la segmentación de estos derechos también puede servir para resolver conflictos entre vecinos, ya que los derechos de vecindad limitan el uso pleno de la propiedad para no generar externalidades, por lo que, como vimos anteriormente en el estudio sobre el teorema de Coase, los vecinos pueden negociar partes del derecho de propiedad para reducir al máximo los conflictos entre ellos, aumentando la satisfacción social.

Sin embargo, existen varios tipos de inconvenientes derivados de la división de los derechos posesorios, o incluso de una división muy segmentada de estos derechos. El primer inconveniente de una división de este tipo reside en la posibilidad de que más de un individuo desee ejercer las mismas facultades posesorias y, por lo tanto, dé lugar a litigios en relación con esos derechos. En una situación hipotética, si muchos individuos tienen derecho a utilizar la piscina del patio trasero de una persona en distintos momentos, aumentarán las posibilidades de que distintas personas deseen utilizar la piscina simultáneamente. Aunque esta dificultad no debería plantearse si la división de los derechos de propiedad es clara, en la práctica esta propuesta estará sujeta a desacuerdos entre observadores y, en consecuencia, puede no funcionar.

También existe otra desventaja. En el caso de los derechos de propiedad divididos, existe la posibilidad de que el uso de una persona entre en conflicto con el de otra. En este escenario, un uso inadecuado daría lugar a una externalidad negativa. Un ejemplo de ello es cuando un agricultor cede el derecho de paso sobre sus tierras a otra persona, que puede, en el ejercicio de su derecho, pisotear los cultivos del agricultor.

Se podría suponer que es típico y socialmente deseable que los derechos de posesión y los derechos a transferirlos estén en manos de la misma parte. Esto se deriva de la expectativa habitual de que el titular de los derechos de posesión tenga tanto los conocimientos como los motivos para tomar buenas decisiones sobre la transferencia de derechos. En el mismo sentido, se entiende que el titular de derechos posesorios tendrá normalmente los conocimientos necesarios para decidir sobre la transferencia, ya que estará familiarizado con las características de la cosa y conocerá naturalmente su valor para sí mismo. Además, es el titular de la posesión quien normalmente tendrá un incentivo socialmente deseable para decidir si transfiere un derecho de posesión, ya que es él quien perderá el beneficio del derecho de posesión si y sólo si decide transferirlo, además de ganar con lo que se le dé en la transferencia. Esto será ideal para muchas situaciones, como vemos en la práctica, en las que una sola persona posee el derecho de transferencia y lo hace de forma más eficiente (Merrill y Smith, 2000).

No obstante, existen circunstancias en las que resulta beneficioso separar los derechos de transmisión -de determinados derechos- de los derechos de posesión propiamente dichos. Una de estas circunstancias se produce cuando el titular de la posesión no tiene los conocimientos o la capacidad intelectual para decidir sobre su transferencia, como cuando un niño posee una propiedad y un fideicomisario adulto tiene derecho a decidir si vende la propiedad, dado que puede tomar mejores decisiones que las que tomaría el niño (Shavell, 2003). Otra circunstancia importante en la que separar los derechos de posesión de los derechos de transferencia puede ser beneficioso se da cuando el titular de los derechos de posesión no tiene un incentivo adecuado para transferirlos. Por ejemplo, supongamos que Zé Gomes alquila una habitación en casa de doña María. Zé no tendría parámetros suficientes para evaluar adecuadamente el carácter de otro inquilino–como, por ejemplo, si hiciese ruido en un ensayo de la banda -, por lo que socialmente puede ser mejor que Zé Gomes no tenga derecho a subarrendar su habitación.

Esto lleva a la conclusión de que es socialmente deseable que los derechos de propiedad se dividan cuando y sólo cuando las ventajas concomitantes superen las desventajas resultantes de la división (Heller, 1999).

6.3.3. Adquisición y transferencia de propiedad

6.3.3.1. Propiedad sin dueño

La realidad práctica también incluye la posibilidad de adquirir bienes que antes no tenían dueño, entre los que se incluyen, por analogía, los bienes abandonados. En este caso, se puede hablar de incentivos dirigidos a una sola parte, y más tarde a varias, por los intentos de explotar cosas anteriormente sin dueño, como peces en el mar, animales salvajes y reservas de petróleo o minerales.

En este escenario, sin embargo, hay que tener en cuenta la agotabilidad inherente a las cosas y, a su vez, la limitación natural del mundo. Basándose en la "tragedia de los comunes", presentada por el matemático William Foster Lloyd y posteriormente por el ecologista Garrett Hardin (1968), la falsa noción de libertad irrestricta en relación con los bienes comunes -y, por tanto, no individualizada en virtud del ejercicio de la propiedad- causa perjuicios a la comunidad cuando va acompañada de un uso desenfrenado e irracional, o incluso de una búsqueda excesiva.

Los ejemplos clásicos de la tragedia de los comunes analizan el consumo excesivo de pescado (todos los pescadores querrán tantos peces como sea posible, yendo más allá del óptimo social), pero podemos pensar en una situación más mundana como una fiesta organizada por varios amigos y a la que cada uno puede llevar tantos invitados como quiera. Si cada amigo lleva demasiados invitados, la fiesta estará demasiado concurrida y todo el mundo se sentirá incómodo; cada fiestero quiere pasar una velada agradable, pero acaba creando problemas para todos. Por eso es bueno para la sociedad que se delimiten los derechos de propiedad. En este caso, podría ser mediante limitaciones de uso o el nombramiento de un titular de derechos.

Siguiendo con el tema de las búsquedas excesivas y los usos no restringidos, consideremos una situación en la que un solo individuo tiene la oportunidad de invertir esfuerzo o recursos para descubrir algo. Será socialmente deseable que el individuo realice una inversión cuando ésta aumente el rendimiento esperado en más de su coste. En resumen, puede decirse que la regla *del que descubre se traduce* en optimización. Está claro que un individuo invertirá de forma socialmente óptima siempre que obtenga el valor total de la cosa si la encuentra (Shavell, 2003).

Teniendo esto en cuenta, hay algunas soluciones posibles al problema de la búsqueda excesiva. Teniendo en cuenta la regla *del que encuentra se queda con lo encontrado,* existe la posibilidad de reducir el rendimiento del descubrimiento concediendo sólo una propiedad parcial a los descubridores, o imponiendo impuestos sobre lo encontrado.

Otra respuesta encontrada radica en el control directo que debe ejercer el Estado sobre el volumen de la actividad de búsqueda –el número de pescadores; la duración de la temporada de pesca–, sus métodos de búsqueda –tamaños de red permitidos; tipos de embarcaciones– o la cantidad de sus recuperaciones. El principal problema de este planteamiento, como el de cualquier enfoque regulador, se refiere a la calidad de la información del Estado sobre la regulación adecuada y a la franqueza de sus normas, dado que, por ejemplo, limitarse a regular el número de pescadores no implica estipular los parámetros y, por tanto, seleccionar a los pescadores más adecuados para la pesca (Dukeminier y Krier, 1998).

A esto se añade la necesidad de identificar el esfuerzo socialmente óptimo para prevenir la pérdida de bienes y recuperar los bienes perdidos. Para ello, nuestro criterio de bienestar social seguirá siendo el valor esperado de la propiedad menos los costes del esfuerzo, incluyendo en la variante de esfuerzo las medidas adoptadas para evitar la pérdida, así como el esfuerzo esperado empleado para recuperar la propiedad perdida. En este escenario, será conveniente considerar en primer lugar el esfuerzo de recuperación socialmente óptimo y en segundo lugar el esfuerzo socialmente óptimo para evitar la pérdida. En otras palabras, la sociedad debe estar alerta para que esta norma de adquisición de bienes por "ocupación" (art. 1263 del Código Civil) no genere una tragedia de los comunes.

Este modelo de cálculo del esfuerzo puede observarse en institutos de Derecho civil, como el "achádego" (art. 1234 del Código Civil). En este caso, cuando una persona devuelve algo que ha encontrado, tiene derecho a recibir una recompensa –calculada en relación con el valor total del objeto devuelto– y una indemnización por los gastos de conservación y transporte del objeto. De este modo, se garantiza la recompensa al hallador del bien, al tiempo que se estipulan las obligaciones que debe cumplir la persona que realmente tiene interés en recuperar el bien perdido. Las demás formas de transferencia de activos se examinarán en el capítulo 7.

6.3.4. Sistema de registro

A continuación, examinaremos un método importante para establecer la identidad de los propietarios: el sistema de registro definido. En este método, se establece un sistema de registro en el que se mantiene una lista de bienes inmuebles, cada uno identificado y asociado al nombre de su propietario. En Brasil, los bienes inmuebles se registran por el sistema notarial desde el siglo XVI, pero este análisis también se aplica al registro de otras entidades, como los vehículos de motor, que se registran en el Detran.

Pero ¿cuáles son las ventajas de este método?

El sistema de registro destaca por promover las transacciones de venta y desalentar el robo. Con este sistema, cuando se venden o revenden cosas, el comprador tiene garantizada la validez de las reclamaciones de propiedad contra los vendedores (Shavell, 2003).

Además de estas ventajas principales, este sistema tiene otros beneficios adicionales. En primer lugar, un registro permite a los propietarios establecer su titularidad ante los acreedores con facilidad, por lo que mejora su capacidad para utilizar sus bienes como garantía de préstamos, así como su capacidad para garantizarlos. Desde el punto de vista estatal, un sistema de registro permite al Estado identificar a los propietarios de bienes valiosos a efectos de recaudación de impuestos. Además, el Estado puede utilizar un registro para identificar a los propietarios –especialmente en el caso de los vehículos en movimiento– con el fin de hacer cumplir las normas de seguridad.

Por un lado, este sistema de registro aumenta los costes de transacción, pero por otro, da estabilidad y seguridad a la propiedad, reduciendo los conflictos. Como se produce un aumento de los costes de transacción, sólo merece la pena que la sociedad implante este sistema para los bienes más valiosos, como inmuebles, aviones, barcos, coches, etc.

6.3.5. Vecindario

La cuestión de la vecindad implica la coexistencia entre terceros, sus propiedades y las posibles externalidades derivadas de sus relaciones. Esta influencia concreta -o probable- no se limita necesariamente a una parte, sino que puede dar lugar a externalidades para varias o muchas partes. Veamos algunos ejemplos comunes de externalidades.

Un ejemplo pionero es (i) la molestia. En esta situación, una persona molesta a sus vecinos con acciones que pueden manifestarse de diferentes maneras: haciendo ruido; produciendo olores desagradables; permitiendo que una mascota mal educada se pasee libremente por una zona común; u otras cosas por el estilo. Como puede verse, esta externalidad suele asociarse a la creación de molestias. En términos objetivos, se define como un efecto externo perjudicial, a menudo contemporáneo -el ruido molesta inmediatamente al vecino que lo oye- y que afecta generalmente a un número reducido de individuos.

Con un alcance más amplio, está (ii) la contaminación. Ésta se produce cuando, por ejemplo, una empresa vierte una sustancia en una masa de agua o en el aire, reduciendo la utilidad de otras personas que utilizan el agua tomada de ese conjunto contaminado o respiran el aire contaminado. Por tanto, este efecto externo se caracteriza por ser nocivo, susceptible de producirse al mismo tiempo o en el futuro, y suele ir asociado a numerosas víctimas.

En el caso de (iii) comportamiento peligroso y generador de riesgo, se da la situación en la que un comportamiento podría generar daños cuando se sitúa bajo determinadas contingencias. En un escenario hipotético, una parte puede actuar de una manera que no implique -con certeza- daños a terceros, pero que en determinadas condiciones particulares podría perjudicarlos. Por ejemplo, una empresa puede dejar que se acumule una cantidad considerable de lodo en una zona de retención, aun cuando esté sujeta a la posibilidad -en caso de terremoto u otra catástrofe natural- de que el material reviente y cause daños a las propiedades vecinas.

En el caso del (iv) uso de un recurso común, se da la situación en la que el acceso a un determinado recurso -como un pasto, un lago o un depósito de petróleo- puede ser disfrutado a veces por muchos individuos. En estos casos, el uso del recurso por parte de una persona puede perjudicar a otras, normalmente agotando o dañando el recurso. Este efecto externo se caracteriza por ser perjudicial, producirse probablemente de forma contemporánea o en el futuro y afectar a varias partes.

Como vimos al principio de este capítulo, estos problemas de externalidades (incluso dentro del derecho de vecindad) pueden resolverse si tenemos unos derechos de propiedad bien definidos y unos costes de transacción bajos, y el Estado debe intentar garantizarlo asignando los derechos de propiedad de la forma más justa posible. Sin embargo, como hemos visto antes, en situaciones en las que no es posible reducir los costes de transacción, el propio gobierno puede actuar para limitar el uso de la propiedad.

PREGUNTAS

1. ¿Cuál de las siguientes no es una función de la propiedad?
   a) Dar a la gente una sensación de seguridad.
   b) Garantizar una distribución equitativa de los bienes.
   c) Promover la eficiencia económica.
   d) Proteger los derechos de propiedad de terceros.

2) ¿Qué idea, según el análisis económico de los derechos de propiedad, analiza las situaciones en las que debe dividirse la propiedad?
   a) Principio de libre mercado
   b) Principio del uso más eficiente
   c) Principio de apropiación
   d) Principio de justicia social

3. ¿Cuál es el principal objetivo del Teorema de Coase?
   a) Establecer criterios para la distribución equitativa de los recursos.
   b) Establecer límites a la propiedad privada.
   c) Establecer un mecanismo para lograr resultados eficaces.
   d) Establecer protocolos para arbitrar conflictos.

4) ¿Qué son los costes de transacción?

a) Tasas impuestas por el gobierno para realizar transacciones.

b) Los costes incurridos durante la negociación entre dos partes.

c) El coste de mantenimiento de la propiedad privada.

d) El valor de mercado de un activo determinado.

5. ¿Cuál de las siguientes preguntas no está relacionada con el análisis económico de los derechos de propiedad?

a) ¿Cuáles son las mejores formas de proteger la propiedad privada?

b) ¿Es más eficiente la propiedad pública o la privada?

c) ¿Cuáles son los efectos de la propiedad privada en la economía?

d) ¿Cuáles son los mejores métodos para redistribuir los recursos?

6. ¿En qué situaciones es útil el Teorema de Coase?

a) Cuando los derechos de propiedad se ceden a una de las partes.

b) Cuando los participantes implicados tienen un bajo coste empresarial.

c) Cuando las partes no están satisfechas con sus asignaciones iniciales.

d) Todas las anteriores.

7. ¿Cuáles son las principales características del análisis económico de los derechos de propiedad?

a) Uso de mecanismos de fuerza privada.

b) Utilización de instrumentos económicos.

c) Uso de sistemas judiciales.

d) Uso de evaluaciones sociales.

8. ¿Cuál es la alternativa correcta, según la AED, sobre el derecho de propiedad?

a) El derecho de una persona a hacer lo que quiera en su propiedad, independientemente del impacto sobre sus vecinos.

b) El derecho de una persona a utilizar su propiedad de forma razonable, sin causar daños o molestias significativas a los vecinos.

c) El derecho de una persona a imponer restricciones arbitrarias a la propiedad de sus vecinos.

d) El derecho de una persona a invadir la propiedad de sus vecinos si lo considera necesario para su propio beneficio.

9) ¿Por qué es importante el derecho de vecindad en el análisis económico del derecho?

a) Porque ayuda a determinar quién es responsable de los daños causados por actividades vecinas.

b) Porque influye en la cantidad de externalidades negativas generadas por las actividades vecinas.

c) Porque determina quién tiene derecho a utilizar las propiedades adyacentes.

d) Porque establece las normas de uso de las propiedades colindantes.

10. ¿Cuál es la principal ventaja del Teorema de Coase?

a) Reducción de los costes de transacción.

b) Establecer un sistema de propiedad eficiente.

c) Establecer límites a la propiedad privada.

d) Establecer criterios para la distribución equitativa de los recursos.

Respuestas:

1–D

2–B

3–C

4–B

5–D

6–D

7–B

8–B

9–B

10–B

REFERENCIAS BIBLIOGRÁFICAS

COASE, R. H. (1937). The Nature of the Firm. Economica, 4 (16), 386-405.

DUKEMINIER, Jesse; KRIER, James E. 1998. Property. Cuarta edición. Nueva York: Aspen Law and Business

ELLICKSON, Robert C. 1993. Property in Land. Yale Law Journal 102:1315-1400.

HARDIN, G. (1968). La tragedia de los comunes. Science, 162(3859), 1243-1248. http://www.jstor.org/stable/1724745

HELLER, Michael A. 1999. Los límites de la propiedad privada. Yale Law Journal 108:1163-1223

MERRILL, Thomas W.; SMITH, Henry E. 2000. Optimal Standardisation in the Law of Property: The Numerus Clausus Principle. Yale Law Journal 110:1-70.

SHAVELL, Steven, Economic Analysis of Property Law (mayo de 2003). NBER Working Paper No. w9695, Disponible en SSRN: https://ssrn.com/abstract=408191.

Capítulo 7.

Análisis económico de los contratos

Un niño de 9 años conocido como Ito vivía en una pequeña ciudad rural, y su padre, Pery, envió al niño a comprar cabras al mercado de la ciudad vecina. Una vez allí, Ito negoció un precio con el vendedor para comprar todo el rebaño, pero el pago tendría que hacerse en su pueblo, a 20 kilómetros de distancia.

El vendedor, entusiasmado por la posibilidad de vender todo el rebaño, acepta la oferta y se dirigen juntos a la granja familiar. Cuando llegan allí, Pery dice que el precio es demasiado alto y que Ito no supo negociar, diciendo que sólo pagaría el 75 % del precio negociado. El vendedor acepta a regañadientes, pero se pregunta qué podría haber hecho para evitar esta situación.

7.1. LA IMPORTANCIA ECONÓMICA DE LOS CONTRATOS

Imaginemos que el joven Mercacildo se encuentra en un mercadillo para comprar naranjas, pero éstas tienen que llegar a su tienda de ultramarinos a finales de mes. En una sociedad no regulada, los costes (incluido el riesgo) de esta transacción serían muy elevados, lo que probablemente impediría que se llevara a cabo. El principal objetivo del Derecho contractual es proporcionar seguridad para que las partes puedan realizar transacciones con confianza mutua.

El Derecho contractual en general es el Derecho del intercambio, que regula y ofrece protección estatal a las negociaciones y transacciones económicas que tienen lugar en el mercado en un momento único (ajustes simultáneos) o durante un período prolongado, de modo que una o ambas partes necesitan actuar en el futuro, lo que significa que las partes necesitan confiar en que se cumplirán las promesas realizadas.

El derecho contractual, por lo tanto, se vuelve más importante de acuerdo con las necesidades de la sociedad capitalista, porque en una sociedad civilizada, los hombres necesitan poder confiar en que aquellos con quienes negocian actuarán de buena fe. En una sociedad en la que el comercio y la industria están muy extendidos, el interés social en la estabilidad de las promesas como institución social y económica adquiere la máxima importancia (Camelo y Pires, 2011).

Mientras que el derecho de propiedad define la configuración de los derechos básicos de producción y el derecho de responsabilidad civil protege estos derechos de la usurpación y la expropiación involuntaria, el derecho contractual establece las normas para el intercambio de derechos individuales. Un valor esencial de una economía de libre mercado es la capacidad de las partes privadas para celebrar acuerdos voluntarios que guíen el intercambio entre ellas. Por lo tanto, las leyes que rigen estos acuerdos tienen una importancia fundamental para el buen funcionamiento de las economías.

Según la racionalidad económica, hay dos razones claras para la existencia de contratos: la razón más directa para utilizar contratos es coordinar acciones independientes en situaciones de equilibrios múltiples, es decir, garantizar que las partes cooperen, en términos de teoría de juegos (como en el dilema del prisionero); una segunda razón es el uso de contratos para realizar intercambios que dependen de acontecimientos futuros.

¿Deberían estar protegidos por ley todos los cambios de propiedad? Si no es así, ¿cuáles deberían ser? ¿Y cómo debería proteger la ley estos cambios? El objetivo de este capítulo es mostrar los fundamentos económicos que justifican la intervención del Estado para regular esta situación.

Como veremos más adelante, la ley debería proteger los casos en los que la cooperación es productiva, es decir, cuando genera valor para la sociedad. Por otra parte, el derecho contractual no suele contemplar situaciones en las que se produce una mera redistribución (por una parte, más inteligente u oportunista).

Cuando se incumple un acuerdo de voluntades, el Estado puede dar fuerza ejecutiva a determinadas promesas imponiendo una determinación a la parte que ha incumplido el acuerdo. Por tanto, el dDerecho contractual se plantea dos cuestiones fundamentales: "¿Qué promesas deben hacerse cumplir?" y "¿Cuál debe ser el recurso legal contra quienes incumplen las promesas exigibles?".

Los intercambios voluntarios son inherentes a la vida en sociedad y los contratos son su instrumento jurídico. En ellos, las partes negocian sus intereses y establecen planes de contingencia para reducir los riesgos naturales de la relación. Para que los contratos tengan éxito, deben estar bien redactados y contar con un grado adecuado de *ejecución*[1] .

Para los economistas, la idea de contrato es algo diferente del concepto jurídico. Para los economistas, basándose en el derecho contractual norteamericano[2] , todo contrato significa intercambio, con la necesidad de *contraprestación,* definiendo un contrato como un acuerdo en el que dos partes se comprometen recíprocamente, siendo un acuerdo de coordinación bilateral. Así, en los últimos 50 años, se ha convertido en una noción central en el análisis económico.

Desde una perspectiva más amplia, cualquier intercambio en el que el cumplimiento sea secuencial requiere algún tipo de compromiso, dado que la parte que cumple primero está concediendo crédito a la parte que cumple después. Pero además, los

---

1 Expresión inglesa que significa la correcta ejecución del proceso de garantizar el cumplimiento de las leyes, reglamentos, reglas, normas y normas sociales. Dado que la traducción es controvertida, a veces nos ceñiremos a la versión en lengua extranjera.

2 Es bien sabido que existen influencias mutuas entre el *Common Law* y el *Civil Law* en el Derecho contractual y societario. En Estados Unidos cada vez hay más leyes escritas, en particular el *Código Comercial Uniforme, mientras que* en Brasil, al igual que en otros países de influencia europea, aumenta la importancia de la jurisprudencia como fuente del Derecho contractual.

contratos pueden ser útiles en escenarios con información imperfecta o incompleta.

En este capítulo, nos ocuparemos básicamente de los contratos cuya ejecución se difiere en el tiempo, es decir, que no son mercados al contado[3], como los mercados al aire libre[4]. En estos casos, las partes se entienden bien sin necesidad de contratos formales. La complejidad procede de la incertidumbre que provocan las situaciones en las que existe un elemento temporal, cuando una de las partes no está segura de sí la otra cumplirá la promesa.

7.1.1. El beneficio del comercio

Existe un entendimiento unánime sobre la importancia de los contratos para los intercambios, independientemente de la raíz jurídica que siga. La mayoría de los intercambios libres y voluntarios son socialmente deseables, ya que toda la teoría económica demuestra que se produce un aumento de la satisfacción (eficiencia) en el conjunto de la sociedad con su realización, por lo que son deseables independientemente del concepto de eficiencia que se adopte. Por lo tanto, es necesario facilitar los intercambios y no desincentivarlos.

Los intercambios tienen gran relevancia para las sociedades contemporáneas porque, según la teoría económica, mediante el intercambio voluntario, las personas implicadas consiguen aumentar al mismo tiempo sus niveles de satisfacción (valor de utilidad): son juegos de suma no nula, es decir, ambos pueden ganar. Para aclarar

---

3 Los mercados en los que los bienes se entregan después de haber sido negociados y pagados en efectivo se denominan mercados *al contado* (o instantáneos). En este tipo de mercados, como las ferias públicas, las partes llegan a acuerdos razonables sin contratos formales, de modo que las ganancias del intercambio son aprovechadas plenamente por los compradores y vendedores de forma instantánea tras la transacción.

4 Para la economía, el contrato es la materialización de un acuerdo que, por estar jurídicamente regulado, hace posible la producción y la circulación de la riqueza. (ARAÚJO, F. Teoria econômica do contrato. Almedina, 2007, p. 13.)

la idea, he aquí un ejemplo sencillo utilizado en muchos manuales de economía y empleado por Camelo y Pires (2011).

Imaginemos que Luciana tiene una bicicleta en buen estado y este bien le genera una satisfacción equivalente a tener 1.000,00 R$ más en su patrimonio. Bradson, por su parte, quiere la bicicleta de Luciana y, para poseerla, está dispuesto a ceder hasta 3.000,00 reales de su patrimonio, es decir, la satisfacción que obtendría Bradson por poseer la bicicleta sería equivalente a 3.000,00 reales. Así que es posible que haya una negociación en la que ambas partes aumenten su satisfacción: Bradson está dispuesto a pagar hasta R$ 3.000,00 y Luciana, a vender por cualquier cantidad superior a R$ 1.000,00. En esta situación, cualquier cantidad dentro de este rango será ventajosa para ambas partes.

Existe un excedente total–una creación de valor–que es lo que las partes ganaron conjuntamente de la negociación[5] . Este valor se obtiene sumando la diferencia entre la cantidad que Luciana recibió y el mínimo por el que estaba dispuesta a vender, y la diferencia entre lo que Bradson estaba dispuesto a pagar y lo que realmente pagó. Por ejemplo, si Bradson pagó 2.500 reales por la bicicleta, tiene un bien que le proporciona una satisfacción equivalente a tener 3.000 reales, con un excedente de 500 reales. Por otro lado, en esta misma transacción, Luciana se volvió más feliz (más rica) por R$1.500,00, ya que vendió por R$2.500,00 un bien que sólo valía R$1.000,00 para ella. En otras palabras, el cambio que hizo aumentó su satisfacción total en 2.000 reales.

La diferencia entre la cantidad que Bradson pagó y la que habría estado dispuesto a pagar se denomina "excedente del consumidor". Y la diferencia entre la cantidad que Luciana vendió y la que habría estado dispuesta a vender es el "excedente del productor". La suma de todos los excedentes es el valor que la sociedad alcanza en la realización del intercambio. Así, el excedente total

---

5 Veljanovski, 2007, p. 111.

(la suma del excedente del consumidor y del productor) es un buen indicador del aumento del bienestar en la sociedad derivado del comercio, porque el concepto de bienestar en la sociedad[6] es la suma de las funciones de bienestar de los individuos[7] .

Vale la pena señalar que el ejemplo anterior sólo es posible cuando el coste de la negociación es muy bajo. Por lo tanto, una de las principales funciones del Derecho contractual es precisamente reducir los costes de transacción.

7.2 ANÁLISIS ECONÓMICO DE LOS CONTRATOS

En la idea contractual clásica, los intercambios se realizan con costes de transacción nulos. Esta concepción inicial[8] partía de la premisa simplificadora de que los contratos son dos individuos que realizan transacciones sobre un bien o servicio concreto en un periodo de tiempo específico. Este modelo, denominado de equilibrio general, resultó ser una herramienta descriptiva insatisfactoria para estudiar las transacciones propiamente dichas (contratos), ya que limita radicalmente las interacciones estratégicas entre los agentes.

Así, la teoría económica de los contratos se originó como un perfeccionamiento de algunos puntos de la teoría del equilibrio general y de los equilibrios parciales (en submercados), centrándose en los fallos del mercado y sus características. Según el análisis económico, los contratos son intercambios de promesas por

---

6 Recordemos que la teoría económica tiende a medir el bienestar a través del concepto de utilidad, que requiere la inclusión de las preferencias individuales para poder medirlo. El término "utilidad" es controvertido, pero suele medirse por la *disposición a pagar*, ya que el dinero que una persona ofrece por un bien es una medida directa de la intensidad de su deseo por esa cosa, por lo que el placer/utilidad está asociado.

7 Kaplow & Shavell, 2002, p.16

8 Conocidos como contratos Arrow-Debreau, tuvieron poca importancia en la teoría económica, siendo sólo un paso hacia la construcción del modelo de equilibrio general.

cumplir, es decir, al menos una de las partes cumplirá la promesa algún tiempo después de haberla hecho. Teniendo en cuenta que el tiempo es el principal factor capaz de generar incertidumbre, puede decirse que los contratos son intercambios que se producen sujetos a incertidumbre.

Puede decirse, por tanto, que la teoría económica de los contratos evolucionó a partir de las limitaciones de la teoría del equilibrio general. Desde esta perspectiva, varios economistas sacaron a la luz en los años setenta esta nueva forma de estudiar las relaciones económicas, lo que se denominó "economía de la información" y economía de los costes de transacción. Así, se desarrollaron instrumentos para navegar por este nuevo dominio. Los contratos empezaron a considerarse en función de los límites impuestos por el entorno institucional vigente, que pueden ser explícitos o implícitos, en función de un sistema de normas de comportamiento.

Aunque hablemos de "economía de los contratos" en términos generales, es importante diferenciar las distintas ramas de la teoría de los contratos, a las que han convergido diversas tradiciones analíticas que se han ido renovando en el proceso, como afirman Brousseau, Glachant y Fares[9] . Las líneas de pensamiento más relevantes que cuentan con modelos de información incompleta se basan en las asignaciones de derechos de propiedad: teoría de los incentivos (TI), teoría de los costes de transacción (TCT), teoría de los contratos incompletos (TCI). Las tres son formas complementarias de analizar el mismo fenómeno, sólo que cambiando de perspectiva.

---

9 BROUSSEAU, E.; GLACHANT, J.; FARES, M. La economía de los contratos y la renovación de la economía. En BROUSSEAU, E.; GLACHANT (Eds.), The Economics of Contracts: Theories and Applications (pp. 3-42). Cambridge: Cambridge University Press. 2002

7.3. FORMACIÓN DEL CONTRATO

Como hemos visto, el Derecho contractual estadounidense se basa en la teoría de la negociación. En efecto, la teoría describe una definición precisa de las condiciones necesarias y suficientes para que el tribunal entienda que se ha producido una negociación. El regateo es un diálogo sobre el valor para que las partes puedan acordar un precio. En el Derecho estadounidense, los teóricos de la negociación especifican tres principios: oferta, aceptación y contraprestación.

Aunque no utilicemos esta nomenclatura en la legislación brasileña, también utilizamos el término "encuentro de voluntades". El artículo 427 del Código Civil se remonta a la tradición clásica de exigir sólo una oferta y una aceptación como reunión de voluntades.

El modelo de competencia perfecta nos lleva a ver que los intercambios libres conducen a mejoras asignativas en la sociedad, es decir, las partes son libres de negociar y no hay fallos de mercado. Es por ello por lo que el art. 104, I del Código Civil establece la obligatoriedad de que los agentes sean capaces, ya que entonces están legalmente capacitados para intercambiar bienes, de lo contrario la ley estaría permitiendo intercambios en los que una de las partes no tuviera forma de entender su curva de indiferencia.

El repaso de la microeconomía que hicimos en el capítulo 2 señalaba tres supuestos sobre la elección racional de los individuos. En primer lugar, un decisor racional puede ordenar los resultados de menor a mayor preferencia. Para poder clasificar los resultados, los responsables de la toma de decisiones deben tener preferencias estables. Si las preferencias del promitente son lo suficientemente inestables o desordenadas, entonces es jurídicamente incompetente e incapaz de celebrar un contrato ejecutable. Por ejemplo, los niños y los dementes son jurídicamente incompetentes.

Así, conviene recordar que una de las principales funciones de los contratos es resolver los problemas de información (ya se trate de selección adversa o, sobre todo, de riesgo moral). Por ello, el artículo 110 del Código Civil establece que una reserva mental no surtirá efecto si la contraparte no tiene conocimiento de ella.

7.4. CONTRATOS INCOMPLETOS: EL PROBLEMA DE LA INFORMACIÓN ASIMÉTRICA

Ante unos costes de transacción bajos, el contrato se convierte en una herramienta perfecta para el intercambio, haciendo realidad el teorema de Coase, es decir, que las partes racionales asignarán los derechos de forma eficiente. En este escenario, todas las contingencias se prevén y los riesgos se internalizan en el contrato; toda la información pertinente se comunica; no quedan lagunas por rellenar. Estos contratos perfectos no presentan enigmas de interpretación, y no requieren más que el deber del Estado de garantizar que un contrato perfecto se cumpla según su significado llano.

Formular un contrato completo que prevea todas las situaciones se convierte en una tarea muy costosa, ya que existen muchas contingencias posibles en relación con acontecimientos futuros. Intentar especificar completamente el comportamiento esperado de muchas posibilidades improbables implica una costosa búsqueda de una ventaja informativa y negociadora sobre su contraparte negociadora. Son estos elevados costes de transacción–resultantes de los problemas de información–los que conducen al predominio de los contratos incompletos.

Como hemos visto, un contrato incompleto es aquel que no prevé todas las situaciones posibles y, en consecuencia, no es verificable *a posteriori* por un tercero, normalmente un juez o árbitro al que las partes puedan eventualmente acudir cuando surjan conflictos. El carácter incompleto de las cláusulas contractuales puede derivarse de diversas circunstancias, como: la racionalidad limitada de las partes y la incertidumbre sobre los acontecimientos futuros; los elevados costes de transacción; etcétera. Por ejemplo, los contratos no suelen prever lo que las partes deben hacer en caso de una catastrófica caída de un meteorito, ya que esto es extremadamente improbable, por lo que es mejor dejar el contrato incompleto.

Los costes de transacción[10] pueden dar lugar a diversos fallos del mercado, como externalidades, desinformación o monopolios. De este modo, las imperfecciones graves pueden conducir a errores en los mercados, creando la demanda de regulación de los contratos. Cuanto más se desvíe la realidad del ideal de racionalidad perfecta y costes de transacción nulos, más fuerte será el argumento para que los jueces regulen las cláusulas contractuales incompletas.

Si dedicamos demasiada energía a intentar predecir y negociar qué partes deben asumir cada uno de los posibles riesgos, el contrato se vuelve tan costoso que puede no merecer la pena, generando una ineficacia en su existencia, desviando el recurso de la transacción por el objeto a gastar más en el medio transaccional. En consecuencia, los costes reales inherentes a la creación de un contrato completo impiden a las partes finalizar la especificación completa del contrato[11] .

Es posible que este carácter incompleto sea el resultado de los costes relacionados con la redacción de contratos contingentes complejos, la racionalidad limitada que hace imposible identificar todas las contingencias y estipular las acciones deseadas en cada contingencia, las asimetrías informativas o la observabilidad y verificabilidad limitadas, según Williamson (1971)[12]. Algunos

---

10 Profundizando aún más en los costes de transacción, Arrow (1951) los considera como los costes de funcionamiento del sistema económico o, en otras palabras, como la fricción en los sistemas físicos. Teniendo en cuenta que el principal coste *ex ante* es el de diseñar el contrato, puede decirse que, en cierto modo, la magnitud de los costes de transacción determinará el grado de incompletitud del contrato.

11 Araújo, Fernando. Teoría Económica de los Contratos. Coimbra, Ed. Almedina, 2007,

12 Williamson, Oliver E. "Transaction-Cost Economics: The Governance of Contractual Relations". The Journal of Law & Economics, vol. 22, nº 2, [University of Chicago Press, Booth School of Business, University of Chicago, University of Chicago Law School], pp. 233-61, 1971.

posibles orígenes de los costes de transacción fueron señalados por Hart y Holmstrom[13]: (1) la predicción de acontecimientos futuros; (2) la definición de cómo hacer frente a tales situaciones; (3) el diseño del contrato de forma suficientemente clara e inequívoca para que se cumplan los términos de este; y (4) el coste legal de su cumplimiento. Estos costes son reales y suelen tener un efecto muy significativo en los contratos a largo plazo.

Al hablar de contratos incompletos, es necesario considerar los costes de transacción del sistema. De hecho, este tema ha cobrado gran relevancia en las últimas décadas, lo que ha permitido hablar de "economía de los costes de transacción". Ésta corresponde al campo teórico multidisciplinar que abarca aspectos como la economía, el derecho y la organización, pero que también establece el problema de los contratos como problema estructural de la economía. Este peculiar pensamiento nació del trabajo de varios autores, siendo Coase y Willianson los responsables de trabajos seminales[14] .

A partir de esta definición estándar de los contratos incompletos, se han desarrollado al menos dos enfoques, según Brousseau y Glachant (2002). El primero se refiere al análisis comparativo de los acuerdos institucionales concebidos para mitigar los efectos del carácter incompleto en los incentivos de rendimiento de las partes, es decir, la investigación de diferentes institutos contractuales y su impacto en la eficiencia contractual. El segundo es un enfoque que se centra en el estudio de las causas del carácter incompleto de los contratos, examinando cómo surgen estas causas y cómo podrían minimizarse. En este capítulo haremos un poco de cada, reflexionando sobre los fundamentos del carácter incompleto y los fallos del mercado, pero también comparando los institutos de otros ordenamientos jurídicos.

---

13 HART, O.; HOLMSTRÖM, B. The theory of contracts. En T. Bewley (Ed.), Advances in Economic Theory: Fifth World Congress (Econometric Society Monographs, pp. 71-156). Cambridge: Cambridge University Press. 1987

14 Coase, R. H. "The Nature of the Firm" Economica, New Series, Vol. 4, N. 16. (Nov. 1937).

7.5. LIBERTADES CONTRACTUALES (ART. 421 Y 421-A)

La cuestión de la libertad contractual es muy debatida normativamente en el ámbito del Derecho contractual: ¿hasta qué punto la contratación privada no regulada tendrá consecuencias sociales deseables?

Un principio fundamental del Derecho contractual más moderno es la libertad contractual. Esto implica tres ideas relacionadas: las partes deben ser libres de elegir a sus socios contractuales; deben acordar libremente los términos de su contrato; y en los acuerdos libremente celebrados, las partes deben cumplir sus negociaciones y los contratos deben ser ejecutables por las instituciones estatales. La libertad contractual prevalece en la medida en que la ley garantiza el uso de los contratos como instrumento de compromiso.

Se apoya el principio de libertad contractual porque conduce a un mayor nivel de bienestar, al ser las partes libres de indicar lo que prefieren. Sin embargo, ante los fallos del mercado, puede sugerirse que se impongan condiciones obligatorias a las partes contratantes o, en determinadas situaciones, que se les deniegue la ejecución de su acuerdo.

Los contratos se han convertido en un objeto e instrumento esencial de las políticas reguladoras destinadas a hacer frente a los fallos del mercado, como el poder de monopolio y los problemas de información. Así, según Camelo y Pires (2011), el derecho contractual puede ser una intervención positiva y deliberada del legislador, dirigida a satisfacer determinados intereses y sacrificar otros, o puede significar una plena libertad negativa, en la que no hay imposiciones legales.

El concepto de libertad contractual implica una serie de consideraciones. Una distinción importante es entre regulación negativa y positiva: en la primera, la ley prohíbe determinados tipos o formas de contratos; en la segunda, la ley determina cómo deben realizarse. Un ejemplo de situación configurada como regulación positiva es el hecho de que la legislación laboral determine que el contrato de prueba debe ser escrito. Si es verbal, el contrato se desnaturaliza como contrato por tiempo indefinido, es decir, la ley determina cómo debe ser el contrato. Por otro lado, la regulación negativa prohíbe una actuación, como es el caso del artículo 426 del Código Civil, que prohíbe negociar la herencia de una persona viva (pacta corvina), es decir, la ley no permite la existencia de un contrato con este tipo de objeto y punto.

La existencia de costes de transacción positivos justifica la creación de normas estándar u obligatorias. Sin embargo, también hay que tener en cuenta los costes de regulación de los contratos. En otras palabras, aunque es posible que la normalización de los contratos privados aumente la eficiencia cuando las partes incurren en costes de transacción, si la regulación no se hace bien, la consecuencia puede ser un aumento de diversos costes.

Para ilustrar esta situación, recordemos el fallo de mercado generado por la restricción de la competencia en el mercado. Para evitar este escenario, las autoridades de defensa de la competencia pueden desaprobar contratos que impliquen efectos potencialmente perjudiciales para la competencia (cláusulas de nación más favorecida, contratos que induzcan comportamientos predatorios o colusiones, etc.). Otro ejemplo claro son los contratos entre una empresa y un acreedor que podrían generar externalidades sobre otros acreedores, ya sea directamente a través de normas de prioridad en caso de quiebra o indirectamente a través de cambios inducidos en los incentivos de gestión.

7.5.1. Normas estándar opcionales

Sabemos que las lagunas en los contratos pueden ser involuntarias o deliberadas. En ambos casos, la propia ley puede establecer un contrato tipo para reducir los costes de redacción de los contratos. Esta norma prefijada puede ser obligatoria o facultativa.

La decisión de dejar lagunas se deriva de los cálculos que pueden llevar a las partes racionales a dejar deliberadamente lagunas en los contratos. Los "riesgos ex *ante" corresponden a los* riesgos de pérdidas futuras a los que se enfrentan las partes al negociar un contrato. Las "pérdidas *ex post" se refieren a las* pérdidas que realmente se materializan una vez celebrado el contrato. En general, las partes de un contrato tienen que elegir entre asignar los riesgos ex *ante* y asignar las pérdidas *ex post, es decir, eligen* entre dedicar tiempo a anticipar el problema y crear una norma previa o dejar la negociación hasta que el riesgo se materialice.

Por lo tanto, siempre que el coste de negociar cláusulas explícitas supere el coste esperado de colmar una laguna más adelante, las partes ahorran dinero dejando las lagunas en los contratos. El coste esperado de rellenar una laguna en el contrato en el futuro es igual a la probabilidad de que se materialice la pérdida multiplicada por el coste posterior de asignarla. La siguiente regla resume estos hechos para minimizar los costes de transacción de los contratos:

Evaluación	Decisión
coste de negociar la pérdida > valor de la pérdida x probabilidad de la pérdida	dejar un hueco
coste de negociar la pérdida ≤ valor de la pérdida x probabilidad de pérdida	rellene el espacio en blanco

Por ejemplo, la mayoría de los contratos celebrados hasta 2019 no preveían una pandemia mundial (covid-19), porque la gente atribuía una probabilidad extremadamente baja al evento y las partes preferían dejar la laguna en el contrato. Para ilustrarlo, supongamos que el coste de negociar una cláusula que previera la covid fuera de 10,00 reales, el valor de la pérdida si ocurriera fuera de 500.000,00 reales y la probabilidad de que ocurriera una pandemia fuera del 0,001 % (es decir, 0,00001). El valor esperado de la pérdida es de 500.000 x 0,00001 = R$5,00, es decir, inferior al coste de la negociación, lo que hace más racional dejar el vacío en el contrato.

Por otra parte, en los contratos para el suministro de un producto que tiene un insumo procedente del extranjero (importado), probablemente merezca la pena asignar quién soporta el riesgo de tipo de cambio.

En presencia de lagunas, el poder judicial aplica los modelos estándar construidos por la ley o la jurisprudencia. En general, siempre que haya consentimiento mutuo, las partes son libres de modificar las cláusulas estándar. Si las partes asignan explícitamente el riesgo, el poder judicial aplica las cláusulas explícitas, aunque contradigan las cláusulas estándar que el tribunal habría utilizado para colmar una laguna.

Cabe señalar que las normas estandarizadas ineficientes pueden causar daños, en función de los costes de transacción creados por estas normas preestablecidas. Si una norma estandarizada es ineficiente, las partes pueden sustituirla por cláusulas contractuales explícitas que sean eficientes, pero tendrán que asumir los costes de transacción de la negociación de estas cláusulas. En cambio, cuando las normas estandarizadas son eficientes, las partes se ahorran el coste de negociar cláusulas explícitas. Cuantas menos cláusulas haya que negociar, más barato será el proceso de contratación. En general, todas las partes de un contrato pueden beneficiarse cuando las cláusulas por defecto ineficientes se sustituyen por cláusulas por defecto eficientes, y la magnitud de los beneficios depende de los costes de transacción que rodean a la norma por defecto.

El análisis económico ofrece una regla sencilla para que el poder judicial identifique normas eficientes: imputar al contrato los términos que las partes habrían acordado si hubieran negociado todos los riesgos relevantes. Se trata del método de colmar las lagunas mediante una negociación hipotética. Para descubrir la negociación hipotética, el tribunal debe determinar la forma más eficiente de cooperación.

7.5.2 Normas obligatorias

A veces, los contratos imperfectos, además de lagunas, contienen cláusulas explícitas que los tribunales ignoran, porque el dDerecho civil puede limitar la libertad de contratar imponiendo determinadas normas contractuales.

Por ejemplo, la renuncia de un consumidor al derecho a demandar por daños causados por un producto defectuoso no es válida, o el tribunal puede sustituir los términos reales de un contrato celebrado por un niño por sus propios términos. No es posible que las partes de un contrato renuncien a cláusulas imperativas o las eliminen o sustituyan de mutuo acuerdo.

7.5.3. Interpretación judicial

En caso de reclamación, el magistrado no tiene que preocuparse de colmar las lagunas de un contrato perfecto, ya que estos contratos deben haber previsto todas las situaciones. Si un contrato se acerca a la perfección, es decir, prevé una solución a la situación planteada, el magistrado debe limitarse a velar por el cumplimiento de sus cláusulas. Sin embargo, a medida que aumentan los costes de transacción, la gente deja lagunas en los contratos. Por tanto, es necesario que los tribunales se anticipen a estas lagunas estableciendo cláusulas estándar eficaces.

7.6. MODIFICACIÓN FÁCTICA SOBREVENIDA E INCUMPLIMIENTO DE CONTRATO

Los contratos de tiempo diferido, que son los que aquí se estudian, conllevan un problema intrínseco de agencia (riesgo moral, estudiado en detalle en el capítulo 3). Por lo tanto, estos contratos deberían contar con instrumentos para revelar información y proporcionar los incentivos adecuados, como en los modelos de evaluación basados en el rendimiento. De este modo, estos factores contribuirían sin duda a reducir las asimetrías y a mejorar los resultados obtenidos.

El principio de divulgación es la idea que impregna la creación de mecanismos para que las partes divulguen la información real lo antes posible, evitando problemas de riesgo moral. Las dos alternativas clásicas para lograr este objetivo son:

- La posibilidad de una renegociación periódica entre las partes sería la primera alternativa. Según el principio de divulgación, este ajuste periódico permitiría alinear satisfactoriamente los intereses de las partes, siempre que estos nuevos acuerdos no impliquen costes prohibitivos. Además, existe un grave riesgo moral que podría generar *retenciones*[15] gastando importantes costes de agencia.
- *El hold up* o espera maliciosa es la situación en la que una de las partes espera demasiado, a propósito, para tener mayor poder de negociación. Es una proyección del *deber de mitigación en el* Derecho contractual.
- La segunda opción es recurrir a un tercero (judicial o arbitral) para corregir los defectos del contrato. Los costes directos o indirectos de esta alternativa pueden resultar prohibitivos. Desde otra perspectiva, la falta de *experiencia* y la indolencia en la resolución de conflictos hacen del Poder Judicial un mal entorno para resolver algunos conflictos contractuales.
- Tiene una estructura organizativa que permite acuerdos contractuales como el derecho a contratos alternativos y específicos. Si consideramos la posibilidad de que algún tipo de árbitro resuelva los conflictos, la segunda hipótesis es aún más destacada. En los sistemas jurídicos en los que existen obstáculos al arbitraje, el litigio es evidentemente la vía que sin duda dificultará más la resolución de los conflictos.

---

15 Situación en la que una de las partes contratantes tiene un alto poder de negociación, en detrimento de la otra.

7.6.1. Incumplimiento de contrato

En caso de que mantener el compromiso sea demasiado difícil para una de las partes, la ruptura del contrato original se produce bajo dos posibilidades: la renegociación y la "ruptura del contrato" (rescisión). La doctrina del derecho civil en Brasil divide la rescisión contractual en resolución (incumplimiento culpable o fortuito) y rescisión (resultante de un acto de voluntad-unilateral o bilateral).

En este capítulo, trataremos la rescisión bilateral como renegociación (que puede ser para finalizar o adaptar el contrato), mientras que la rescisión unilateral y la cancelación (con culpa) como incumplimiento del contrato. La rescisión por fuerza mayor o excesiva onerosidad se analizará por separado.

Cualquier incumplimiento total de lo pactado, para el análisis económico, se considera incumplimiento o *ruptura* de contrato, ofreciendo, en teoría, la posibilidad de autodefensa o impugnación judicial, tanto para la legislación estadounidense como para la brasileña. Sin embargo, para evitar excesos, la justicia estadounidense ha pasado a considerar incumplimiento sólo cuando el incumplimiento alcanza una parte significativa de la *contraprestación, es decir, cuando* el cumplimiento no fue sustancial. En Brasil también se sigue esta lógica, con el instituto del incumplimiento sustancial (REsp. 1.051.270).

En lugar de la judicialización (o el arbitraje) de los términos del contrato, las partes suelen tener a su disposición un mecanismo de autoejecución que pretende garantizar el cumplimiento contractual, mediante una multa estipulada en el propio contrato, como veremos a continuación. Tal y como lo define Benjamin Klein[16] , este instrumento funciona amenazando (con un castigo) con romper la relación por incumplimiento del entendimiento

16 KLEIN, B. The role of incomplete contracts in self-enforcing relationships. En BROUSSEAU, E. & GLACHANT, J. (Eds.), The Economics of Contracts: Theories and Applications (pp. 59-71). Cambridge: Cambridge University Press. 2002.

contractual, es decir, con una multa o similar. Así, las partes contratantes comparan las ganancias a corto plazo (V_1) que pueden obtener incumpliendo el acuerdo contractual, cancelando y pagando la multa (V_2). El cumplimiento está garantizado siempre que el coste de no cumplir sea mayor que el de cumplir:

$$V_1 < V_2$$

Para visualizar esta aplicación, imaginemos que la empresa ABC es una proveedora de medicamentos que tiene un contrato de un año (12 meses) con un hospital para la entrega mensual de los medicamentos, obteniendo un beneficio medio mensual de R$100.000. En el segundo mes, el proveedor tiene un problema de stock y realizar la entrega generaría una pérdida para ese mes de 500.000 reales. ABC tendrá que sopesar si es mejor asumir la pérdida y continuar con el contrato durante los próximos 10 meses o romper el contrato y evitar la pérdida del segundo mes.

La capacidad de compromiso depende de las instituciones contractuales, la reputación de los agentes, la existencia de "rehenes"[17] y las penalizaciones en caso de incumplimiento, que desincentivan a las partes a romper unilateralmente el contrato. Vemos que existe un capital reputacional (en la nomenclatura de Klein) de cada una de las partes que define la eficacia del mecanismo de autocumplimiento. Si existe un capital reputacional suficiente, los agentes no recurrirán a la ejecución judicial, sino a la autoaplicación.

Sin embargo, aunque la conciliación intraparte ofrece ventajas sobre los procedimientos judiciales, no es posible confiar completamente en este tipo de mecanismo, teniendo en cuenta que la magnitud de la sanción privada que puede imponerse por incumplimiento es limitada, V_1, como veremos en el próximo tema.

---

[17] Se trata de activos o títulos de propiedad que pierden la mayor parte de su valor fuera de la relación, por ejemplo, equipos específicos para construir una plataforma petrolífera.

7.6.2. Cláusula penal

Las partes son libres de decidir cómo resolver el incumplimiento del contrato. En otras palabras, es la aplicación del Teorema de Coase a las normas contractuales, pudiendo las partes negociar una multa convencional (cláusula penal) en caso de incumplimiento.

Esta multa convencional equivale a una liquidación anticipada de daños y perjuicios, prevista por las partes en el propio contrato, que indica la cantidad que una parte debe pagar en caso de incumplimiento.

Los artículos 920 y 412 del Código Civil brasileño establecen que las cláusulas penales no pueden superar el valor de la obligación principal. Más allá de este límite, el poder judicial puede, según el artículo 413 del Código Civil, reducir "equitativamente por el juez si la obligación principal se ha cumplido en parte, o si el importe de la pena es manifiestamente excesivo, teniendo en cuenta la naturaleza y el objeto del negocio." Esta norma crea una gran incertidumbre entre las partes contratantes y es un incentivo para nuevos pleitos (las normas abiertas fomentan los pleitos), lo que reduce la utilidad de las cláusulas penales en términos de eficacia.

Si fuera posible que las cláusulas penales superaran el valor del contrato, sería una señal importante de la fiabilidad del prometido. Al comprometerse a pagar más que el valor del daño, denota que su promesa es creíble.

El Estado debe garantizar las cláusulas contractuales que las partes han acordado voluntariamente en el momento de constituir la relación. Los acuerdos de este tipo son capaces de generar riqueza y promover el bienestar de las personas y la sociedad, por lo que son eficientes en el sentido de Pareto.

7.7. TUTELAS

En caso de incumplimiento de contrato, ¿cómo puede actuar el poder judicial? ¿Cuál debe ser la reparación en caso de incumplimiento de las promesas ejecutables? Los jueces y tribunales pueden, por ejemplo, definir la ejecución específica de la obligación (ejecución específica, cumplimiento específico); la indemnización por daños y perjuicios; la restitución del bien. Por su parte, corresponde a las partes estipular estos mismos remedios y, además, una cláusula penal (multa) como consecuencia del incumplimiento del contrato o del retraso en el cumplimiento. Además, en lugar de prever una obligación de carácter material (pagar daños y perjuicios, cumplir específicamente la obligación, devolver los bienes), pueden establecer un procedimiento para resolver un litigio derivado del contrato, como el arbitraje o la mediación del conflicto.

Como veremos, una forma es mirar al acreedor y analizar qué beneficio habría obtenido si se hubiera cumplido la promesa. El cálculo de la indemnización según esta fórmula implica responder a la pregunta contrafáctica: ¿En qué medida se habría beneficiado el acreedor si se hubiera cumplido la promesa? La pregunta contrafáctica se refiere al beneficio que el acreedor podía esperar razonablemente del cumplimiento de la promesa. Se denomina daño esperado.

Brasil sigue la tradición alemana (y la de los países de Derecho *civil, con* excepción de Francia), donde se favorece el cumplimiento específico de la obligación. En los países de *common law* y en Francia, la práctica es que el incumplimiento del contrato conlleva la indemnización de la parte perjudicada mediante daños y perjuicios *esperados.*

La disposición relativa al cumplimiento específico de la obligación se materializa en el artículo 499 de la Ley de Enjuiciamiento Civil. Así pues, la conversión en daños y perjuicios es una alternativa subsidiaria: sólo debe producirse si el demandante (acreedor) lo solicita, o si es imposible el cumplimiento específico o su equivalente práctico.

Según Fuller y Eisenberg (2001), la reparación específica en los países *de common law* sólo suele concederse cuando los bienes son infungibles. Además, puede incluir el pago del valor del contrato más daños y perjuicios u otras medidas que el tribunal considere apropiadas. Las razones prácticas por las que los tribunales estadounidenses no recurren al *specific relief* es que ofende a la noción de libre albedrío obligar a las personas a cumplir los contratos[18]. Además, va en contra del interés y la eficacia del poder judicial, al aumentar el trabajo de supervisión del cumplimiento de las obligaciones en los casos en que el desagravio específico se prolonga en el tiempo.

7.7.1. Daños

Cuando se trata de indemnizar daños y perjuicios, es necesario saber qué es lo que se indemniza, es decir, hay que preguntarse en qué consistió el daño y cuál fue su magnitud. A este respecto, según el análisis económico de los contratos, es posible examinar el daño y su medición utilizando tres parámetros alternativos.

En los países que siguen la regla de la indemnización *en dinero en* caso de incumplimiento de contrato, existen, según Blackburn *et al.* (1991), existen las siguientes formas de estimación: la más tradicional es la indemnización *por expectativa* ***(expectation* damages)**, que se calcula colocando a la víctima en la posición financiera en la que se encontraría si el contrato se hubiera cumplido; la indemnización por *dependencia* ***(reliance* damages)**, que se calcula colocando a la víctima del incumplimiento en la misma posición en la que se

18 En el simbólico caso Copylease Corporation of America contra Memorex Corporation, el tribunal estadounidense fue muy claro al afirmar que el cumplimiento específico sólo era posible si el activo en cuestión era único e insustituible.

encontraría si el contrato nunca se hubiera celebrado; y la **indemnización por** *restitución* ***(restitution*** **damages)**, cuyo objetivo es colocar a la parte que incumplió el contrato en la posición en la que se encontraría si el contrato nunca se hubiera acordado.

7.7.1.1. Daños esperados

Esta medida, denominada indemnización por daños y perjuicios, se basa en la expectativa de cumplimiento. Así, la indemnización por daños y perjuicios debe hacer que la parte perjudicada sea indiferente entre el cumplimiento y el incumplimiento del contrato.

El uso de la expresión "daño de expectativa" no es común en el derecho brasileño y es un concepto mucho más amplio que el de lucro cesante. La idea del daño de expectativa puede ser entendida en Brasil a través de la hipótesis de la indemnización perfecta. Indemnizar perfectamente a alguien por el incumplimiento de un contrato significa pagar a la parte perjudicada todo lo necesario para hacerla indiferente entre el cumplimiento y el incumplimiento. En cierta medida, los artículos 389, 402 y 404 del Código Civil recogen la idea de la indemnización perfecta.

Aquí cabe destacar el instituto de la pérdida de chance, pues la posibilidad de ganancia (aunque esté pendiente de una probabilidad de ocurrencia) forma parte del patrimonio jurídico y, por lo tanto, debe formar parte de la indemnización perfecta, como destacó el juez Sanseverino del STJ en el REsp 1.291.247.

Según el Código Civil brasileño, los daños y perjuicios incluyen no sólo lo que ha perdido la parte indemnizada, sino también lo que ha perdido ella. También incluye la corrección monetaria, los intereses de demora y los honorarios del abogado. Sin embargo, en Brasil no es común que la parte perjudicada sea indemnizada por el tiempo que pierde en una acción judicial por daños y perjuicios, ni por los honorarios contractuales del abogado. Por lo tanto, es correcto afirmar que, en Brasil, los perjudicados por un incumplimiento contractual no tienen derecho a una indemnización perfecta, de modo que el daño causado por la expectativa no queda suficientemente compensado.

7.7.1.2. Daños a la confianza

La noción de daño por confianza se basa en la fiabilidad del cumplimiento contractual. Así, el agente puede realizar inversiones sin verse frustrado por el incumplimiento (ruptura) del acuerdo.

Imagina que una promoción de licenciados en Derecho contrata a una empresa para que organice su fiesta de graduación. Confiando en la empresa para organizar la fiesta, los estudiantes compran ropa, contratan una banda, fotógrafos, etc. En este escenario, si se incumple el contrato, se pierde la razón de ser de la banda y las fotos, por lo que el incumplimiento del acuerdo es un desperdicio de la inversión resultante de la confianza en su cumplimiento.

En este contexto, para evaluar el daño, el parámetro establecido debe ser considerar la circunstancia que se habría producido si las partes no hubieran contratado nada. Así, si las partes no hubieran contratado la organización de la fiesta, el contratante no habría contratado al grupo de música y a los fotógrafos. Por lo tanto, lo que determina la cuantía de la indemnización por confianza es precisamente la diferencia entre las situaciones posteriores y anteriores a la firma del contrato.

El punto de referencia no es el cumplimiento, sino la celebración del contrato. En otras palabras, si el daño se indemniza mediante fideicomiso, se devolverá a la parte perjudicada a la situación en que se encontraba antes de la celebración del contrato, lo que no debe confundirse con ponerla en la situación en que se habría encontrado si el contrato se hubiera cumplido.

7.7.1.3. Daños de restitución

El daño de restitución que debe indemnizarse puede determinarse en función del coste de oportunidad implicado, porque al contratar se produce una renuncia a contratos alternativos. En otras palabras, quien contrata sacrifica la oportunidad de celebrar otro contrato, y el contrato alternativo es el coste de oportunidad. Por lo tanto, la referencia para calcular los daños y perjuicios es la oportunidad de celebrar otro contrato.

El punto de referencia para medir la indemnización por daños y perjuicios es el mejor contrato alternativo al contrato roto. Así, siendo el coste de oportunidad el criterio para calcular la indemnización, el perjudicado será indiferente entre el contrato roto y la mejor alternativa a dicho contrato. Según Cooter y Ulen (2015), el daño por coste de oportunidad se caracteriza como un tipo de daño de confianza, ya que el agente no consigue celebrar un contrato alternativo al de confianza.

No es común en el mundo jurídico nacional que se compensen los costes de oportunidad. El ejemplo que más se aproxima a la compensación del coste de oportunidad se da en el Derecho de Consumo, cuando se compensa la pérdida de tiempo útil del consumidor, considerado como el tiempo que el consumidor pierde, por ejemplo, para resolver problemas con los bienes y servicios que ha contratado (con agentes de telemarketing, esperando asistentes técnicos en su domicilio, etc.), lo que se conoce como "teoría de la desviación productiva del consumidor" citada en la sentencia del REsp 1.634.851.

7.7.1.4. Comparación de daños

Para ilustrar estos parámetros juntos, imaginemos que un inversor contrata a una constructora para construir dos edificios (uno por valor de 900.000 reales y otro por valor de 600.000 reales) con un coste total de 1,5 millones de reales por toda la mano de obra y los materiales. Al constructor le costará 450.000 reales construir el primer edificio, que tiene un valor contractual de 900.000 reales. Antes de que el constructor empiece el segundo edificio, que costaría a la constructora 400.000 reales, el inversor rescinde el contrato:

- Si el contrato se cumpliera en su totalidad, el constructor obtendría un beneficio de 650.000 reales. Por lo tanto, se necesitarían 1,1 millones de reales (el beneficio que habría obtenido sobre el total más el coste de construcción del primer edificio) para situar al constructor en la posición en la que estaría si se cumpliera en su totalidad, es decir, este sería el importe de los daños *esperados*;
- El constructor gastó 450.000 reales para construir el primer edificio, por lo que sería necesario pagar esta cantidad para ponerlo en la situación en la que habría estado si el contrato nunca se hubiera hecho–esto es *daños de dependencia*;
- El inversor recibió un edificio con un valor de mercado de 900.000 reales, que no habría tenido si no hubiera firmado el contrato. Se trataría, pues, de una *indemnización por daños y perjuicios.*

Sin embargo, es importante subrayar que toda la teoría de la indemnización por daños y perjuicios señala que, para garantizar un mayor nivel de eficacia, hay que pagar daños y perjuicios:

a) ser calculable con razonable certeza, ya que la incertidumbre es un problema frecuente en los daños por lucro cesante;

b) razonablemente previsible[19] ;

c) La víctima del incumplimiento de contrato debe tomar medidas razonables para mitigar el daño (*deber de mitigar*), por ejemplo, si una fábrica encarga cuero y se da cuenta de que

---

19 Existe la clásica jurisprudencia de Hadley v. Baxendale, 156 Eng. Rep. 145 (1854), en la que el propietario de un molino tenía una varilla rota, por lo que contrató la entrega de una nueva. Sin embargo, la empresa vendedora incumplió la entrega, prolongando el tiempo que el molino permaneció cerrado. El propietario del molino demandó al contratista incumplidor por lucro cesante debido al excesivo tiempo que la empresa permaneció cerrada, pero el tribunal desestimó la demanda porque el demandado no tenía forma de saber que el molino estaba cerrado.

el proveedor no va a entregarlo todo, debe actuar para conseguir un proveedor alternativo.

La indemnización por daños y perjuicios basada en expectativas es considerada por la teoría económica como una medida eficiente. Se trata de una medida de daños más relacionada con el concepto de indemnización perfecta (del valor subjetivo o valor de amenaza atribuido por el acreedor al objeto del contrato). Este tipo de indemnización deja al perjudicado en la posición en la que se encontraría si el contrato se hubiera cumplido, haciéndole indiferente su cumplimiento o incumplimiento. Desde este punto de vista, la equiparación del cumplimiento del contrato al incumplimiento (es decir, del cumplimiento al incumplimiento) ofrece incentivos eficientes para que el promitente cumpla o incumpla el contrato, según le interese más. Además, incentiva eficazmente al promitente a tomar precauciones para evitar el incumplimiento, es decir, a actuar para evitar el incumplimiento del contrato.

Si la primera parte contratante sabe (de antemano) que la medida de compensación será una indemnización basada en expectativas, no tendrá ningún incentivo para invertir en el cumplimiento del contrato. Este fenómeno se conoce como la "paradoja de la indemnización", porque el promitente tiene incentivos para cumplir el contrato, pero el promitente no. En otras palabras, es imposible desarrollar una protección óptima (perfecta) de los contratos.

Así, la compensación perfecta crea incentivos para que quien recibe la promesa confíe demasiado en el cumplimiento del contrato, sin tener que gestionar ningún riesgo.

La paradoja de la indemnización tiene dos soluciones. La primera, que aún no se ha verificado en el mundo real (es una hipótesis académica), consiste en "antiseguro[20] ", mientras que la

---

20 Se trataría de un nuevo contrato que obliga al promitente a pagar una indemnización por incumplimiento a un tercero, no al promitente. A cambio del derecho a la indemnización, el tercero paga al promitente y éste al promitente antes de que se produzca el cumplimiento o el incumplimiento.

segunda se basa en no indemnizar el exceso de confianza del prometido, reforzando la idea del deber de mitigar.

7.7.2. Protección específica

El cumplimiento específico se refiere a la determinación del cumplimiento de la obligación contractual del promitente (dar, hacer o no hacer). En este sentido, si ha firmado un compromiso de reparar un coche para el promitente, el cumplimiento específico consistirá en reparar el vehículo.

Al diferenciar el cumplimiento específico de la indemnización por daños y perjuicios, el análisis económico plantea la siguiente pregunta: ¿cuándo es preferible la determinación del cumplimiento específico a la indemnización por daños y perjuicios?

La primera respuesta es que el cumplimiento específico de la obligación debe ser el remedio cuando el incumplimiento contractual no tiene un sustituto cercano al objeto de la obligación. En otras palabras, si la obligación no es fungible (no hay bienes homogéneos), el cumplimiento debe ser específico. Por ejemplo, si se contrata a un grupo musical famoso para una actuación, no es fácil cambiarlo, por lo que el cumplimiento debe ser específico.

¿Por qué no procede la indemnización por daños y perjuicios en estos casos de bienes (o servicios) con pocos sustitutos? El problema radica en la imposibilidad de medir las valoraciones individuales del objeto de la obligación. Cuando la obligación afecta a bienes con sustitutos cercanos, hay mayor objetividad (porque hay un mercado más cercano a la competencia perfecta). Por ejemplo, un coche deportivo tiene muchos sustitutos, por lo que existe una valoración media de mercado; en cambio, si hablamos de una escultura de un artista, la valoración es mucho más difícil (con grandes variaciones).

Además, cabe señalar que el cumplimiento específico facilita al poder judicial la medición del importe de la indemnización debida.

En este contexto, el análisis económico recomienda que la elección de la solución jurídica para el incumplimiento de contrato sea la siguiente: cuando el cálculo del importe de la indemnización por incumplimiento de contrato sea demasiado complejo, es preferible que la solución contractual sea el cumplimiento específico de la obligación.

7.8. EXCUSAS PARA NO CUMPLIR EL CONTRATO

El derecho civil brasileño inhibe diversas situaciones que la doctrina civil denomina vicios de la voluntad y vicios sociales. Estas situaciones están consagradas en la legislación y en la jurisprudencia debido a un fundamento económico. ¿Recuerdan cuando preguntamos al inicio del capítulo cuáles son los acuerdos que la ley debe apoyar? Las situaciones aquí estudiadas son circunstancias que no generan mayor satisfacción para la sociedad, por lo que generan negocios jurídicos anulables.

El Código Civil enumera: Error, Malicia, Coacción, Estado de Peligro, Injuria, Fraude contra acreedores y Simulación. Estas situaciones se conocen como excepciones de formación y se refieren a la posibilidad de que las partes aleguen ante los tribunales que no existían los elementos necesarios para la ejecución de una obligación contractual cuando la firmaron. Esto se debe a que una o ambas partes contratantes expresaron preferencias que no se basaban en actitudes racionales, o porque fueron tomadas por agentes que no tenían capacidad para expresarlas de forma ordenada, o porque se adoptaron en situaciones capaces de restringir la libertad efectiva de una de las partes.

La buena fe es importante en los contratos, pero como los agentes son racionales, el sistema jurídico debe ofrecer incentivos claros para la cooperación. Así, las partes suelen tener un deber positivo de revelar información, denominado "deber de revelación". En los contratos, el vendedor está obligado a advertir al comprador de los peligros ocultos asociados al uso del producto, aunque esta información pueda hacer que no haya trato. Por ejemplo, el fabricante de un medicamento debe advertir al usuario de los efectos secundarios.

Si una de las partes no dispone de información esencial sobre el objeto del contrato y ha negociado sin la información adecuada, dicho contrato es anulable. Se trata de una situación denominada **error**, recogida en los artículos 139 y siguientes del Código Civil. Dicho de otro modo, los contratos que se derivan de una información incorrecta no conducen necesariamente a un nivel más eficiente (como vimos al principio del capítulo). Un buen ejemplo de ello es el caso de alguien que compra el chasis de un coche, pensando que se trataba de un vehículo completo.

En el supuesto de que el beneficiario de la promesa la haya obtenido mintiendo, el incumplimiento de la promesa se justifica por **dolo**, regulado en los arts. 145 y ss. del Código Civil. La ley no impide la creación de argumentos favorables, denominados *dolus bonus,* pero existe una clara prohibición de inducir a cometer un ilícito, incluso mediante el silencio. Es el caso de un vendedor que afirma que un bolígrafo es de oro, cuando en realidad es de otro metal.

La causa de nulidad por dolo tiene como objetivo promover la confianza de las partes en cuanto a la autenticidad de las informaciones que pasan por los acuerdos. Como señalan Porto y Garoupa (2020), al ser conscientes de que el contrato será anulado si se basa en información no veraz -o en la omisión de información veraz necesaria para la buena marcha del negocio (artículo 147 del Código Civil)- durante la fase de negociación del contrato, las partes podrán confiar en la información que intercambian entre sí. Esto conduce a una reducción de los costes de transacción (el coste de obtener y validar la información).

El conjunto de opciones de los decisores racionales está moderadamente restringido (puesto que los recursos son escasos). Además, existen situaciones de restricciones terribles que destruyen la libertad de acción y, en estas situaciones, el incumplimiento de promesas debe excusarse. El incumplimiento de la promesa se justifica por la **coacción**, regulada en el artículo 151 y siguientes del Código Civil, si el beneficiario de la promesa la ha obtenido mediante amenazas, ya que no ha habido libre manifestación de voluntad. El ejemplo clásico es el de la película "El Padrino", cuando los delincuentes hacen ofertas de contrato que "no se pueden rechazar" porque la víctima firma el contrato con una pistola apuntándole a la cabeza.

También conviene recordar que los mercados competitivos contienen suficientes compradores y vendedores para que cada persona tenga muchos socios comerciales alternativos. Por el contrario, el oligopolio limita los socios comerciales disponibles a un número reducido, y el monopolio limita los socios comerciales disponibles a un único vendedor. Estos mercados generan ineficiencias para la sociedad y pueden justificar la intervención en estos contratos. Este poder de monopolio puede ser situacional, es decir, sólo en la relación concreta. Esto restringe el abanico de opciones de la parte contratante hasta tal punto que no debería ser fomentado por el Derecho contractual. El caso extremo es el **estado de peligro,** art. 156 del CC, en el que una de las partes contrata únicamente para salvarse a sí misma o a alguien cercano.

El ejemplo clásico es el de una persona que se está ahogando y un barco que pasa dice que sólo la rescatará si paga todas las posesiones del ahogado. Las promesas extraídas en una situación de peligro para una de las partes proceden de amenazas de destrucción de riqueza.

En un escenario de socios comerciales, la negociación puede llegar a ser bastante unilateral. En general, según la teoría de la negociación, los jueces tienen el papel de limitarse a cumplir las promesas negociadas y no cuestionar si los términos eran justos. Sin embargo, en situaciones excepcionales, es posible que los jueces examinen los términos sustantivos de los contratos. Cuando un contrato parece injusto y esta injusticia se debe a la inexperiencia o a la extrema necesidad de una de las partes, el acuerdo puede anularse alegando que ha habido **lesión,** tal como se regula en el artículo 157 del Código Civil. La lesión corresponde a un contrato que es muy desigual y que se ha construido de tal manera que da lugar a ineficacias. Se basa en proteger la inexperiencia e ignorancia de los particulares, valorando la proporcionalidad que existe en las cuotas asumidas por el promitente y el promitente. Protege contra la mala fe que puede poner en peligro la formación futura de los mercados.

Pensemos, por ejemplo, en un drogadicto que, bajo los efectos de un alucinógeno, decide vender su reloj Rolex por un precio muy inferior al valor de mercado para pagarse una copa. Supongamos que el drogadicto lo vende por 1.000,00 reales (mil reales), aunque el valor de mercado de su reloj sea de 15.000,00 reales (quince mil reales). ¿Crea riqueza un negocio así? ¿O sólo redistribuye debido a una limitación de conciencia? En este caso, no merece protección legal, porque el adicto posiblemente no vendería el reloj por ese precio.

En general, a los economistas no les gusta la idea de que los jueces puedan examinar subjetivamente la proporcionalidad de las cuotas asumidas por la parte, ya que esto puede conducir a una mayor incertidumbre (que genera mayores costes de transacción en el mercado). Un buen ejemplo de ello es el mercado del crédito bancario, que ya ha visto tanta intervención. Esto no hace sino aumentar los tipos de interés (el precio de los préstamos).

Además de estos vicios de la voluntad, que afectan a la forma de elegir (ya sea por monopolio situacional o por asimetrías de información), existen vicios sociales que tienen un efecto externo sobre el contrato, una clara situación de externalidad negativa. Los tipos de vicios sociales son el **Fraude contra los acreedores** y la **Simulación** (art. 158 y ss. y art. 167 del Código Civil).

Así, tenemos institutos que pretenden garantizar la calidad de las manifestaciones de voluntad (coacción, estado de peligro y perjuicio) y otros que evitan los problemas de información asimétrica (error y dolo). El primer grupo pretende garantizar que la voluntad de las partes se ha expresado con total libertad, sin que la urgencia de la situación lo impida. De este modo, además de no generar riqueza, expresan el potencial de destruir riqueza. El segundo grupo sólo pretende permitir que se tomen decisiones en presencia de la información esencial, evitando elecciones basadas en premisas falsas.

Institutos contractuales	Incumplimiento de contrato
Incapacidad; Coacción; Lesiones; Estado de peligro	Racionalidad individual
Error; Malicia;	Asimetría de la información
Lesiones; estado de peligro	Monopoly
Fraude contra los acreedores; Simulación	Externalidad

7.8.1. Renuncia al cumplimiento con extinción

La principal hipótesis de incumplimiento justificado es la concurrencia de circunstancias imprevisibles o de fuerza mayor que creen una imposibilidad física o jurídica para el cumplimiento del contrato. En estos casos, al tratarse de una situación imprevista, el contrato se resuelve sin imposición de multas. El fallecimiento de una de las partes contratantes también debe incluirse en este grupo, ya que se hace imposible cumplir el contrato.

Por ejemplo, un cirujano puede prometer realizar una operación, pero si no se rompe la mano antes de la intervención programada. Si una promesa hecha de buena fe no puede cumplirse por causas del destino, el incumplimiento de la promesa puede excusarse por imposibilidad. Por ejemplo, un fabricante puede ser excusado de cumplir sus contratos porque su fábrica se incendió. En general, la doctrina de la imposibilidad se aplica a los acontecimientos improbables que impiden el cumplimiento. En el próximo capítulo analizaremos la asignación óptima del riesgo de tales sucesos.

PREGUNTAS

1) ¿Qué utilidad puede tener el análisis económico del Derecho contractual para los profesionales del Derecho?

a) Profundizar en el conocimiento del comportamiento de las personas en relación con los contratos.

b) Profundizar en el conocimiento del comportamiento de las empresas en relación con los contratos.

c) Profundizar en el conocimiento del comportamiento de la Administración en materia de contratos.

d) No es útil para los profesionales del Derecho

2) ¿Para qué sirve analizar los aspectos económicos del Derecho contractual?

a) Comprender cómo afectan los contratos a la economía

b) Comprender cómo afecta la economía a los contratos

c) Diseñar normas que incentiven contratos más eficientes

d) Todas las anteriores

3 ¿Cuál es la principal ventaja de la libertad contractual?

a) Permite a las partes implicadas en el contrato definir los términos que mejor se adapten a sus necesidades.

b) Reduce el riesgo de impago.

c) Facilita la aplicación de sanciones en caso de incumplimiento del contrato.

d) Garantiza la protección del consumidor.

4) ¿Qué papel desempeñan las sanciones en los contratos?

a) Garantizan que las partes implicadas en el contrato asuman las consecuencias de sus actos.

b) Protegen a las partes más débiles en la negociación.

c) Contribuyen a reducir el riesgo de incumplimiento del contrato.

d) Facilitan la resolución de conflictos entre las partes implicadas en el contrato.

5) ¿Qué es una "inversión específica" en un contrato?

a) Una inversión que puede utilizarse en diferentes contratos.

b) Una inversión que es específica para un contrato concreto y no tiene valor en otras actividades.

c) Una inversión que realizan las partes implicadas en el contrato para aumentar su poder de negociación.

d) Una inversión que realizan las partes implicadas en el contrato para cubrir los costes de la transacción.

6) ¿Cómo afecta la presencia de inversiones específicas al incumplimiento de un contrato?

a) Evita el incumplimiento del contrato.

b) Reduce los daños esperados en caso de incumplimiento de contrato.

c) No influye en los daños por expectativas en caso de incumplimiento de contrato.

d) Aumenta los daños por expectativa en caso de incumplimiento de contrato.

7) ¿Qué es un incumplimiento eficaz de contrato?

a) El incumplimiento de contrato que minimiza las pérdidas de las partes implicadas.

b) El incumplimiento de contrato que maximiza las pérdidas de las partes implicadas.

c) Incumplimiento de contrato que sólo beneficia a una de las partes implicadas.

d) El incumplimiento del contrato que impide que continúe la relación entre las partes implicadas.

8. ¿Qué es un "coste de salida" en los contratos?

a) El coste de producción del bien o servicio objeto del contrato.

b El coste del control del cumplimiento del contrato.

c) El coste de la negociación entre las partes implicadas en el contrato.

d) El coste de poner fin a la relación entre las partes implicadas en el contrato.

9 ¿Qué es un contrato incompleto?

a) Un contrato en el que las partes implicadas no definen todos los términos y condiciones del acuerdo.

b) Un contrato en el que las partes implicadas no cumplen todas sus obligaciones.

c) Un contrato en el que una de las partes implicadas no dispone de información suficiente para tomar una decisión con conocimiento de causa.

d) Un contrato en el que las partes implicadas no tienen el mismo poder de negociación.

10. ¿Cuál es la principal ventaja de los contratos incompletos?

a) Permiten a las partes implicadas en el contrato adaptarse a los cambios de circunstancias con un coste menor.

b) Reducen el riesgo de impago.

c) Garantizan el cumplimiento de todas las obligaciones asumidas por las partes.

d) Eliminan la necesidad de negociación entre las partes implicadas en el contrato.

Respuestas:

1–A

2–D

3–A

4–C

5–B

6–D

7–A

8–D

9–A

10–A

REFERENCIAS BIBLIOGRÁFICAS

ARAÚJO, F. Teoria econômica do contrato. Lisboa: Almedina, 2007.

ARROW, Kenneth J. Elección social y valores individuales. Nueva York: John Wiley and Sons. 1951.

BROUSSEAU, E.; GLACHANT, J.; FARES, M. La economía de los contratos y la renovación de la economía. En BROUSSEAU, E.; GLACHANT (Eds.), The Economics of Contracts: Theories and Applications. Cambridge: Cambridge University Press. 2002.

BLACKBURN, J.D., KLAYMAN, E. I., & MALIN, M. H. The Legal Environment of Business. 4 ed. Boston: Irwin. 1991.

CAMELO, Bradson; PIRES, Marina. Estudio Comparativo y Análisis Económico del Derecho Contractual Estadounidense y Brasileño. EALR, V. 2, nº 2, p. 321-340, Jul-Dic, 2011

CAMELO, Bradson. NÓBREGA, Marcos. TORRES, Ronny Charles L. de. Análisis económico de licitaciones y contratos: de acuerdo con la Ley 14.133/21 (nueva Ley de Licitaciones). Belo Horizonte: Editora Forum, 2022.

COASE, R. H. "The Nature of the Firm" Economica, New Series, Vol. 4, No. 16. (Nov. 1937)

COOTER, Robert; ULEN, Thomas. Derecho y Economía. 6ª ed. Boston: Person Education, 2012.

FULLER, L.P., & EISENBERG, M. Basic contract law. 8. ed. St. Paul: Thomson-West. 2001.

HART, O.; HOLMSTRÖM, B. The theory of contracts. En T. Bewley (Ed.), Advances in Economic Theory: Fifth World Congress (Econometric Society Monographs, pp. 71-156). Cambridge: Cambridge University Press. 1987

KAPLOW, L., & SHAVELL, S. Fairness versus Welfare. Cambridge: Harvard University Press, 2002.

KLEIN, B. The role of incomplete contracts in self-enforcing relationships. En BROUSSEAU, E. & GLACHANT, J. (Eds.), The Economics of Contracts: Theories and Applications (pp. 59-71). Cambridge: Cambridge University Press. 2002.

MACKAAY, Ejan; ROUSSEAU, Stéphane. Análisis económico del derecho. Traducido por Rachel Sztajn. 2ª edición. São Paulo: Atlas, 2015.

PORTO, Antônio M. GAROUPA, Nuno. Curso de análise econômica do direito. 2ª ed. Barueri/SP: Atlas, 2022.

VELJANOVSKI, C. Principios Económicos del Derecho. Cambridge: Cambridge University Press, 2007.

WILLIAMSON, Oliver E. "Transaction-Cost Economics: The Governance of Contractual Relations". The Journal of Law & Economics, vol. 22, n. 2, [University of Chicago Press, Booth School of Business, University of Chicago, University of Chicago Law School], pp. 233-61, 1971.

Capítulo 8.

Análisis económico de la responsabilidad civil extracontractual

Un estudiante de economía llamado Cristiano Lunga llegó tarde a clase y, con las prisas, golpeó la puerta del aula, rompiendo uno de los cristales de la entrada. El coordinador del curso estaba en el aula y se quejó al alumno, diciéndole que tendría que pagar 50,00 reales para cambiar el cristal. El Sr. Lunga hizo un recuento rápido, golpeó el otro cristal y dijo: —Redondea a R$100,00.

8.1. PRESENTACIÓN: LA LÓGICA DEL ANÁLISIS ECONÓMICO DE LA RESPONSABILIDAD CIVIL

No todas las cuestiones relacionadas con las relaciones humanas quedan totalmente cubiertas y resueltas por los derechos de propiedad, aunque éstos se hayan definido y asignado adecuadamente (ya sea con costes de transacción altos o bajos). Asimismo, la asignación de responsabilidades contractuales puede no ser suficiente para diversas situaciones, simplemente porque no existía una relación contractual previa entre las partes. Situaciones típicas de este tipo son los daños involuntarios e imprevistos, por ejemplo, en accidentes.

La teoría del análisis económico del derecho que aborda estas cuestiones tiene su origen en la obra seminal del profesor Guido Calabresi, economista, juez y profesor de derecho italoamericano en la Universidad de Yale, *The Cost of Accidents* (1970). Su obra constituye una importante contribución no sólo al tema de la responsabilidad civil, sino también a todo *el* ámbito del análisis económico del Derecho. Los profesores Rachel Sztajn y Décio Zylbersztajn afirman:

> Guido Calabresi, abogado de la Universidad de Yale ... demostró la importancia de analizar el impacto económico de la asignación

> de recursos para la regulación de la responsabilidad civil, ya sea a nivel legislativo o judicial. Su trabajo insertó explícitamente el análisis económico en las cuestiones jurídicas, señalando que un análisis jurídico adecuado no prescinde del tratamiento económico de las cuestiones (Sztajn y Zylbersztajn, 2005, p. 2).

En *El coste de los* accidentes, Calabresi analiza la cuestión de los accidentes de una forma original, haciendo una minuciosa evaluación de costes y beneficios, no sólo del momento posterior a la producción del daño (*ex post*), sino analizando también las medidas que podrían adoptarse *ex ante, es decir, las* medidas cautelares y de prevención de accidentes y daños. Es más, y lo que puede molestar al jurista más tradicional, Calabresi -en una conclusión típica del análisis económico del Derecho- advierte que no siempre será deseable adoptar medidas cautelares para eliminar por completo las posibilidades de que se produzcan accidentes, de hecho, *nunca será deseable.* La explicación es sencilla: las medidas cautelares que evitan que se produzcan accidentes también son costosas, y siempre habrá un punto en el que más medidas cautelares no valgan el beneficio que aportan.

Bruno M. Salama resume la contribución del autor:

> En el clásico de Calabresi "El coste de los accidentes: A Legal and Economic Analysis" de 1970, es posible encontrar varios puntos que ilustran bien la discusión sobre eficiencia y justicia desde esta perspectiva "reguladora". Tomemos la discusión sobre el coste de preservar vidas humanas. Calabresi señala que ni siquiera las sociedades occidentales modernas y desarrolladas están comprometidas con la noción de que la vida debe preservarse a cualquier precio. Hay muchas actividades (de hecho, la mayoría de ellas) que, al menos estadísticamente, causarán sin duda la pérdida de vidas. Según Calabresi, "construimos un túnel bajo el Mont Blanc porque es esencial para el mercado común europeo y reduce el tiempo de viaje de Roma a París, aunque sabemos que morirá aproximadamente un hombre por cada kilómetro de túnel construido". La idea de que no estamos -ni debemos estar- dispuestos a preservar vidas a cualquier precio es tan inquietante como realista. De hecho, debería ser obvio que la sociedad no está dispuesta a preservar la vida a cualquier precio: la mera contratación de un agente de policía que se enfrenta a diario a la delincuencia sugiere que la sociedad está dispuesta a sacrificar algunas vidas (porque es seguro que algunos

> agentes de policía morirán) para lograr algún tipo de paz social (y, en última instancia, para evitar un número aún mayor de muertes que se producirían si no hubiera agentes de policía).
> Pero si el coste en vidas de la construcción del túnel bajo el Mont Blanc es bajo, ¿debería la sociedad considerar inmediatamente justo autorizar su construcción? O, en términos más amplios: ¿es también justo todo lo que es eficaz? Calabresi siempre ha sostenido que la respuesta es un rotundo "no". Lo que es eficiente puede ser injusto. Calabresi señala que "utilizamos aviones y coches en lugar de otros medios de transporte más seguros y lentos. Y quizá lo más notable es que utilizamos equipos relativamente seguros en lugar de los más seguros imaginables porque -y no es una mala razón- los más seguros cuestan demasiado". Sin embargo, "las decisiones que sopesan vidas humanas frente a costes y conveniencia no pueden ser exclusivamente monetarias, por lo que la solución de mercado nunca es la única que debe utilizarse". Así, por ejemplo, "la discusión sobre la legalización de la prostitución no se limita a calcular sus costes y beneficios" porque "los grandes dilemas morales se prestan a la determinación política y deben decidirse a través de los sistemas políticos adoptados por la sociedad" (Salama, 2008, p.35).

Nuestro objetivo aquí no es discutir las implicaciones de la eficiencia frente a la justicia, ni hacer una macroevaluación de las consecuencias normativas y reguladoras del análisis de Calabresi, sino permitir que los estudiantes comprendan la lógica del modelo económico básico de responsabilidad civil, del que es autor. Una vez que se comprenda bien el modelo (esperemos que al final de este capítulo), es posible que el estudiante entienda el pasaje de Salama citado más arriba, y la inquietante (pero realista) conclusión de la teoría de Calabresi.

Este capítulo está organizado en 7 secciones, incluida esta introducción.

8.2. LA TEORÍA ECONÓMICA DE LA RESPONSABILIDAD CIVIL: ANÁLISIS *EX POST*

Empezaremos a analizar el momento posterior al accidente, cuando ya se han causado y sufrido daños. En aras de la simplicidad, supondremos siempre que los daños los sufre íntegramente la víctima y el causante no sufre nada.

La primera pregunta, y la más lógica, es: ¿debe la víctima que sufre el daño recibir alguna compensación o indemnización? La respuesta es: no siempre. Según el análisis económico, la víctima sólo debe recibir compensación o indemnización si demuestra tres condiciones:

i. Sufrió realmente los daños (y no sólo estuvo expuesto a ellos).

ii. La parte a la que acusa es directamente responsable de los daños.

iii. El tipo de daño de que se trata se rige por la regla de la responsabilidad objetiva, o en caso contrario, si la regla válida es la de la responsabilidad subjetiva, ha habido negligencia o incumplimiento de deberes por parte de la parte acusada.

8.2.1. Condición i: Usted ha sufrido realmente el daño.

El daño real sufrido es condición *sine qua non* para la concesión de una indemnización o compensación. De hecho, es la definición misma del término: si no has sufrido, no hay nada por lo que indemnizarte. Así pues, la mera exposición al riesgo no bastaría para garantizar una indemnización. Por ejemplo, en el caso de los trabajadores que han estado expuestos a materiales y entornos insalubres (por ejemplo, radiactivos o cancerígenos), y que posteriormente presentan reclamaciones de indemnización a sus empleadores, sólo serían admitidos —por la AED— si realmente desarrollan enfermedades como consecuencia de la exposición prolongada al entorno y los materiales; si tienen "suerte" y no desarrollan enfermedades, no tendrían derecho a indemnización, al menos indemnización por daños materiales[1] .

---

1 Por otra parte, el análisis económico tiene dificultades para evaluar la indemnización por daños morales. Lógicamente, si hay prueba de que se ha sufrido

Para ilustrar la discusión de esta sección, traeremos un caso real, el Recurso Civil nº 994.02.013954-2 de São Paulo, juzgado por el TJ-SP el 20 de abril de 2010[2] . Se trataba de una denuncia de una consumidora, Lusiane Dias Ataide, contra la empresa farmacéutica Schering do Brasil, por haber vendido en el mercado anticonceptivos (Microvlar) sin principios activos ("píldoras de harina"), lo que provocó que la consumidora quedara embarazada de forma no deseada. Del texto del juez se desprende que la lógica del análisis económico se asemeja a la lógica del análisis jurídico en varios puntos.

Por ejemplo, la condición i exige la prueba del daño sufrido por la víctima, y el razonamiento del magistrado también se preocupó de explicitarlo. Del texto de la sentencia:

En primer lugar, es importante comprobar si Lusiane utilizó Microvlar.

> Aportó un paquete de la pastilla que dijo haber tomado, que tenía todas las mismas características que el placebo (folio 68). Aportó la receta médica del folio 66 que, aunque sin fecha, fue confirmada en el testimonio del médico que la firmó (folio 641).
> Ninguna de las alegaciones de Schering disipa la conclusión más razonable a la que induce la posesión del envase por parte de la demandante: que consumió el "medicamento" que contenía.

---

un daño moral, también debería haber indemnización. Sin embargo, es innegable la dificultad no resuelta de medir los daños emocionales/morales.

2 Ponente: Juez Antonio Vilenilson.

> El hecho de que uno de los historiales médicos indique que Lusiane utilizó un anticonceptivo inyectable en enero de 1997 no excluye el uso de Microvlar en los meses posteriores.
> Y eso no es todo.
> La concepción tuvo lugar justo en el momento en que se lanzaban al mercado píldoras anticonceptivas ineficaces. Es notoria la circulación de píldoras ineficaces ...
> **Por tanto, es seguro que Microvlar sin principio activo contribuyó al embarazo de Lusiane** (pp.5-6, énfasis añadido).

En otras palabras, a juicio del magistrado, hay pruebas de que el demandante ha sufrido daños.

8.2.2. Condición ii: La parte acusada es directamente responsable de los daños

La segunda condición requiere la prueba de que el daño sufrido por la víctima fue realmente causado por el demandado, esto es, el **nexo causal** desde el punto de vista jurídico. Sin embargo, en el mundo real, los problemas se producen por múltiples factores concomitantes, por lo que, para recibir una indemnización, la víctima necesita poder identificar al demandado como la causa principal, o el principal culpable[3] . Para el análisis económico, la pregunta es: "¿Es la acción del demandado la *causa próxima del* daño sufrido por la víctima? En otras palabras, ¿existe una relación *causal directa*?

[3] Esto no impide que existan co-causantes, a los que la ley puede identificar como responsables solidarios.

Cooter y Ulen (2010) ofrecen una prueba para cumplir este criterio: la prueba "si no". Aplicado al caso anterior de Schering *contra* la clienta que compró y tomó el anticonceptivo sin el componente activo, el test "si no" implicaría el siguiente análisis: "Si no fuera por el medicamento producido por la compañía farmacéutica, ¿se habría quedado embarazada la víctima?". Si la respuesta es "NO", la acción del demandado es la causa de hecho y, por lo tanto, (la empresa farmacéutica) debe ser considerada responsable del daño causado al consumidor. En el juicio del caso anterior, la defensa de la farmacéutica intentó atribuir la responsabilidad al establecimiento que vendió las "píldoras de harina", a lo que el magistrado respondió, en la línea de identificar la causalidad directa de Schering:

> No hay razón para responsabilizar exclusivamente al farmacéutico que vendió los cartuchos a la demandante, porque existe un nexo causal entre la conducta del demandado (negligencia en el almacenamiento y eliminación del producto viciado) y el daño de la consumidora (embarazo no deseado). Nada podría alterar este estado de cosas. Ni siquiera la prueba de que el farmacéutico había comprado la mercancía de forma turbia, incumpliendo sus deberes profesionales. Lo mismo puede decirse del establecimiento comercial, que sólo sería responsable junto con Schering en las hipótesis del art. 13 del CDC, lo que no es el caso aquí. Es difícil apreciar el más mínimo indicio de concurrencia de culpa por parte del consumidor. No es razonable exigir que el consumidor descubra por las cifras inusuales que el lote es un producto ineficaz, destinado a pruebas (p.7, el subrayado es nuestro).

El magistrado expuso la ocurrencia de la condición ii aquí discutida. Utilizando conceptos ya vistos en otros capítulos, se puede decir que la empresa farmacéutica genera una *externalidad negativa* para el paciente consumidor, es decir, que existe una *interdepen-*

dencia de funciones de utilidad entre ambas partes: quizás en un intento de minimizar sus costes de control, gestión, etc. la empresa causa un daño o una reducción en la utilidad de la víctima.

8.2.3. Utilidad y análisis ex post de la responsabilidad civil

En el capítulo 2 hemos examinado el modelo de maximización de la utilidad por parte de agentes racionales. Podemos aplicar ese modelo al análisis de la responsabilidad civil de forma sencilla. Sustituimos los bienes identificados en los ejes: en lugar del número de prendas de vestir y el número de comidas, como se hacía anteriormente, utilizamos la "salud física" y la "riqueza (recursos monetarios)", por ejemplo:

Gráfico 16. Utilidad aportada por la salud y la riqueza

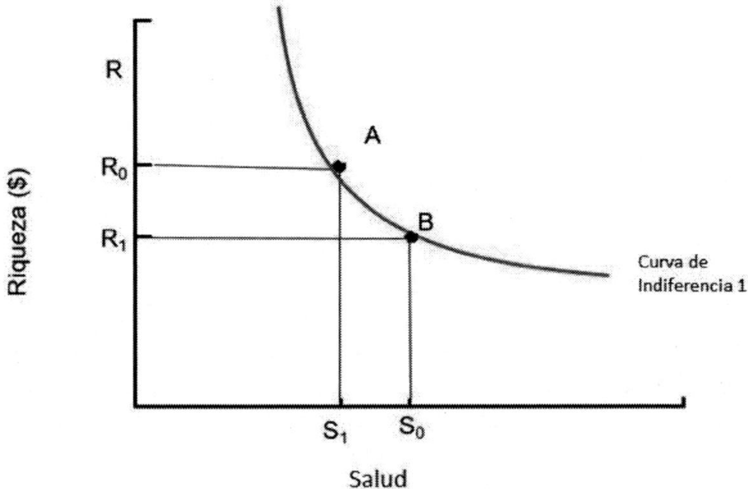

Es posible describir el nivel de bienestar de una persona mediante la combinación de la "cantidad" de salud y riqueza -dos *bienes- que* posee. En el punto A, tiene un nivel de riqueza de R_0 y un nivel de salud de S_1. En el punto B, tiene menos riqueza, sólo

R_1, pero más salud, S_0. Ya sabemos que es indiferente entre los puntos A y B (porque están en la misma curva de indiferencia 1), lo que significa que la reducción de su nivel de riqueza de R_0 a R_1 se compensa con el aumento de su nivel de salud de S_1 a S_0. Sin embargo, lo que ocurre cuando sufre daños es justo lo contrario. Supongamos que inicialmente se encontraba en el punto B y sufre un accidente de coche provocado por otra persona. Podemos representar la situación de la siguiente manera:

Gráfico 17. Utilidad antes y después del accidente

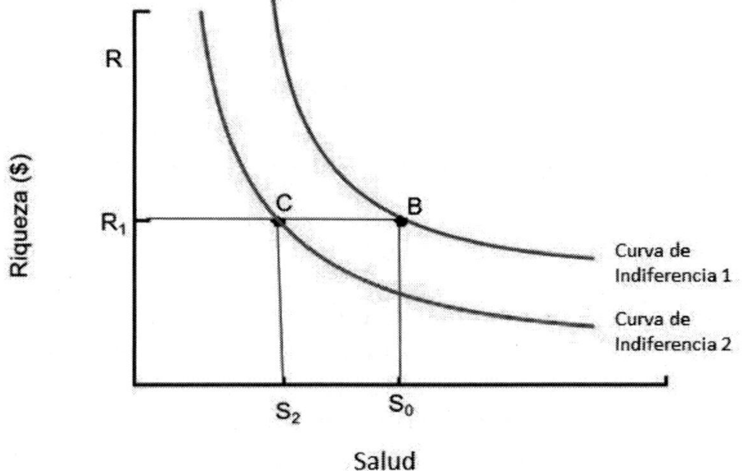

Después del accidente, el estado de salud de la víctima es inferior al inicial, por ejemplo, al nivel S_2. Es de esperar que el accidente en sí no altere su estado inicial de riqueza, R_1. Entonces, su nuevo estado de bienestar puede representarse por el punto C y podemos ver claramente que C se encuentra en un nivel de bienestar inferior al inicial en B, porque tiene menos salud con el mismo nivel de riqueza. Esto está representado por la curva de indiferencia de nivel inferior (curva 2). La lógica de la indemnización es restablecer el nivel anterior de utilidad o bienestar, es decir, *compensar*, normalmente en términos monetarios, la pérdida sufrida como consecuencia del accidente. Gráficamente, esto puede representarse así:

Gráfico 18. La lógica de la indemnización por los daños sufridos

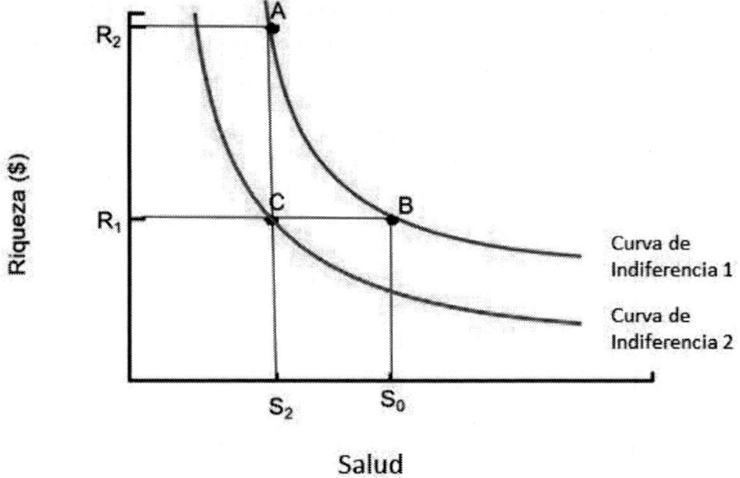

La indemnización intentará entonces compensar a la víctima "empujándola" de nuevo a su nivel inicial de bienestar o utilidad, representado por la curva de indiferencia 1. Una forma de hacerlo es concederle un valor monetario representado por la diferencia vertical entre R2 y R1. Una forma de hacerlo es conceder un valor monetario representado por la diferencia vertical entre R2 y R1. Si la víctima sufre el accidente y pasa al nivel de salud S2, pero recibe una indemnización de (R2-R1), se desplaza al punto A, que vuelve a estar en el nivel de utilidad inicial, en la curva de indiferencia 1 (véase que la víctima es indiferente entre A y B). Así pues, es como si la víctima hubiera sufrido un empeoramiento de su estado de salud, pero, al haber obtenido una indemnización monetaria, ahora tuviera más riqueza (en el nivel R2) y ésta fuera suficiente para compensar la pérdida de salud derivada del accidente que sufrió.

La simplificación de este modelo analítico consiste en suponer que la diferencia (R2-R1) compensa *perfectamente* los daños sufridos como consecuencia del accidente. En la práctica, la compensación o indemnización perfecta es difícil de obtener o incluso de calcular. Sin embargo, lo importante es la formalización en el modelo de que la indemnización monetaria es una forma de compensar la pérdida en salud y, por tanto, en el nivel de utilidad de la víctima[4] .

Analizando el modelo económico de la responsabilidad civil ex post, la víctima de un daño debe ser indemnizada si presenta pruebas de que: (i) ha sufrido efectivamente el daño (y no ha estado meramente expuesta a él), (ii) la parte acusada es directamente responsable del daño, (iii) el tipo de daño de que se trata se rige por la norma de la responsabilidad objetiva o, en caso contrario, si la norma válida es la de la responsabilidad subjetiva, ha habido negligencia o incumplimiento del deber por parte de la parte acusada.

8.3 MODELO Y FÓRMULA DEL COSTE SOCIAL DE LA RESPONSABILIDAD CIVIL

A continuación, presentaremos el modelo analítico de la responsabilidad civil, que implica examinar la toma de decisiones incluso antes de que se produzca el daño. Como muestra el profesor Calabresi, la adopción de medidas para prevenir accidentes y daños suele tener costes; por lo tanto, la lógica económica implica realizar cálculos de beneficios y costes vinculados a la decisión de adoptar medidas preventivas.

Para empezar, algunas anotaciones sencillas. Cualquier daño o accidente, *ex ante, es* probabilístico, es decir, ningún accidente ocurre con una certeza del 100 %, y ningún accidente tiene una

---

4 No porque sea difícil de cuantificar, que la víctima no deba recibir *cantidad alguna para* compensar esa pérdida de salud, eso sería absurdo. Incluso los juristas coinciden en que es mejor cierta compensación monetaria que ninguna.

probabilidad del 0 % de ocurrir. Por tanto, existe una probabilidad de accidente, p, que disminuye a medida que aumentan las medidas de precaución, x. Se supone que x puede aumentar. Se supone que x puede aumentarse o disminuirse en cantidad, y la persona causante del accidente puede decidir qué cantidad de x adquirir. Así pues, $p = p(x)$ representa una función decreciente de la probabilidad de que se produzca el accidente a medida que se adoptan más medidas de precaución x.

Si se produce un accidente, se causa un daño o una pérdida que puede cuantificarse, por ejemplo, pérdida de ingresos, gastos médicos, gastos derivados directamente del accidente. El valor monetario del daño causado en el accidente se representa por A. Sin embargo, antes de que ocurra el accidente, no es seguro que se produzca A, sólo habrá un coste *esperado* (la idea estadística de un valor probabilístico, no seguro), que será A multiplicado por p. *Sin embargo,* ya hemos visto que p *es* una función decreciente de x, por lo que $p(x)A$, el coste esperado del accidente también será decreciente en función de x. La mejor forma de representar esto sería mediante un gráfico en el que, en el eje horizontal, se midieran las "unidades" de precaución x, y en el eje vertical, los valores de los costes monetarios implicados. En primer lugar, tenemos una representación de la disminución de los costes esperados en función de las medidas de precaución:

Gráfico 19. Costes esperados de los accidentes en función de las medidas de precaución

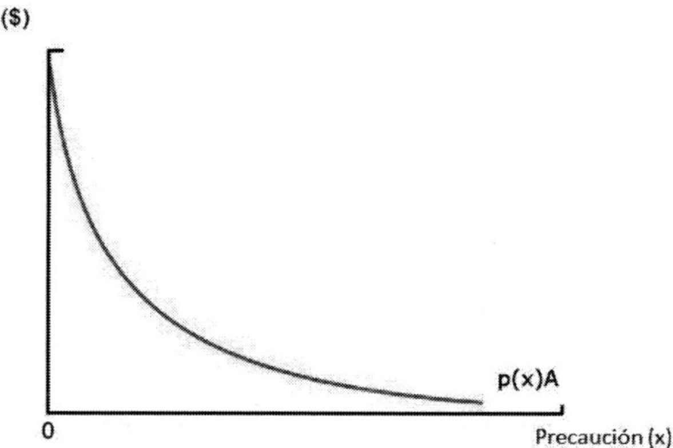

La curva decreciente indica que el daño esperado disminuye a medida que aumenta la cantidad de unidades de precaución "invertidas" antes de que se produzca el daño.

Sin embargo, tomar precauciones, invertir en cuidados, implica a menudo gastos monetarios, costes de tiempo o conveniencia[5] . Supongamos que podemos transformar todos estos costes en valores monetarios, y que cada unidad de precaución x cuesta $w, un precio fijo. Así, *x.w* (*x* multiplicado por *w*) es igual a la cantidad de precaución realmente invertida (*x*) multiplicada por el valor unitario de cada unidad (*w*), es decir, la cantidad total gastada en precaución. Cabe señalar que esta cantidad de precaución se adquiere para evitar un accidente y, por tanto, el gasto de *xw* (o *wx) se* realiza antes de que se produzca ningún accidente. Como se trata de un gasto lineal, cuanto más *x se compre,* más se gastará en total; como suponemos que el precio de la precaución *w* es fijo, *xw* (o *wx*) será una línea proporcionalmente creciente con *x*:

Gráfico 20. Gasto cautelar total

---

5 Por ejemplo, la decisión de un peatón de cruzar una avenida muy transitada en medio de los coches en lugar de caminar un poco más y cruzar por la pasarela más segura muestra una decisión de no tomar precauciones a costa de tiempo y "molestias".

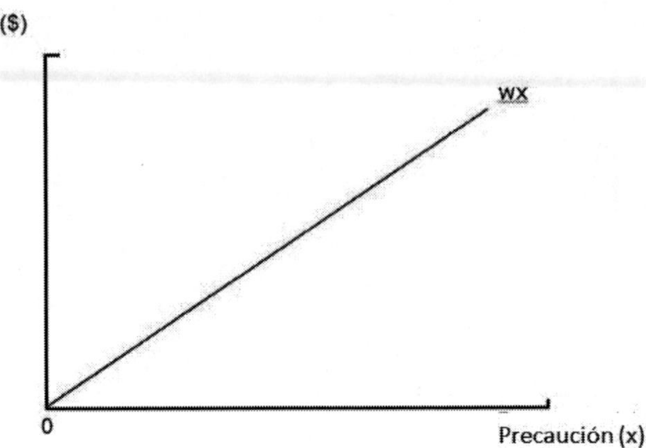

Teniendo en cuenta los dos tipos de costes que acabamos de ver -precaución y daños esperados- y suponiendo que no hay otros costes implicados, podemos representar los costes totales o sociales de los accidentes (CS), recordando que estos costes son esperados (probabilísticos) *ex ante,* por lo que tenemos E(CS):

Gráfico 21. Costes totales (sociales) de los accidentes

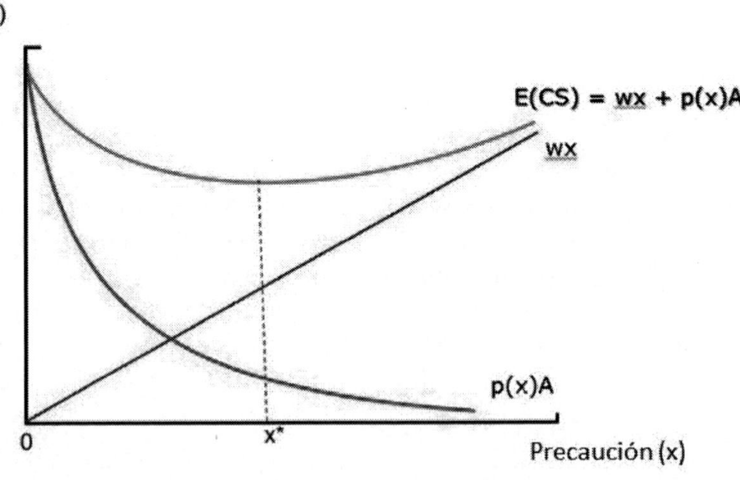

El modelo muestra que los costes sociales esperados del accidente, E(CS), son una función directamente proporcional a la cantidad de precaución invertida (x), pero también una función de la probabilidad de que se produzca el accidente, y que esta probabilidad es una función inversamente proporcional a la cantidad de precaución adoptada, p(x). Entonces es posible sumar los dos costes (precaución y daños esperados causados) para obtener los costes sociales totales:

$$E(CS) = wx + p(x)A$$

Por eso los costes sociales tienen una curva en forma de U, que representa la suma vertical de la línea recta *wx* y la curva *p(x)A*. La forma de U muestra que los costes sociales disminuyen inicialmente a medida que se invierte más en *x*. Sin embargo, a partir de cierto punto, la curva de costes sociales se invierte y crece indefinidamente a medida que aumenta la cantidad de *x* invertida. El punto mínimo de la curva de costes sociales se denota con x*, que es la cantidad de precaución que minimiza los costes sociales esperados del accidente. Cooter y Ulen (2010) explican: "La eficiencia requiere que se minimicen los costes sociales, de modo que x* es el nivel *socialmente eficiente de precaución,* o simplemente, el nivel *eficiente de precaución*" (p. 332, énfasis añadido).

Es posible estimar el valor de x*. La idea del coste marginal de la precaución frente a un accidente sería el coste de un poco más de precaución, por ejemplo, una unidad más de precaución adquirida *x*. Ya sabemos que el coste unitario de la precaución es *w*. *Por* tanto, el coste marginal de la precaución es exactamente *w*. Un poco más de precaución reduce el coste de los daños del accidente (esperado), y ésta es la idea del beneficio marginal de la precaución: la gente gasta en unidades de precaución para tener el beneficio de reducir la posibilidad de que el accidente ocurra y genere daños.

¿Qué significa este resultado? Si la precaución adquirida, *x, es* inferior a la cantidad eficiente, x*, el coste marginal de la precaución es inferior a su beneficio marginal, por lo que la eficiencia exige que se adquiera más precaución (sigue teniendo un coste bajo en comparación con el beneficio generado). En estas circunstancias, adquirir más unidades de precaución está justificado en términos de costes, ya que reducirá los costes sociales, y debe hacerse hasta que $x = x^*$, *es decir, la cantidad de precaución* adquirida sea exactamente igual a la cantidad eficiente. En cambio, si la precaución adquirida es superior a la cantidad eficiente, el coste social marginal de la precaución supera el beneficio social marginal. En estos casos, la eficiencia exige que se adquiera menos precaución. De nuevo, debe reducirse hasta que $x = x^*$.

Detrás de esta decisión económicamente racional de adoptar únicamente una cantidad x* de precauciones contra accidentes, ni más ni menos, está el modelo de toma de decisiones óptimas por parte de agentes racionales que maximizan su beneficio, como vimos en el apartado 2.2 del capítulo 2. Allí, la decisión racional de la empresa es elegir producir una cantidad en la que el coste marginal (el coste de la última unidad producida) sea igual al ingreso marginal que genera.

¿Cómo puede utilizarse el modelo del profesor Calabresi para elegir las normas de responsabilidad civil que deben adoptarse? Eso es lo que veremos en la próxima sección.

El modelo económico de responsabilidad civil evalúa los costes sociales esperados del accidente, E(CS), como una función directamente proporcional a la cantidad de precaución invertida (x), y también como una función de la probabilidad de que se produzca el accidente. Por otro lado, esta probabilidad es inversamente proporcional a la cantidad de precaución tomada, p(x). Por lo tanto, los costes sociales totales del accidente vienen dados por la función.

$$E(CS) = wx + p(x)A$$

8.4. CONDUCTA DE LA VÍCTIMA FRENTE A CONDUCTA DEL AUTOR: INCENTIVOS DE LAS NORMAS DE RESPONSABILIDAD CIVIL (IRRESPONSABILIDAD, ILIMITADA, SUBJETIVA Y OBJETIVA)

En la sección anterior vimos que en el nivel (cantidad) eficiente de precaución, x^*, los costes sociales esperados del accidente–la suma de los costes de precaución (wx) y los costes esperados de los daños (p(x)A)–serían mínimos. Ahora queremos saber cómo conseguirlo o, mejor dicho, qué normas de responsabilidad lo harían posible. Consideramos que es eficiente cuando un individuo toma decisiones teniendo en cuenta todos los costes y beneficios implicados. Curiosamente, en el caso de los accidentes que causan daños, tanto el posible causante como la posible víctima pueden tomar decisiones que afecten a los costes esperados[6] . La cuestión es identificar en qué situaciones es más eficiente asignar la responsabilidad al causante potencial, porque es quien mejor puede evitar que se cause el daño, y en qué situaciones es más eficiente asignar la responsabilidad a la víctima potencial, en los casos en que es quien mejor puede evitar los costes derivados del daño causado. Para ello, examinaremos las distintas normas de responsabilidad existentes y evaluaremos su eficacia.

8.4.1. El comportamiento de la víctima

En el primer caso, se supone que la norma es que la persona causante del daño no es responsable (**irresponsable**). Una víctima potencial que sabe que podría ser víctima de un accidente puede decidir tomar precauciones al nivel x_v , es decir, decide comprar x_v unidades de precauciones a un coste de w_v cada una. Como en este caso no hay responsabilidad por los daños, la víctima soporta

---

6 Una vez más, estamos suponiendo que sólo la víctima potencial saldrá perjudicada si se produce el accidente.

el *daño total previsto del accidente.* Para minimizar los costes a los que se enfrentan, se asegurarán de que el coste marginal de la precaución sea igual a su beneficio marginal. Como se enfrenta a la totalidad de los costes sociales del accidente, el nivel de precaución que adopta, $x_v{}^*$, es el mismo que el que igualaría el coste y el beneficio marginales de la función social total. En otras palabras, adopta $x_v{}^* = x^*$. Así pues, la regla de no responsabilidad hace que la víctima tenga en cuenta, es decir, internalice todos los costes y beneficios de la precaución, incentivándola a tomar precauciones eficientes (donde CMg=BMg). Por lo tanto, esta norma debería adoptarse en situaciones en las que la víctima es realmente la que mejor podría adoptar medidas de precaución (es decir, hacerlo de la forma menos costosa).

Analicemos ahora otra regla, la **de la responsabilidad ilimitada** del autor potencial del daño, con una indemnización perfecta por los daños de la víctima. La víctima seguiría comprando x_v unidades de precaución a un coste de w_v cada una. También soporta el daño total esperado del accidente[7], $CS_v = x_v .w_v + p(x_v)A$. Sin embargo, ahora recibe una indemnización por daños y perjuicios, *I*, cuando se produce el accidente. Si *I es* una indemnización perfecta, cubrirá todos los daños sufridos, A, es decir, I = A. En este caso, los costes netos totales soportados por la víctima serán:

Costes totales para la víctima con responsabilidad ilimitada e indemnización perfecta:

$$CS_v = x_v .w_v + p(x_v)A - p(x_v)I$$

En estos casos, los costes totales a los que se enfrenta la víctima sólo serán el valor de la precaución que realmente adquiere, $x_v .w_v$. Siendo racional, la víctima querrá minimizar este coste, lo que ocurrirá cuando $x_v = 0$. Por lo tanto, la conclusión es que la norma de

---

7 A partir de ahora, omitiremos la "E(.)" delante de los costes sociales totales, sabiendo que el modelo siempre tratará de los costes sociales *esperados,* para que se entienda.

responsabilidad ilimitada del causante con indemnización perfecta de los daños no ofrece a la víctima potencial ningún incentivo para tomar precauciones. Son indiferentes entre sufrir un accidente con indemnización perfecta de los daños y no sufrir el accidente.

Como hemos visto, las dos normas discutidas anteriormente -la de **no** responsabilizar al causante potencial y la de **responsabilidad** ilimitada- son dos normas que generan efectos muy diferentes en los incentivos para que la víctima potencial tome precauciones. Obviamente, también tienen efectos diferentes sobre el causante potencial, los contrarios a los que tienen sobre la víctima potencial.

8.4.2. Conducta del causante

Para evaluar los efectos de las normas sobre el causante potencial, supongamos que el nivel de precaución adquirido por él es x_c, a un coste de w_c cada unidad[8]. Recordemos que, en nuestro ejemplo, sólo la víctima sufre los daños del accidente A. Bajo una regla de responsabilidad ilimitada con indemnización perfecta, siempre que se produzca el accidente y la víctima sufra A, el causante tendrá que pagar una indemnización I, donde I=A. Tendremos entonces:

Costes totales del autor con indemnización perfecta:

$$CS_c = x_c \cdot w_c + p(x_c)I$$

que es lo mismo que:

8 Conviene recordar que, para un mismo tipo de accidente, las víctimas y los autores potenciales toman distintos tipos de precauciones, con costes diferentes. Utilizando el ejemplo anterior, para evitar un accidente de coche, el peatón puede tomar precauciones caminando un poco más para cruzar la carretera por la pasarela; a su vez, el conductor puede tomar precauciones conduciendo a la velocidad adecuada. Sin embargo, en esta fase inicial del debate, no trataremos los accidentes en los que las precauciones de ambas partes son interdependientes, como ocurre en este caso. Supondremos, en principio, impactos que son independientes de las acciones de la víctima y de las acciones del causante.

Costes totales del autor con indemnización perfecta:

$$CS_c = x_c \, .w_c + p(x_c)A$$

Como agente racional, el causante potencial tiene un incentivo para minimizar los costes del accidente al que se enfrenta. Elegirá adquirir una cantidad o nivel de precaución x_c que minimice la función de costes anterior, y esta cantidad será x_c *, donde el coste marginal de su precaución es igual al beneficio marginal de dicha precaución, que es la reducción del coste esperado del daño.

Este resultado es el mismo que la condición de eficiencia de la regla general que derivamos en el tema anterior, y muestra que la regla de **responsabilidad ilimitada** con indemnización perfecta hace que el causante potencial del daño internalice todos los costes y beneficios marginales de la precaución, incentivándole a tomar precauciones eficientes. Para los casos en que el causante es realmente el que mejor podría adoptar medidas de precaución (es decir, hacerlo de la forma menos costosa), o los casos en que la víctima potencial no puede adoptar medidas de precaución, la regla de responsabilidad objetiva conduce al mejor resultado.

Al mismo tiempo, podemos evaluar lo que ocurriría bajo la regla de no responsabilidad por los incentivos del autor potencial del daño. Como en este caso no se le considerará responsable, la víctima sufrirá el daño A en su totalidad, sin derecho a indemnización, es decir, $I = 0$. En estos casos, los costes totales efectivamente afrontados por el autor serían $x_c \, .w_c$. Siendo racional, minimizará este coste, lo que ocurrirá cuando $x_c = 0$. Así pues, la regla de no responsabilidad no incentiva al causante potencial del daño a tomar precauciones; el causante es indiferente entre la ocurrencia de un accidente (en el que no tendrá que asumir su responsabilidad) y la no ocurrencia de un accidente.

Con esto, llegamos a resultados que pueden sugerir cómo la ley podría crear incentivos para la adquisición de niveles eficientes de precaución, ya sea por parte del autor potencial o de la víctima potencial. Si sólo la víctima potencial puede tomar precauciones, la regla de no responsabilidad crea incentivos para una precaución eficiente. Por otro lado, si sólo el causante potencial puede tomar precauciones, la regla de responsabilidad ilimitada y, como veremos más adelante, la responsabilidad objetiva con indemnización perfecta es la que genera incentivos para tomar precauciones a un nivel eficiente.

8.4.3. Precaución bilateral

Hasta ahora, se ha supuesto que sólo una de las partes puede tomar precauciones contra el accidente, es decir, sólo hemos supuesto situaciones de precaución unilateral. Veamos ahora el caso en el que tanto la víctima como el autor potenciales pueden tomar precauciones, cada uno por su lado, y en el que la eficiencia exige que ambos lo hagan. Se trata de casos de precaución bilateral, coherentes con diversas situaciones prácticas del mundo real, por ejemplo accidentes de tráfico, accidentes con bienes de consumo que requieren una manipulación correcta de los mismos, etc.

En estos casos, tenemos la siguiente función de coste social total del accidente:

Costes sociales totales:

$$CS = x_c . w_c + x_v . w_v + p(x\ x_{c,v})A$$

Se puede ver que para que CS sea el mínimo en estos casos, no se puede tener ni x_c *ni* x_v a cero; ambos deben tener valores positivos para alcanzar el nivel eficiente, que minimiza los costes sociales:

Costes sociales minimizados à $x_c * > 0$ y $x_v * > 0$

Hemos visto anteriormente que la regla de responsabilidad ilimitada genera resultados en los que sólo el causante toma precauciones a niveles eficientes, y la víctima no tiene ningún incentivo para tomar ninguna precaución; por otro lado, la regla de no responsabilidad genera resultados en los que sólo la víctima toma precauciones, y el causante no tiene ningún incentivo para hacerlo. Lo mismo ocurriría con una norma de responsabilidad objetiva en la que la responsabilidad se atribuyera siempre al autor. En ambos casos, existe un dilema en los casos de precaución bilateral: ni la responsabilidad ilimitada y/o estricta ni la no responsabilidad crean incentivos para niveles eficientes de precaución tanto para el causante como para la víctima, como se requiere en este caso. Por lo tanto, se necesita algo más para alcanzar niveles eficientes en los casos de precaución bilateral.

Algunos lectores desprevenidos pensarán que este problema puede resolverse dividiendo los costes del daño, *A*, entre la víctima y el autor. Sin embargo, esto no es cierto: dividir los costes entre las dos partes significa que cada una internaliza sólo una parte del daño (la que es proporcional al daño del que será responsable), por lo que ambas tendrán incentivos para comprar sólo una parte de la precaución eficiente, y ninguna de las partes comprará la cantidad que internalice completamente los costes y beneficios de la precaución contra el accidente. Cooter y Ulen (2010) denominan a esta situación la *paradoja de la indemnización. La* forma de resolver esta situación es aplicando una regla de **responsabilidad subjetiva**.

8.4.4 Responsabilidad subjetiva

Una norma de responsabilidad subjetiva impone un parámetro de niveles de precaución legalmente aceptables que se exigirán a los agentes para que no se les considere responsables de los daños causados. Un supuesto importante aquí es que la norma legal (ya sea reglamentaria, legislativa, judicial, etc.) está claramente estipulada, y es conocida por todos, como. Así, esta precaución mínima estipulada por la ley dividirá los niveles de precaución en zonas permitidas y prohibidas, como se indica a continuación:

Figura 11. Parámetro legal de los niveles de precaución exigidos

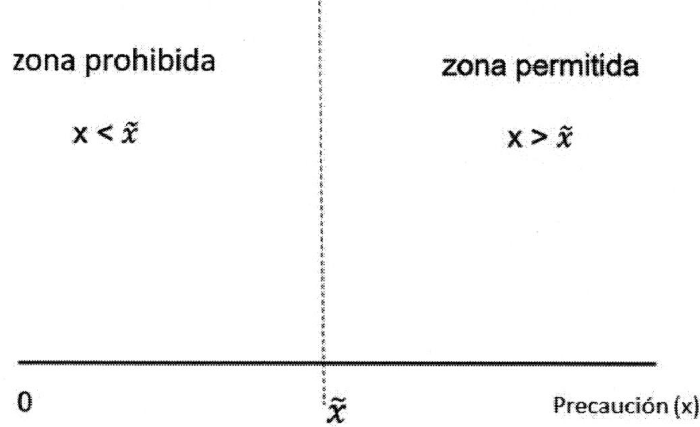

Lo que muestra el gráfico es que, según la regla de la responsabilidad subjetiva, la ley considerará como nivel aceptable o legal de precaución cualquier x adquirido que sea superior al parámetro legal, ENTRA SÍMBOLO. En cambio, cualquier nivel inferior a ENTRA SÍMBOLO situará al agente fuera de la zona permitida, lo que le haría legalmente responsable de los daños causados en el accidente.

A continuación, graficaremos cómo quedaría la regla de responsabilidad subjetiva, con la estipulación de un parámetro legal mínimo de precaución, desde la perspectiva de los costes sociales totales. Para ello, combinaremos el gráfico anterior con la Figura 2.3 del tema anterior, donde desarrollamos por primera vez el modelo analítico económico de los accidentes. Tendremos la siguiente figura:

Gráfico 22. Costes sociales y la regla de la responsabilidad subjetiva

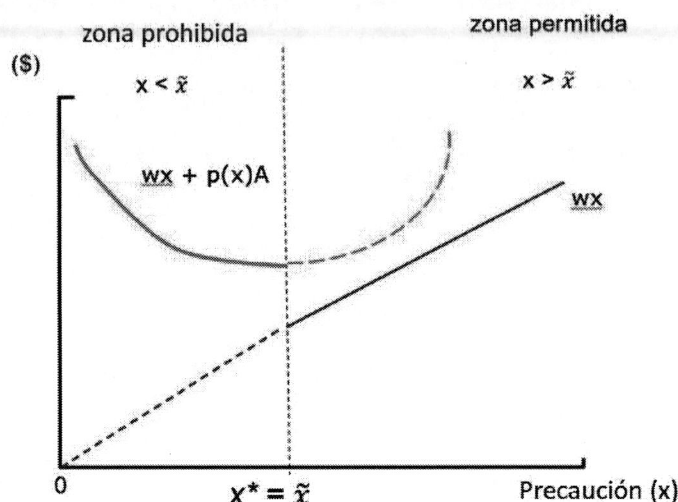

Supongamos que el parámetro legal adoptado es equivalente al nivel eficiente de precaución derivado previamente por el modelo analítico, es decir, asumimos que $x =$ ENTER SYMBOL. De esta forma, podemos valorar qué ocurre con el potencial causante del daño y con la potencial víctima, de forma independiente, cuando ambos se enfrentan a una regla de responsabilidad subjetiva.

Empezando por el causante del daño, si adquiere una cantidad de precaución igual o superior al parámetro legal estipulado, es decir, si $x >$ ENTRA SÍMBOLO, no se le considerará responsable del daño (porque está dentro de la zona legal). De este modo, sólo soportará el coste de su propia precaución, $x_c . w_c$, pero no soportará el coste de los daños de la víctima. Esto está representado en el gráfico por la línea continua en la zona legal (a la derecha), y esto representa sus costes en esta zona. No necesita tener en cuenta la curva discontinua, que serían los costes totales incluyendo los costes de los daños del accidente, A, porque en la zona legal está exento de esa responsabilidad. Sin embargo, cuando el causante potencial adopta un nivel de precaución inferior al legalmente exigido, $x<$ INTRODUCIR SÍMBOLO, se encuentra en la zona prohibida. En este caso, se le considerará responsable, de modo que soportará el coste de su propia precaución más el daño esperado de la víctima, es decir, su coste total será $x_c . w_c + p(x_c)A$, es decir, la mitad de la curva de la izquierda del gráfico. Así pues, bajo una regla de responsabilidad subjetiva, el causante potencial incurrirá en los costes del daño indicados por la curva "rota", o curva con saltos, de la figura 8.8 anterior. Puede verse que inicialmente los costes a los que se enfrenta el causante, aún en la zona ilegal, comienzan con la curva en un nivel alto (costes más elevados), pero salta hacia abajo exactamente a partir del punto en el que adopta el nivel mínimo estipulado por la ley de precaución, es decir, cuando x es igual a ENTER SYMBOL. Los costes del causante se mantendrán en la línea más baja de toda la región en la que $x >$ ENTRA SÍMBOLO. El punto más bajo de este gráfico, dentro de la región legal, se produce cuando la precaución adquirida por el causante es exactamente igual al nivel legal. Por lo tanto, tiene un incentivo para adquirir un nivel de precaución exactamente a ese nivel con el fin de minimizar sus costes.

En conclusión, la regla de responsabilidad subjetiva con indemnización perfecta y parámetro legal equivalente al nivel eficiente de precaución incentiva al causante del daño a la precaución eficiente. Gráficamente, esto significa que mientras se encuentre en la zona ilegal, el causante del daño, al ser racional, tendrá unos costes totales elevados, representados por la curva superior. Tendrá incentivos para adquirir más x, y seguirá haciéndolo hasta llegar a x^*, donde ya no tendrá responsabilidad legal. En este caso, sus costes se reducen repentinamente. Sin embargo, una vez que alcance x^*, ya no tendrá ningún incentivo para aumentar la precaución, ya que esto sólo aumentaría su $w\ x_{cc}$, que ahora se convierte en su único coste. Así que no tomará ninguna precaución adicional más allá de x^*.

Por otro lado, la regla de la responsabilidad subjetiva también consigue crear incentivos eficientes para la víctima potencial. Del mismo modo que un causante racional del daño toma precauciones en el ámbito del parámetro legalmente exigible ($x_c \geq$ EN-

TER SYMBOL) para evitar ser considerado responsable del daño causado, la víctima tendrá incentivos a tomar precauciones en el ámbito del parámetro legal, cuando el causante, al no ser considerado legalmente responsable, no tenga que indemnizar a la víctima. En estas situaciones, es como si existiera una regla de no responsabilidad en el ámbito jurídico del causante, y ya hemos visto que ello provoca que la víctima internalice los costes y beneficios marginales de la precaución, incentivándola a adquirir niveles eficientes de precaución. Así, una regla de responsabilidad subjetiva que induzca al causante del daño a eludir su responsabilidad por el cumplimiento del parámetro legal de precaución también incentiva a la víctima a adquirir niveles eficientes de precaución. Conviene recordar que aquí estamos discutiendo casos de precaución bilateral, en los que los costes de los accidentes se minimizan eficientemente cuando tanto el causante potencial como la víctima potencial adoptan sus medidas de precaución mínimas.

8.4.5. Responsabilidad objetiva

Hemos visto anteriormente que las reglas de no responsabilidad y de responsabilidad ilimitada crean incentivos diferentes para el causante y la víctima del daño y que, por tanto, serán más apropiadas en una situación u otra, dependiendo de quién tenga la forma más fácil (o menos costosa) de prevenir accidentes. También hemos visto que en los casos en que existe la posibilidad de precaución bilateral -es decir, ambas partes pueden (y deben) adoptar medidas de precaución contra los accidentes-, la regla más eficiente es la de la responsabilidad subjetiva, atribuida simultáneamente al causante potencial y a la víctima potencial.

En este contexto, ¿cómo puede justificarse la **responsabilidad objetiva del** causante del daño desde un punto de vista económico, es decir, uno en el que la víctima sólo tiene que probar haber sufrido el daño, sin necesidad de culpa por parte del causante?

En primer lugar, y lo que es más importante, la norma de la responsabilidad objetiva puede justificarse económicamente en los casos en que la víctima potencial no tiene ningún control sobre la ocurrencia del accidente. Formalmente, se trata de situaciones en las que la cantidad de precauciones tomadas por la víctima es cero y sólo puede ser cero ($x_v = 0$). Algunos ejemplos son los accidentes aéreos, los accidentes medioambientales graves, los accidentes con materiales químicos en una industria, etc. En estos casos, no es razonable imaginar que las víctimas potenciales tengan que tomar ninguna medida o decisión para evitar que el accidente se produzca y cause el daño. Por lo tanto, resulta eficaz atribuir la responsabilidad del daño a la persona causante del mismo, aunque no sea culpable.

Otra justificación de la responsabilidad objetiva reside en la magnitud del daño causado o, para utilizar la terminología que ya hemos empleado, en la magnitud de la *externalidad negativa* causada. Los ejemplos que acabamos de exponer en el párrafo anterior también ejemplifican accidentes en los que el daño causado es de una magnitud extremadamente elevada, afectando a cientos, si no miles, de víctimas. Por ello, también es razonable considerar que los posibles costes de precaución para las víctimas superarían con creces los costes de precaución para el causante. Una vez más, es eficiente que la parte causante sea considerada responsable, incluso sin culpa.

Por último, Cooter y Ulen (2010) analizan los niveles de actividad, es decir, la frecuencia con la que una actividad plantea un riesgo de accidente. Según los autores, la responsabilidad objetiva del causante es una norma eficaz cuando se aplica en situaciones en las que el nivel de actividad del causante afecta al accidente más intensamente que el nivel de actividad de la víctima. En tales casos, la parte causante debe ser considerada objetivamente responsable, es decir, incluso sin culpa.

También hay un debate sobre las justificaciones de la norma de responsabilidad objetiva del causante, relacionadas con el problema de la asimetría de la información. Véase más abajo.

8.5. ASIMETRÍA DE LA INFORMACIÓN Y COSTES ADMINISTRATIVOS

Consideremos la situación de los daños causados en una relación de consumo. Supongamos que una empresa fabrica un producto -por ejemplo, un refresco- y puede venderlo en distintos tipos de envases -por ejemplo, botellas de vidrio o latas de aluminio[9]. Sin embargo, los distintos envases conllevan diferentes riesgos de provocar accidentes y generar daños. La información es la siguiente:

Producto	Coste de producción[10]	Probabilidad de accidente	Daños por accidente	Coste previsto del accidente	Coste total
Botella	$1,00	1/100.000	$10.000	$0,10	$1,10
Estaño	$1,03	1/200.000	$4.000	$0,02	$1,05

Los datos muestran que, aunque el coste de producción de refrescos en botella es menor que en lata, existe una mayor probabilidad de accidentes (1 accidente por cada 100.000 cajas, frente a 1 accidente por cada 200.000 cajas en lata, la mitad de frecuencia que en botella). Además, los daños causados por un accidente con una botella son mayores que los causados por una lata. Así que el coste total -teniendo en cuenta el coste de producción más el coste previsto del accidente- es en realidad mayor en el caso de la botella que en el de la lata (1,10 *frente a* 1,05 dólares).

Cuando los consumidores tienen acceso a toda esta información, no hay ningún problema. En estos casos, si la norma de responsabilidad por accidentes es que la empresa responsable **no es responsable,** no tiene ningún incentivo para internalizar el coste

---

9 Ejemplo de POLINSKY, M. "An Introduction to Law and Economics", 4th ed., Nueva York: Wolters Kluwer Law & Business, 2011.

10 Asumiendo la hipótesis de la microeconomía clásica, en la que el precio de los productos viene dado por los costes de producción, incluida la remuneración de la empresa.

previsto del accidente en el precio del producto, es decir, sólo cobrará el coste de producción. Sin embargo, los consumidores son conscientes del coste previsto del accidente y "ven" que el coste total de la botella es superior al de la lata.

Sin embargo, en virtud de esta misma regla, y en caso de asimetría informativa desfavorable a los consumidores, éstos desconocen los costes del accidente. Como la empresa sólo cobra el coste de producción, los consumidores serán inducidos a creer erróneamente que la botella cuesta menos que la lata. Tomarán la decisión equivocada de consumir un producto que tiene un coste implícito que desconocen. Por eso, **en un contexto de asimetría informativa en detrimento del consumidor, es importante que la norma adoptada sea la responsabilidad objetiva de** la empresa causante del accidente, porque sólo así tendrá en cuenta (es decir, internalizará) los costes previstos del accidente y cobrará un precio que refleje el coste total, y no sólo el coste de producción.

Además, asignar la norma de la responsabilidad objetiva en estos casos también ayuda a ahorrar costes administrativos en los que habría que incurrir para buscar pruebas, peritajes, etc. En términos de eficacia o de minimización de los costes administrativos, la responsabilidad objetiva también estaría justificada, es decir, incluso sin culpa por parte de la empresa causante del daño.

A veces, asignar la norma de la responsabilidad objetiva puede ahorrar costes administrativos que de otro modo serían necesarios para buscar pruebas, peritajes, etc. Es el caso, por ejemplo, de los daños en las relaciones de consumo, en las que los consumidores suelen ser la parte perjudicada por la asimetría de la información.

8.6. DAÑOS PUNITIVOS Y ACCIONES COLECTIVAS

Los daños punitivos (o daños ejemplares, como se denominan en el Reino Unido) son daños concedidos por encima del daño real causado por el demandante cuando los daños compensatorios son insuficientes para prevenir y reparar el delito. La literatura jurídica y económica (Polinsky A.M. y& Shavell S., 1998; Shavell S., 2004) sugiere en general que los daños punitivos deben concederse cuando el autor tiene muchas posibilidades de eludir su responsabilidad.

La función económica de los daños punitivos es disuadir de cometer delitos indetectables y a los delincuentes que recurren estratégicamente a una aplicación imperfecta de la ley. Estas condiciones suelen darse cuando los costes de litigación son muy elevados o cuando a las víctimas les resulta difícil identificar quién les ha perjudicado. Así pues, los daños punitivos deben compensar el efecto disuasorio de la posibilidad de eludir la responsabilidad. Dada esta función, deben determinarse multiplicando el daño causado por el recíproco de la probabilidad de ser considerado responsable. Un ejemplo de esta situación es cuando el banco cobra comisiones indebidas en cuentas corrientes o préstamos, o cuando realiza cobros duplicados o por servicios no contratados por el cliente, pero la cuantía individual es tan pequeña que pocos consumidores piden indemnización a Procon o en los tribunales.

8.6.1. Daños punitivos y daños morales colectivos

En el derecho brasileño, lo más parecido que tenemos a los daños punitivos es la idea de daño moral colectivo, porque no se puede aumentar la indemnización individual so pena de enriquecimiento injusto, pero son conceptos diferentes. Esto crea una divergencia entre los incentivos privados y sociales. En términos económicos, el error de ejecución representa la externalización de los costes sociales, lo que lleva a los autores a tomar muy pocas precauciones.

Aunque son similares, cabe señalar que los daños punitivos y los daños morales colectivos son conceptos diferentes en la responsabilidad civil.

Los daños punitivos son una forma de castigar al demandado por su comportamiento ilícito, y los tribunales los conceden en casos excepcionales. Su objetivo es disuadir al demandado y a otros de cometer el mismo tipo de acto en el futuro, y pueden superar el importe total de los daños.

Los daños morales colectivos, por su parte, son los que afectan a la comunidad y no sólo a una persona individual. Surgen de actos que perjudican a la sociedad o a grupos específicos de personas, como la discriminación o las prácticas comerciales abusivas. Estos daños pueden repararse mediante acciones colectivas, en las que un grupo de afectados emprende acciones legales para reclamar una indemnización por daños morales colectivos, sin que la sentencia supere el valor del daño inmaterial a la sociedad.

Un ejemplo de esta diferencia se da en la situación en que una empresa de cosméticos vende productos con ingredientes perjudiciales para la salud, causando daños a la salud de numerosos consumidores. La demanda puede interponerse como acción colectiva para reclamar una indemnización por daños morales colectivos. En este caso, se trata de reparar el daño causado a un colectivo de personas afectadas por los productos de la empresa. En caso de que los tribunales concedan también daños punitivos, se trata de castigar a la empresa por su comportamiento ilegal e irrespetuoso. El objetivo de los daños punitivos es disuadir a la empresa y a otros de cometer el mismo tipo de acto en el futuro, garantizando así la protección de los derechos de los consumidores.

8.6.2. Daños punitivos y acciones colectivas

De forma similar al efecto de los daños punitivos, las acciones colectivas acercan la responsabilidad esperada del autor del daño al daño real que causó.

La literatura jurídica y económica identifica varias funciones económicas de las acciones colectivas, incluidas las economías de escala en los litigios; el acceso a la justicia; y el aumento de la asequibilidad de la protección jurídica para los demandantes cuyas reclamaciones implican cantidades demasiado pequeñas para ser comercializadas por los abogados sobre una base contingente. Puesto que se trata de un recurso diseñado para hacer justicia al mayor número de víctimas, y puesto que el recurso permite a las víctimas acumular reclamaciones, debe concluirse que una acción colectiva reduce la posibilidad de que el autor del daño eluda su responsabilidad. Cuando esta proposición se toma junto con el razonamiento económico, parece que los daños punitivos no deberían concederse en el contexto de las acciones colectivas, ya que duplicarían los efectos ya perseguidos a través de estos últimos recursos.

Sin embargo, casos recientes en la legislación estadounidense han demostrado que las indemnizaciones punitivas más elevadas se han concedido en litigios por daños y perjuicios a gran escala, ya que las demandas colectivas contra la industria tabaquera son un ejemplo histórico del uso combinado de los recursos de las demandas colectivas y las indemnizaciones punitivas. Una de ellas, dictada en un tribunal estatal de Florida, valoró los daños punitivos en 144.870 millones de dólares, más de diecisiete veces el patrimonio neto combinado de todos los principales fabricantes de cigarrillos. ¿El uso combinado de estos recursos tiene efectos duplicados y posiblemente indeseables? En otras palabras, ¿se están solapando en estos casos dos recursos que cumplen funciones similares?

En Brasil, a pesar de las disposiciones del art. 884 del Código Civil, que prohíbe claramente el enriquecimiento injusto, y del art. 944 del mismo estatuto, que prescribe que la indemnización se medirá por la extensión del daño, hay voces en la doctrina que defienden el uso moderado del daño *punitivo*[11] . Sin embargo, la mayoría de las decisiones prefieren utilizar la apertura del daño moral para encuadrarlo como una hipótesis de daño moral colectivo (aunque sea ontológicamente distinto).

La presencia de errores de ejecución y el acceso imperfecto a la justicia para los demandantes de escasa cuantía tienen efectos

---

[11] Por ejemplo, la Declaración 379 de la IV Conferencia de Derecho Civil afirma que "el artículo 944, *caput*, del CC/2002 no excluye la posibilidad de reconocer la función punitiva o pedagógica de la responsabilidad civil".

de dilución similares sobre los incentivos de atención que debe prestar el demandante. Por lo tanto, se puede considerar que los daños punitivos y las acciones colectivas desempeñan una función similar en la corrección de los efectos de dilución identificados en los errores de aplicación y en el acceso imperfecto a la justicia. Ambos son fundamentales para la creación de una disuasión óptima. Ésta se crea aumentando el nivel de responsabilidad que se espera del infractor, lo que se consigue por diferentes medios en los dos recursos. A través de los daños punitivos, la responsabilidad esperada se incrementa en la medida en que aumenta el importe de los daños que probablemente pagarán los infractores. Mediante las acciones colectivas, este incremento se produce al aumentar el número de demandas que pueden interponerse contra el demandado.

Los distintos márgenes en los que operan los daños punitivos y las acciones colectivas dan lugar a una serie de diferencias. En el caso de los daños punitivos, el *riesgo moral* se refiere a la posibilidad de que la redistribución del riesgo altere el comportamiento de las víctimas, especialmente en lo que se refiere a los niveles de precaución. Esto se debe a que las víctimas pueden tener menos incentivos para tomar precauciones y un incentivo para convertirse en una víctima sobrecompensada.

No obstante, los daños punitivos difieren de las acciones colectivas en su objetivo de imponer un castigo a un infractor cuyo comportamiento ha mostrado un desprecio consciente por los demás. Sólo deben concederse cuando el delito ha sido intencionado, en casos de dolo o culpa grave.

Además, los daños punitivos deben concederse cuando el infractor obtiene de su conducta ilícita un beneficio mayor que la cuantía del daño que causa. Por ejemplo, cuando el director de un periódico publica declaraciones difamatorias, el tribunal debe tener en cuenta, entre otras cosas, el número de periódicos vendidos, que representa el beneficio del demandado derivado de difamar al demandante. Como ocurrió con Meghan Markle cuando un periódico inglés violó la confidencialidad de la correspondencia al publicar una carta privada a su padre Thomas, a pesar de tener una sentencia a su favor, el periódico siguió publicando para seguir aumentando sus ventas.

En la legislación estadounidense, la prohibición de multas excesivas de la Octava Enmienda y la doctrina del "debido proceso legal sustantivo" proporcionan un límite constitucional a la cuantía de las indemnizaciones por daños punitivos. De forma similar, pero en un formato más restringido, en Brasil existe la retención del enriquecimiento injusto, ya mencionada.

El argumento desde la perspectiva de un análisis económico de la disuasión y los daños afirma que una disuasión insuficiente -una disuasión inferior a la óptima- es un problema para motivar una conducta adecuada de las partes, al igual que una disuasión excesiva. La inversión óptima en seguridad para una parte se produce cuando el coste marginal de una inversión en seguridad es igual a los beneficios marginales de dicha inversión. La lógica de la disuasión excesiva se centra en la posibilidad de que el sistema de responsabilidad obligue a una parte a invertir demasiado en seguridad debido a la amenaza de la responsabilidad.

Unos daños punitivos excesivos, o incluso la amenaza de estos, pueden llevar a una parte a sobrepasar el nivel óptimo de seguridad para evitar la responsabilidad, lo que no es necesariamente bueno. Por ejemplo, no todo el que pueda permitírselo blindará su coche y dejará de gastar en seguridad–reduciendo el riesgo de ser abatido por una bala perdida–porque no es el nivel óptimo para todos. Aumentar demasiado la seguridad puede destruir algunos mercados y tener un efecto perjudicial.

Cualquier exceso de disuasión crearía una asignación subóptima de recursos entre costes y beneficios marginales. Del mismo modo, si el sistema de responsabilidad civil no incentiva adecuadamente a las partes para que inviertan en seguridad, también se producirá una asignación de recursos subóptima.

La función económica de los daños punitivos es disuadir de cometer delitos indetectables y a los delincuentes que recurren estratégicamen-

te a una aplicación imperfecta de la ley, condiciones que suelen darse cuando los costes de litigación son demasiado elevados o cuando a las víctimas les resulta difícil identificar a quien les ha hecho daño.

8.7. REGLA DE HAND

En la sección 8.4 anterior, desarrollamos el modelo y la función de los costes sociales de la responsabilidad civil. Por último, mostramos cómo la norma de responsabilidad subjetiva, al establecer parámetros legales mínimos, incentiva a ambas partes a adoptar niveles óptimos de precaución. Conviene recordar que asumimos que el parámetro legal estipulado equivaldría al nivel eficiente del modelo, que minimiza los costes sociales totales, es decir, que = x*. Sin embargo, esto no siempre es así. ¿Cómo podrían los reguladores conocer el nivel eficiente de x^* *para* crear un criterio legal basado en él?

Un caso real, bien conocido en la literatura sobre el análisis económico de la responsabilidad civil, puede ayudar a dilucidar el problema. Se trata de *United States v Carroll Towing Co,* un caso de la jurisprudencia estadounidense del que se derivó la famosa "regla de la mano".

El incidente ocurrió en la década de 1940 en el puerto de Nueva York. Varias barcazas estaban amarradas a varios muelles mediante una única cuerda de anclaje. El remolcador del demandado fue contratado para sacar una de las barcazas del puerto. Para ello, tuvo que soltar otras barcazas; sin embargo, no había nadie a bordo, por lo que decidió ajustar los cabos de anclaje. Al no hacerlo correctamente, una de las barcazas se soltó, chocó con una tercera y se hundió junto con toda la carga que llevaba a bordo. El propietario de la barcaza que se hundió demandó al propietario contratante del remolcador, alegando negligencia en la manipulación de los cabos del ancla. El propietario del remolcador, el demandado, respondió alegando negligencia por parte de la otra parte, porque la barcaza hundida no tenía barquero cuando hubo que ajustar los cabos del ancla. Si el barquero del demandante hubiera estado en la barcaza en ese momento, podría haberse asegurado de que los cabos se hubieran ajustado correctamente, sin que la barcaza y su carga se hundieran. Fue el juez Learned Hand quien dictó sentencia en el caso. Su regla de decisión se ha convertido en fundamental en el análisis de la responsabilidad civil. En sus palabras:

> Del examen anterior se desprende que no existe una regla general para determinar cuándo la ausencia del barquero u otro asistente hará responsable al propietario de una barcaza de los daños causados a otras embarcaciones si ésta se suelta de sus amarras [...]. Puesto que hay momentos en que todo buque se soltará de sus amarras y puesto que, si lo hace, se convertirá en una amenaza para quienes se encuentren a su alrededor, la obligación del propietario, como en otras situaciones similares, está en función de tres variables: 1) la probabilidad de que se suelte; 2) la gravedad de los daños resultantes si lo hace; 3) la carga de las precauciones adecuadas. Quizás formular esta noción en términos algebraicos sirva para enfatizarla: si la probabilidad se denomina P, el daño R y la carga O, la responsabilidad civil depende de que O sea menor que R multiplicado por P, es decir, de que O<PR [...] [el juez Hand aplicó entonces la fórmula a los hechos del pleito y concluyó que, como en este caso O<PR, el propietario de la barcaza [hundida] fue negligente por no tener un barquero a bordo durante las horas de luz]. (Cooter y Ulen, 2010, p. 345).

Se puede ver que si el Juez Hand asumiera valores marginales en su formulación, básicamente su línea de razonamiento para la formulación de la decisión es exactamente equivalente al modelo analítico que derivamos anteriormente. Esto puede observarse fácilmente comparando las variables del Juez Hand con las de nuestro modelo anterior:

Mandato del juez Hand	Notación manual	Notación de nuestro modelo analítico
Carga	O	wc
Rendición de cuentas	R	A
Probabilidad	P	p′

En otras palabras, según la regla del juez Hand, pero utilizando nuestra notación presentada anteriormente, si $w_c < p'A$, el autor es culpable. Más concretamente, el autor es responsable cuando la precaución adicional tiene unos costes inferiores a los beneficios generados, es decir, cuando $x < x^*$, y la norma jurídica debe ser la que haga que uno siga aumentando la cantidad de precaución invertida (x) hasta el nivel eficiente (x^*). Cabe señalar que en el caso concreto de *Estados Unidos contra Carroll Towing Co*, lo que se analizaron fueron las variables relacionadas con el propietario de la barcaza hundida.

Como muestran Cooter y Ulen:

> Los tribunales estadounidenses utilizan a menudo la regla de Hand para decidir cuestiones de culpabilidad. La aplicación reiterada de la regla de Hand permite a los sentenciadores descubrir el nivel eficiente de precaución. En una serie de juicios, se preguntan si una precaución adicional estaría justificada en términos de costes. Si la respuesta es "sí", el autor del daño no ha respetado el parámetro legal y es responsable. Presumiblemente, los autores reaccionarán a esta decisión aumentando su nivel de precaución. Con el tiempo, llegará a los jueces un caso en el que la precaución adicional esté justificada en términos de costes. [...] Para aplicar la regla de Hand, el responsable de la toma de decisiones necesita saber si un poco más de precaución cuesta más o menos que la reducción resultante de los costes esperados de los accidentes. [...] Aplicar la regla de Hand caso por caso es una forma de que los tribunales encuentren un parámetro jurídico eficaz. [...] (Cooter y Ulen, 2010, p. 346).

Los tribunales brasileños empiezan a reconocer y aplicar la regla o fórmula de Hand. En el Tribunal de Justicia de Rio Grande do Sul (TJ-RS), por ejemplo, hay varias sentencias que analizan detenidamente la responsabilidad civil basada en esta regla. Por ejemplo, el Recurso Civil nº 5001651-04.2020.8.21.0007, relatado por el juez Eugenio Facchini Neto el 10 de mayo de 2022. Pero los casos no se detienen ahí.

Según la regla de Hand, la parte es responsable cuando la precaución adicional que podría/debería haber tomado tiene costes inferiores a los beneficios que generaría, y la regla legal debe ser una que haga que

la parte siga aumentando la cantidad de precaución invertida (x) hasta el nivel eficiente (x*).

PREGUNTAS

1) ¿Cuáles son los principios fundamentales de Guido Calabresi para el análisis económico del Derecho en materia de responsabilidad civil extracontractual?

   a) Responsabilidad objetiva, eficacia y reparación integral.

   b) Responsabilidad objetiva, justicia social y reparación integral.

   c) Responsabilidad subjetiva, eficacia y reparación proporcional.

   d) Responsabilidad subjetiva, proporcionalidad y reparación equitativa.

2. ¿Cuáles son los mecanismos de prevención para evitar daños?

   a) Responsabilidad objetiva y castigo.

   b) Responsabilidad objetiva.

   c) Responsabilidad subjetiva y castigo.

   d) Responsabilidad subjetiva.

3. ¿Cuál de las siguientes alternativas puede considerarse daños punitivos?

   a) Indemnización que cubra el coste de la reparación.

   b) Una sanción pecuniaria adicional que supere el coste de la reparación.

   c) Indemnización específica en función de la víctima.

   d) Un castigo específico basado en la culpabilidad.

4) ¿Cómo aborda el análisis económico del derecho la responsabilidad civil extracontractual?

   a) Como forma de incentivar el cumplimiento de los contratos.

   b) Como forma de establecer las expectativas de las partes de un contrato.

   c) Como forma de castigar a los individuos por comportamiento negligente.

   d) Como forma de promover la eficiencia económica.

5 ¿Qué es la regla de Hand?

   a) Norma que define el nivel de responsabilidad de una empresa por un daño determinado.

   b) Norma que define el nivel de responsabilidad de una víctima por un daño determinado.

   c) Norma que establece la cuantía de los daños punitivos que puede exigir una parte.

   d) Una norma que establezca la cuantía de los daños compensatorios que una parte puede reclamar.

6. ¿Cuál de los siguientes factores es más probable que afecte a la decisión de una persona de tomar medidas de seguridad para evitar accidentes?

   a) La magnitud del riesgo de accidente;

   b) el coste de aplicación de las medidas de seguridad; c

   c) La gravedad de las consecuencias del accidente;

   d) Todas las anteriores.

7) ¿En qué medida afecta la responsabilidad civil objetiva (o responsabilidad sin culpa) al número de accidentes?

   a) No afecta al número de accidentes;

b) Reduce el número de accidentes;

c) Aumenta el número de accidentes;

d) Puede afectar al número de accidentes tanto positiva como negativamente.

8. ¿Cuál es el principal objetivo del análisis económico de los accidentes?

a) Identificar a los responsables del accidente;

b) Determinar el coste del accidente para las partes implicadas;

c) Evaluar los beneficios y costes de las medidas de seguridad;

d) Proporcionar una justificación moral para la compensación.

9) ¿Qué es un "riesgo moral" en relación con la indemnización por accidente?

a) El riesgo de que se produzca un accidente;

b) El riesgo de que las partes implicadas reciban una compensación inadecuada;

c) El riesgo de que las partes implicadas adopten medidas de seguridad inadecuadas debido a la existencia de una indemnización;

d) El riesgo de que el coste de la indemnización sea superior al coste del propio accidente.

10. ¿Cuál es la importancia de analizar la conducta de la víctima a la hora de evaluar la indemnización por accidente?

a) El comportamiento de la víctima puede afectar a la responsabilidad de la persona responsable del accidente;

b) La conducta de la víctima no es relevante para la evaluación de la indemnización;

c) El comportamiento de la víctima influye en la gravedad de los daños causados por el accidente;

d) Ninguna de las anteriores.

Respuestas:

1–A

2–B

3–B

4–D

5–D

6–D

7–D

8–C

9–C

10–A

REFERENCIAS BIBLIOGRÁFICAS

Calabresi, Guido (1970) **Los costes de los accidentes: un análisis jurídico y económico.** New Haven: Yale University Press.

Cooter, Robert y Ulen, Thomas (2010) **Derecho y Economía.** 5ª edición traducida. Porto Alegre: Artmed Editora.

Polinsky, A. Mitchell (2011) **Introducción al Derecho y la Economía.** 4th ed., Nueva York: Wolters Kluwer Law & Business.

Polinsky, A. Mitchell, y Shavell, Steven (1998). "Sobre la historia del delito y la teoría de la disuasión". **International Review of Law and Economics** 18.3: 305-324.

Salama, Bruno M. (2008) "¿Qué es la investigación en Derecho y Economía?" Cadernos Direito GV, v. 5, n. 22. São Paulo: FGV Direito. (Disponible en: https://**works.bepress.com/bruno_meyerhof_salama/19/**)

Shavell, Steven (2004). "Minimum asset requirements and compulsory liability insurance as solutions to the judgement-proof problem". **NBER**

Working Paper 10341. (Disponible en: https://www.nber.org/papers/w10341)

Zylbersztajn, Decio y Sztajn, Rachel (2005). **Derecho y Economía.** Río de Janeiro: Campus.

Capítulo 9.

Análisis económico del Derecho penal

Imaginemos a un profesor llamado Gary que llega tarde a una importante conferencia. Resulta que todos los aparcamientos cercanos están llenos, y sólo hay un lugar donde podría parar, pero es un lugar prohibido. ¿Pararía este profesor en el lugar prohibido? Si esta conducta se considerara delito y conllevara el mismo castigo, ¿sería diferente su comportamiento? Fue esta situación la que llevó al profesor Gary Becker a escribir el gran clásico del análisis económico del Derecho penal, que será la base lógica de este capítulo, considerando las elecciones racionales de los agentes económicos en Derecho penal.

9.1. PRESENTACIÓN

Como vimos anteriormente, el análisis económico del derecho hace hincapié en el papel de los institutos jurídicos en el establecimiento de incentivos y destaca el efecto de las normas sobre las elecciones de los individuos sometidos a ellas. Así, juristas y economistas comparten un sentido común: el Derecho es un mecanismo de orientación del comportamiento social y los incentivos y recompensas (*pay-offs*, en el lenguaje de la teoría económica) están en el centro del análisis primario en cualquier caso que se analice (Ramos, 2018).

En otras palabras, los agentes racionales reaccionan a los incentivos, incluso en el ámbito penal, de modo que cuando aumenta la sanción legal por una acción (es decir, cuando sube su precio), la gente se ve desincentivada a realizar esa actividad (es decir, a consumirla en menor medida). Así, por ejemplo, según el análisis económico del derecho, el objetivo de conceder indemnizaciones por daños y perjuicios en el derecho de responsabilidad civil es evitar que los individuos causen accidentes, para incentivar a los posibles infractores a tomar precauciones eficientes.

Cabe señalar que este análisis, en su forma tradicional, no analiza los delitos que se producen por comportamientos irracionales, como los actos cometidos por emociones violentas.

Las normas jurídicas penales son manifestaciones del *imperium* estatal, regulando y restringiendo la libertad individual en honor de algún interés social que siempre está relacionado con un bien jurídico protegido por el ordenamiento jurídico. Por lo tanto, el derecho penal es la columna vertebral de una nación civilizada, con el objetivo de mantener la ley y el orden en la sociedad.

9.1.1. Diferencias entre delitos civiles y penales

Porto y Garoupa (2022) hacen una excelente comparación. A pesar de tener una base común, los delitos civiles se refieren a los daños causados en general, mientras que los delitos penales, según la definición establecida por el ordenamiento jurídico, son más graves. Es decir, la diferencia fundamental es la importancia del bien jurídico protegido, definido por la sociedad a través de la ley.

Por lo tanto, las consecuencias también deben ser diversas. Las sanciones penales pueden aplicarse de diferentes maneras: multas (indemnización), detención, encarcelamiento, penas restrictivas o pena de muerte, por ejemplo. En el caso de la responsabilidad civil, la indemnización tiene por objeto reparar a la víctima, a expensas del autor, tratando de dejarla en una situación equivalente a la que tenía antes de que se produjera el daño. Así, por tener objetivos diferentes, la indemnización civil y la pena pueden ser independientes e imponerse al mismo tiempo, sin violar el principio de prohibición de la doble incriminación.

El derecho penal difiere de muchas otras leyes en que otras leyes se ocupan de injusticias privadas, mientras que los delitos de los que se ocupa se consideran públicos y, por tanto, necesitan castigos más severos.

Un delito no sólo supone un perjuicio para la víctima, sino que también conlleva ciertos costes para la sociedad: es un atentado contra el Estado de Derecho. Cuando se comete un delito, la sociedad sufre la pérdida de ciertos recursos. Si se inflige un daño físico, se incurre en ciertos costes de tratamiento. Cuando se mata a un hombre, su familia sufre la pérdida de sus ingresos. Así que, en alguna parte, todos los delitos afectan a la economía de la sociedad. El derecho penal persigue el bienestar de la sociedad minimizando la aparición de delitos, y la economía persigue maximizar el bienestar social.

El derecho penal y las sanciones no son los únicos mecanismos para internalizar los daños externos y controlar las conductas que los causan. Estos objetivos también pueden alcanzarse a través del sistema de responsabilidad civil. Al igual que las sanciones penales, las medidas de responsabilidad civil también pueden considerarse una forma de "impuesto pigouviano" y un medio de minimizar la divergencia entre los costes privados y sociales asociados a la realización de actos perjudiciales. En palabras de Shavell (2004), "¿por qué querría la sociedad designar un determinado conjunto de actos como incluidos en un epígrafe especial, el del derecho penal, y luego utilizar el encarcelamiento y otras sanciones como castigos por cometer esos actos?".

Un argumento central a favor de un aparato penal separado tiene su origen en las condiciones de insolvencia y el consiguiente fracaso de las medidas monetarias, subyacentes a las leyes de responsabilidad civil (pero también a las multas penales) para controlar ciertos tipos de comportamientos causantes de daños. Según Shavell, sin la amenaza del encarcelamiento, los delincuentes potenciales se verán poco disuadidos de cometer las actividades que constituyen el centro del aparato penal–como el robo, el asesinato o la violación–por las siguientes razones.

(a) La delincuencia está correlacionada con bajos niveles de riqueza. Ante la perspectiva de insolvencia de los delincuentes potenciales, el uso exclusivo de sanciones económicas puede no ser un elemento disuasorio eficaz. Los delincuentes podrían librarse de pagar todas las penas necesarias para la disuasión. Además, el trabajo legal es un buen sustituto[1] de la actividad delictiva, es decir, si el trabajo legal ofrece buenas oportunidades, la gente buscará menos el mercado delictivo. En las sociedades pobres, la expectativa de una remuneración legal puede no ser tan atractiva como la actividad delictiva. Por ejemplo, en su tesis de maestría para el Programa de Posgrado en Sociología de la Universidad de São Paulo, Joaquim Miranda Maloa pudo concluir que muchos de los jóvenes habitantes de la ciudad de Lichinga, en Mozambique, que cometían delitos de robo a mano armada tenían dificultades para entrar en el mercado laboral formal y, por lo tanto, recurrían a la delincuencia.

(b) Cuando los actos son intencionados -planificados y ejecutados por delincuentes que intentan eludir su identificación- la probabilidad de detección es relativamente baja. A la luz de los niveles más bajos de detectabilidad, la sanción monetaria que sería necesaria para la disuasión se eleva por encima del nivel del daño ex post (el daño realmente causado por el delito). Esto aumenta la probabilidad de que la sanción monetaria supere las limitaciones presupuestarias del infractor.

(c) Externalidad en red[2] el daño social esperado causado por la comisión de los actos que constituyen el núcleo del delito es a priori muy sustancial, generando una repercusión mucho mayor que podemos denominar efecto cultural. El

---

1 Recordemos del capítulo sobre fundamentos microeconómicos que si dos bienes son sustitutivos y el precio de uno de ellos sube, la demanda del otro aumentará. Por ejemplo, si sube el precio del chocolate Toddynho, aumentará la demanda de chocolate Nescau (como consecuencia de que los consumidores prefieren pagar menos).

2 La externalidad de red se produce cuando la práctica de un acto por varias personas tiene efectos que no se suman, sino que se magnifican, causando un impacto mucho mayor del imaginado. Un ejemplo de externalidad de red positiva son las redes sociales, porque cuantas más personas las utilizan, más se benefician de la red (el valor de una red social aumenta exponencialmente).

daño causado por muchos delitos se potencia, generando estímulos culturales para cometer aún más delitos. Esto también se pasa por alto y limita la eficacia de las sanciones monetarias para lograr la disuasión.

Además de la preocupación de que la solvencia de los acusados no siempre pueda acomodar el daño que infligen a otros con sus acciones, otra razón para un aparato penal tiene su origen en los costes de la aplicación de la ley: las víctimas no siempre pueden permitirse los costes asociados a la detección, la prueba y el enjuiciamiento del caso; o pueden, pero se abstienen de hacerlo porque estos costes superan el daño sufrido. El resultado sería una reducción de la probabilidad de que quienes infligen daños respondan de sus actos. Paralelamente al umbral de solvencia, tal reducción de la probabilidad de imponer responsabilidades también reduce los costes esperados a los que se enfrentan los demandados potenciales, lo que conduce a una infrademanda. Por lo tanto, la aplicación pública es necesaria.

Por último, otra ventaja relativa del encarcelamiento sobre la indemnización monetaria son los beneficios incapacitantes que proporciona el primer tipo de castigo: a diferencia de la medicina o las multas monetarias, el encarcelamiento impide que el delincuente cometa nuevos errores durante la duración del encarcelamiento (incapacitación).

Por todas estas razones, el aparato del derecho de responsabilidad civil y los remedios monetarios que ofrece no son suficientes para regular toda la gama de comportamientos causantes de daños en la sociedad. Hay que señalar, sin embargo, que, según el análisis económico, el encarcelamiento debe seguir siendo una sanción residual: el objetivo primordial del castigo penal es incentivar un comportamiento eficiente, por lo que cuando las circunstancias antes mencionadas de insolvencia o ventajas incapacitantes no se materializan, debe recurrirse a remedios o sanciones monetarias.

9.1.2. Objetivos de las teorías del Derecho penal

Teniendo esto en cuenta, de forma pragmática, las teorías pretenden responder a dos preguntas básicas: (1) ¿Qué actos deben castigarse? Y (2) ¿hasta qué punto?

El análisis económico de la delincuencia (o derecho penal) es el análisis del sistema de (des)incentivos legales para el comportamiento delictivo y las políticas públicas. Así, estudia la toma de decisiones de los delincuentes potenciales, que sopesan los costes y beneficios de su comportamiento; y examina los niveles óptimos de castigo y aplicación de la ley, teniendo en cuenta los costes y beneficios para la sociedad. De este modo, se evitan las valoraciones subjetivas para producir un análisis más neutral. Esto supone una clara ventaja, ya que lo acerca más al método científico.

Las nociones de racionalidad, maximización de la utilidad y eficiencia parecen a muchos ajenas a la esfera penal, comúnmente asociada a cuestiones de culpabilidad moral, equidad, justicia y retribución. Pero el vínculo conceptual entre el análisis económico y el Derecho penal es fuerte y está profundamente arraigado. De hecho, el derecho penal es el "dominio nativo" del movimiento del derecho y la economía: el análisis económico del derecho surgió esencialmente del análisis económico del derecho penal; y los trabajos pioneros del derecho y la economía modernos evolucionaron, en gran medida, a partir de la obra de Gary Becker, *Crime and Punishment: an Economic Approach.* (Crimen y castigo: un enfoque económico). Además, Beccaria y Bentham -cuyas teorías morales utilitaristas motivan el análisis económico actual- abordaron muchas de las cuestiones que actualmente subyacen en el análisis económico del Derecho penal. Como intentaremos demostrar en este capítulo, el análisis económico tiene mucho que ofrecer a la hora de comprender y diseñar la doctrina del Derecho penal.

9.2. TEORÍA ECONÓMICA DE LA DELINCUENCIA

En general, la economía analiza la elección y el comportamiento racionales de los individuos en la producción y el consumo de bienes económicos, es decir, bienes que son escasos. Considerando que los agentes son racionales y los bienes escasos, todos -individuos, empresas o incluso el Estado- actúan para maximizar su utilidad (satisfacción). A partir de esta idea, es posible concluir que los individuos no actuarán a menos que el beneficio esperado de la acción supere su coste esperado. El análisis económico del Derecho penal se refiere a la aplicación del razonamiento económico a las normas e instituciones penales.

Así, los agentes delictivos comparan los costes esperados de la actividad delictiva con sus beneficios esperados y deciden si merece la pena dedicarse (o no) a la actividad delictiva cuando el beneficio supera al coste. Los beneficios esperados incluyen las ganancias tangibles (el bien de la vida) o intangibles (el dolor y el sufrimiento de la odiada víctima) derivadas de la actividad delictiva. Los costes del acto delictivo incluyen tanto los recursos empleados para la actividad delictiva (por ejemplo, la palanca para entrar a robar), los costes de evitar la detención (por ejemplo, vehículos para escapar, destrucción de pruebas, etc.), los costes de oportunidad y, lo que es más importante, los costes esperados de la pena prevista por el derecho penal. El derecho penal se centra principalmente en estos últimos, intentando aumentar el coste esperado de la actividad ilegal mediante la imposición del castigo esperado. Al fijar el castigo esperado (precio) en el nivel ideal de severidad, se disuadirá al delincuente potencial de cometer el delito.

El Derecho penal regula una clase de actos delictivos que imponen externalidades negativas, es decir, que causan efectos secundarios adversos a terceros que el mercado no tiene en cuenta. Estos costes "para otros" siguen siendo "externos" al cálculo de costes-beneficios del delincuente potencial. Con arreglo a los supuestos económicos habituales de maximización de la utilidad, en situaciones en las que determinados actos causan externalidades negativas, los individuos pueden decidir llevarlos a cabo incluso cuando los costes para los demás superan los beneficios de hacerlo, ya que no soportan estos costes para los demás.

La solución clásica a esta situación es un "impuesto pigouviano", es decir, la internalización de las consecuencias de forma que se obligue para tener en cuenta estos costes en el cálculo de la relación coste-beneficio. Para Gary Becker, las sanciones penales son precisamente un "impuesto pigouviano". Según este análisis, los delitos son actos que generan externalidades y la justificación para proscribirlos radica en esta ineficiencia subyacente. La imposición de la responsabilidad penal y del castigo (*ex post*) obliga a los delincuentes potenciales a internalizar los costes de estas actividades para los demás (*ex ante*) y, por tanto, sirve como medio para disuadir a los delincuentes potenciales de participar en estos actos ineficientes.

9.2.1. Política penal

El modelo económico del derecho penal se centra no sólo en la elección de los individuos y sus capacidades como delincuentes potenciales, sino también en otra faceta de este análisis, que afecta a las instituciones de justicia penal, al planificador social y a las políticas de control de la delincuencia. Sin embargo, disuadir y prevenir la delincuencia no es gratis, sino que depende de que el Estado invierta recursos en detener a los delincuentes e imponer castigos. En otras palabras, dependen del aumento de los costes de la vigilancia policial, el enjuiciamiento y el encarcelamiento.

El Estado también busca maximizar su utilidad de la política pública de lucha contra la delincuencia, del mismo modo que los delincuentes potenciales, sopesando los costes asociados a la aplicación de la ley y los beneficios de la reducción de la delincuencia, considerando la función de utilidad del Estado como dirigida a minimizar los costes globales esperados de la delincuencia y de la prevención de la delincuencia, con el fin de lograr una disuasión óptima. En otras palabras, según el análisis económico del Derecho penal, el objetivo del aparato de Derecho penal no es eliminar por completo la delincuencia, ni impedir por completo que los individuos se dediquen a actividades delictivas. Se trata de alcanzar un nivel óptimo de delincuencia y disuasión.

9.2.2. Hipótesis

Debe entenderse que el enfoque económico del Derecho penal está conformado por un esfuerzo por explicar el comportamiento delictivo y los principios del Derecho penal desde un punto de vista económico, es decir, se basa en la premisa de que los agentes (delincuentes, víctimas y fuerzas del orden) son racionales y toman decisiones para maximizar su satisfacción.

Esta racionalidad se realiza con un sesgo económico: el delincuente compara las ganancias de cometer un delito con el coste esperado (probabilidad de castigo multiplicada por el propio castigo, la posibilidad de estigmatización social y cualquier coste psicológico). Al cometer el delito, se entiende que el delincuente ha asumido que la ganancia de cometerlo supera el coste esperado. Cooter y Ulen (2016, p. 474) señalan que podemos utilizar la teoría de los precios para analizar el comportamiento delictivo:

> Para los economistas, las sanciones se parecen a los precios y, presumiblemente, la gente responde a estas sanciones de la misma manera que responde a los precios. La gente responde a precios más altos consumiendo menos del bien más caro, así que presumiblemente la gente responde a sanciones legales más duras llevando a cabo menos actividades delictivas.[3]

En el ejemplo del principio del capítulo, el profesor Gary Becker acabó decidiendo aparcar en un lugar prohibido, cometiendo una infracción grave porque era poco probable que le sanciona-

---

[3] Traducción gratuita.

ran, ya que suele haber poca vigilancia del tráfico en una noche de invierno en Chicago.

Uno de los puntos esenciales para entender esta teoría es considerar que el comportamiento delictivo se produce cuando la utilidad (nivel de satisfacción) esperada de la actividad delictiva es mayor que si el agente destinara sus recursos a otras actividades lícitas, como un trabajo legal. En otras palabras, todo es, al fin y al cabo, un análisis coste-beneficio del comportamiento.

Así, una persona comete o participa en actos delictivos porque le ofrecen mayores beneficios que el uso legítimo de medios legales, tiempo y esfuerzo para lograr el resultado deseado. Conviene subrayar una vez más que la teoría tradicional no tiene en cuenta las elecciones irracionales, como los delitos cometidos por emoción violenta.

9.2.3. Objetivos

Si tratamos de estudiar los costes relacionados con la delincuencia y el derecho penal, tenemos que recurrir a la teoría de los "costes de transacción". Para el derecho penal, el "coste de transacción" consiste en los gastos ocasionados por el mantenimiento y la protección de los derechos. Las cantidades en las que incurre el Estado para mantener a la policía, las prisiones, las indemnizaciones, etc., se incluyen en el coste de transacción.

Pero, como hemos visto antes, en derecho penal no podemos permitir que la mera compensación deshaga el mal causado. El Estado incurre en elevados costes para castigar a los delincuentes, que incluyen el mantenimiento de las prisiones y el coste de alimentar y alojar a los delincuentes. Por lo tanto, el sistema jurídico debe ser tal que el beneficio neto (B-C) sea máximo, lo que ocurre cuando el coste marginal es igual al beneficio marginal, es decir, el derecho penal debe desincentivar las prácticas delictivas hasta el punto en que el aumento de la desincentivación -por ejemplo, con más vigilancia policial- sea igual al beneficio de la reducción de la delincuencia causada por esta medida.

9.2.4. Utilidad esperada o principio multiplicador

Como hemos visto, los agentes son racionales y sopesan consciente o inconscientemente los costes y beneficios tangibles e intangibles. Los costes intangibles pueden incluir el daño a la reputación de alguien, la privación de libertad o pasar menos tiempo con la familia. Los beneficios intangibles incluyen el placer intelectual, una mayor sensación de realización o más ocio, todos ellos fines que los individuos pueden desear perseguir. Estos costes y beneficios entran así en el cálculo del agente a la hora de deliberar sobre el consumo de determinados bienes o la realización de determinadas actividades, pero también en entornos humanos externos al mercado (denominados "mercados implícitos").

Por regla general, los delincuentes profesionales son económicamente racionales. Comparan el beneficio esperado de cometer un delito con el coste esperado, incluido el riesgo de castigo, la posibilidad de estigmatización social y cualquier coste psicológico. Un delincuente es un individuo para el que el beneficio de cometer un delito compensa con creces el coste esperado.

Aunque algunos autores lo llaman "principio de multiplicación", en realidad no tiene nada que ver con principio o multiplicación: es la ponderación de las consecuencias con la probabilidad de que se produzcan. En estadística, esto se llama expectativa matemática o valor esperado. Así, en derecho penal, la pena esperada es la pena media de la situación ponderada (multiplicada) por la probabilidad de detección y castigo. Por ejemplo, el coste tangible esperado de un homicidio simple, cometido por un agente sin antecedentes, es de unos 8 años (igual a 96 meses) y los datos muestran que la probabilidad de castigo (descubrimiento y condena) es del 5 %, por lo que la pena esperada es de 96 x 0,05 = 4,8 meses.

El principio multiplicador consiste en calcular el valor esperado de la sanción, es decir, multiplicar el coste (sanción) por la probabilidad de que se produzca.

El cálculo mental que hace el individuo consiste en analizar las expectativas de ganancias y costes. Esta es la base del "principio multiplicador". La utilidad esperada es igual al beneficio menos el coste esperados, o, en términos matemáticos:

$$E[U] = E[B] - E[C]$$

donde la expectativa matemática del beneficio (E[B]) y del coste (E[C]) dependen de la probabilidad "p" de que haya castigo por el delito; y "U" es la función de utilidad,–el nivel de satisfacción generado por algo, ya sea por las ganancias o por las sanciones. Así, tenemos:

E[B] = (1–p). U (Ganancias), es decir, el beneficio esperado del delito es la probabilidad de no ser castigado multiplicada por la utilidad de la ganancia criminal.

E[C] = p. U (Sanciones), mientras que el coste esperado es la probabilidad de castigo multiplicada por la utilidad del castigo.

Hay que tener en cuenta que la ecuación del coste esperado puede generar "desutilidad", insatisfacción. Por lo tanto, sería más apropiado utilizar la ecuación inicial como E[B] + E[C], pero hemos dejado el signo negativo para dejar claro que se trata de una reducción del nivel de satisfacción.

Así, cuando la utilidad esperada es positiva (E[U] > 0), al agente le merece la pena dedicarse a la actividad delictiva, porque los beneficios esperados son mayores que los costes esperados.

La probabilidad de castigo (p) es siempre inferior a uno, por lo que, si la probabilidad de castigo es del 50 % y la pena es una multa de 100 reales, la sanción esperada es 100 x 0,5 = 50 reales. Para un delincuente neutral al riesgo, el coste relevante es la sanción esperada. Así, por ejemplo, un delincuente cometerá un acto delictivo si el beneficio es de 80 reales y el coste esperado es de 50 reales. Para disuadir a este individuo, el gobierno debe aplicar un castigo esperado que haga que el coste total esperado sea mayor que el valor del beneficio esperado.

En línea con la tradición pigouviana, Becker argumentaba que, fijando el castigo penal de modo que su valor esperado *ex ante* fuera igual al daño esperado del delito, la sociedad reduciría la actividad delictiva al nivel eficiente. Si el castigo esperado se fija en un nivel igual al daño social esperado, un delincuente potencial cometería el delito sólo si los beneficios obtenidos al hacerlo superasen los costes del delito para la sociedad. Dado que los delincuentes escapan a la detección y la condena, el castigo real impuesto a los que son condenados en juicio tendría que superar los costes sociales del acto delictivo para que el valor esperado del castigo fuera igual al daño social.

Para los delincuentes que buscan el riesgo, el efecto disuasorio de la pena será inferior a su valor esperado, mientras que, para los delincuentes con aversión al riesgo, el efecto disuasorio de la pena superará su valor esperado. Lo que se deduce es que, para una disuasión óptima, la pena debe ajustarse hasta que su "desutilidad" descontada o inflada sea igual al daño social del delito.

Este modelo económico ha sido corroborado por diversos estudios empíricos, desde Ehrlich (1974) hasta Nagin (2013) y otros más recientes que indican la validez de esta teoría.

9.3. SANCIÓN

Como ya se ha dicho, toda teoría del delito debe responder a dos preguntas: "¿Qué actos deben castigarse?" y "¿Hasta qué punto?". La primera pregunta se refiere a los criterios distintivos de un delito, y la segunda busca calibrar los castigos. Es básicamente dentro de estas dos preguntas donde funciona el análisis económico del derecho penal.

En general, el derecho penal se basa en la idea de la disuasión y, por lo tanto, castiga a los delincuentes para dar ejemplo a los demás. Sin embargo, con el tiempo, el derecho penal también ha incorporado la idea de justicia reformadora, además de la retributiva. Ahora su objetivo es reformar a los delincuentes sometiéndolos a diversos programas de rehabilitación.

Una cuestión que se plantea es si debe permitirse al delincuente moverse libremente si compensa adecuadamente a la víctima, como se hace en las injusticias civiles. Si un delincuente se propone indemnizar perfectamente a la víctima, ¿puede ser absuelto?

El delincuente interfiere en la libertad de la víctima, que debe ser protegida por el Estado. Si se permite este tipo de reparación, las libertades y derechos de los ciudadanos estarán expuestos a continuas violaciones. El principal objetivo del Derecho penal es la disuasión, que no puede lograrse únicamente mediante la indemnización. Por lo tanto, aunque intentemos analizar económicamente las actividades de un delincuente, no podemos justificarlas.

Así pues, las penas tienen 2 efectos claros y directos[4] : disuadir e incapacitar. Si las penas no son lo suficientemente severas, el objetivo disuasorio del derecho penal perderá su sentido y no se controlará la delincuencia. Además, el preso queda incapacitado para cometer nuevos delitos.

9.3.1. Disuasión

Los delincuentes pueden ser disuadidos por las penas y consecuencias jurídicas previstas por la ley, por lo que la sociedad, a través de sus legisladores, debe decidir el tipo y el tamaño de las penas para los delitos. Tales cuestiones deben determinarse en función de la medida en que los distintos tipos de consecuencias jurídicas de la comisión de delitos (multas, penas de prisión, servicios a la comunidad, medidas de seguridad, etc.) disuaden de delinquir, en comparación con sus respectivos costes (Ramos, 2018).

Cooter y Ullen (2016, p. 463) afirman que el delito y el castigo pueden clasificarse por su gravedad:

---

4 Además de estos efectos, se podría señalar el carácter retributivo de la pena, pero no analizaremos este aspecto en este libro, ya que el fundamento es más moral que económico.

> Los delitos pueden clasificarse según su gravedad. Sea x la gravedad de un delito, donde x = 0 indica que no hay delito y x > 0 indica un delito grave. Los delitos más graves suelen tener una recompensa mayor para el delincuente. Sea y el pago del delincuente, donde y = y(x) e y(x) aumenta con x. Para concretar, consideremos el delito de malversación cometido por un contable en una pequeña empresa. La gravedad del desfalco se mide en parte por la cantidad robada. El contable no puede malversar nada, en cuyo caso y(x) = 0 $, y no hay delito. Alternativamente, el contable puede malversar mucho, digamos 10.000 $, en cuyo caso y(x) = 10.000 $ y el delito es grave.
>
> Los castigos pueden clasificarse según su gravedad. Sea f la severidad del castigo, donde f = 0 indica que no hay castigo y f > 0 indica un castigo severo. Los castigos más severos se asignan a delitos más graves, por lo que f = f(x), y f(x) aumenta con x. Para concretar, consideremos una multa para castigar la malversación. Para castigar, la multa debe superar el pago del delincuente: f(x) > y(x)[5].

9.3.1.1. Disuasión total (o general): es la disuasión total de cometer delitos

Pero además de la disuasión general, como hemos visto, el legislador puede imponer distintos niveles de disuasión en función de la gravedad, generando una disuasión marginal. El principio de disuasión marginal consiste en una disuasión adicional, en función de la proporcionalidad del daño. Una de las funciones de la amenaza de sanciones es la influencia que ejercen para que el delincuente se decante por un delito u otro, en particular por los menos lesivos. Por ejemplo, la diferencia entre la pena por hurto y la de robo es la disuasión marginal para que, si el delincuente va a cometer un delito contra la propiedad, elija el menos grave.

La sanción ideal para un acto delictivo determinado acaba aumentando el nivel de daño asociado a éste, pero, por otro lado, disminuye el nivel de daño asociado a cualquier otro delito más grave.

---

5 Traducción gratuita.

La refutación de la idea de Becker de las penas máximas se basa en el concepto de "disuasión marginal" introducido por Stigler. Según este autor, la disuasión marginal implica que el castigo debe ajustarse al delito.

La disuasión marginal es la reducción parcial de la delincuencia, creando un incentivo para comportamientos menos graves.

9.3.2. Incapacitación y castigo

La incapacitación se produce con la privación de libertad, porque cuando un delincuente es encarcelado no puede cometer nuevos delitos, es decir, el delincuente está incapacitado durante la restricción de libertad.

Además del enfoque desincentivador defendido por Beccaria y Bentham, también es posible reconocer la perspectiva filosófica del castigo retributivo, encabezada por filósofos como Kant y Hegel. Este enfoque se basa en la idea de que las sanciones deben ser retributivas, aunque las aplique el Estado, pero de forma que impongan una pena proporcional al delito.

9.3.3. Factores atenuantes y otros temas

Cooter y Ullen (2016) afirman que hay situaciones que deberían servir como atenuantes, en la medida en que los lapsus imprudentes causan delitos, los castigos más severos no son un elemento disuasorio muy eficaz. Esto se debe a que, en los casos de delitos cometidos impulsivamente, suponen un descuento irracional del castigo futuro. En cambio, aumentar la certeza y la inmediatez del castigo puede ser más eficaz para disuadir de la delincuencia.

Contrariamente a lo que suele decirse de los delincuentes comunes -que no son completamente racionales porque no tienen la costumbre de sopesar los costes y beneficios de cometer un delito-, cuando se trata de grandes empresas, está claro que detrás de toda su actividad hay una conferencia de eficiencia, costes y beneficios. Por lo tanto, el uso de sanciones monetarias es especialmente valioso en el caso de los delitos económicos y los delitos contra el medio ambiente.

Por esta razón, existe la propuesta de adaptar los daños *punitivos* estadounidenses. En este sistema, cuando una empresa es condenada por cometer un delito, principalmente contra el sistema financiero o el medio ambiente, además de la pena por la condena en sí, el juez puede añadir una cantidad monetaria en concepto de daños punitivos. El propósito es precisamente hacer que el coste de cometer el delito sea mayor que el beneficio de hacerlo, o el coste de evitarlo. De este modo, no sólo se castiga a la empresa, sino que se desincentiva que ésta y otras empresas vuelvan a delinquir.

9.3.4. Tentativa de delito

Es más, una tentativa es un acto potencialmente dañino que finalmente no resulta en daño debido a circunstancias que escapan al control del autor. El castigo de la tentativa tiene sentido cuando el delincuente es consciente de su propia ineptitud y del papel del azar.

El hecho de que una tentativa no dé lugar a un daño puede deberse a la pura casualidad o al escaso esfuerzo del delincuente. Esta última posibilidad puede verse como una variación del principio de disuasión marginal, ya que hay dos actos posibles: el primero es la tentativa y el segundo da lugar al delito. De este modo, la sanción por tentativa nunca debería ser mayor que la sanción por causar un daño.

El enfoque retributivo del castigo también proporciona un apoyo lógico para reducir la pena por tentativa, ya que el daño a la propiedad protegida es menor.

Cuando se debe al puro azar que la tentativa no dé lugar a un daño, el individuo comete un acto que da lugar a una actividad perjudicial con una probabilidad inferior a uno. En otras palabras, el resultado no es una certeza. Por lo tanto, castigar este tipo de tentativa delictiva intensifica la disuasión porque amplía el conjunto de circunstancias en las que se imponen sanciones.

9.3.5. Óptimo social

Dado que los recursos son escasos, el gobierno debe asignar fondos a las políticas penales de forma que se consigan los mejores resultados para la sociedad, teniendo en cuenta los costes para la sociedad de aumentar el castigo y la probabilidad de que los delincuentes sean castigados. En otras palabras, la delincuencia debe reducirse al máximo, con el menor coste posible, hasta un punto óptimo.

¿Merece siempre la pena que la sociedad invierta en la prevención de la delincuencia? ¿Cuál es el coste de todo el mecanismo de control policial y cuál es su beneficio?

Otra cuestión que pronto se plantea se refiere al equilibrio ideal entre las dos facetas que componen la pena esperada y los costes de ejecución, es decir, los costes de aprehensión, de tramitación de la pena. En otras palabras, una vez establecida la pena esperada para el delito, se hace necesario identificar el *equilibrio ideal* entre severidad y probabilidad de castigo. Supongamos, por ejemplo, un delincuente neutral al riesgo que delibera sobre la conveniencia de cometer un delito que causa un perjuicio social de 1.000 dólares. Cuando la probabilidad de castigo es del 50 %, el "principio multiplicador" determina que la sanción penal debe fijarse en 2.000 dólares. Cuando la probabilidad de castigo es menor, digamos del 20 %, el principio multiplicador determina una sanción de 5.000 dólares. Al delincuente le resultaría indiferente elegir entre los dos escenarios, porque el castigo esperado es idéntico. Sin embargo, para el planificador social, una pregunta vital sería: ¿cuál de los dos escenarios es más eficiente y deseable?

Por supuesto, el propio planteamiento de esta cuestión refleja una desviación del principio de proporcionalidad, que subyace en la tradición retributivista. La idea de proporcionalidad exige la imposición de sanciones formuladas a la altura de la gravedad moral del delito subyacente. Los retributivistas rechazan la fusión de la dimensión penal con la coercitiva y la consiguiente ruptura del vínculo entre delito y castigo. La variabilidad penal -en función de la probabilidad de condena- choca frontalmente con estos principios. Dado que la disuasión puede verse afectada tanto por el ajuste de la magnitud de la pena como por el ajuste de la probabilidad de condena, estas dos variables se consideran conjuntamente y como intercambiables en el marco del análisis económico del Derecho penal. Armados con esto, podemos volver a la pregunta: ¿cuál es el equilibrio ideal entre severidad y probabilidad de castigo?

La cantidad ideal de delitos, o el nivel eficiente de disuasión, se encuentra en el punto en el que existe un equilibrio entre el coste y el beneficio marginales. El derecho penal debe minimizar el coste social del delito, que es la suma del daño que causa y el coste de prevenirlo. Sí, existe un nivel óptimo de delincuencia y no es necesariamente cero. Para ilustrarlo, imaginemos una tienda que puede reducir a cero los robos de sus productos si pone varios inspectores y *etiquetas* RFID[6] en todos los productos. Esto tiene sentido para una joyería con productos caros, pero es ilógico ponerlo en un producto muy barato como caramelos o chocolate.

La delincuencia impone una serie de costes a la sociedad en general. Robert Cooter y Thomas Ulen (2016) reducen estos costes a dos tipos básicos: el daño neto causado por la delincuencia y los recursos gastados para prevenirla. En primer lugar, los delincuentes ganan algo y las víctimas sufren daños en sus personas o bienes. El daño social resultante, según la opinión estándar entre los economistas, es igual a la pérdida neta de valor. En segundo lugar, el Estado y las víctimas potenciales del delito gastan recursos para protegerse contra él. Por ejemplo, los propietarios instalan rejas en sus ventanas y la ciudad emplea agentes de policía para patrullar las calles.

---

6 Son las siglas de "*identificación por radiofrecuencia*".

Estos dos tipos básicos de costes sociales suelen ser suficientes a efectos de análisis. Cuando éste requiere una mayor complejidad, los tipos de costes sociales pueden refinarse y ampliarse. Por ejemplo: las actividades delictivas desvían los esfuerzos de los delincuentes de las actividades legales a las ilegales, lo que impone un coste de oportunidad. Un contable que desvía fondos tiene menos tiempo para llevar la contabilidad legal. Además, mientras está en prisión, un contable no puede auditar los libros de sus clientes. El coste de oportunidad del delito entre los contables puede ser lo suficientemente grande como para afectar a la disuasión óptima del delito de malversación.

Por lo tanto, al tratarse de bienes sustitutivos, una forma de reducir la delincuencia es crear un mercado laboral legal más vigoroso, ya que esto aumentaría la remuneración esperada del trabajo legal, lo que reduciría la oferta de mano de obra para el mercado delictivo.

Teniendo en cuenta la teoría de la disuasión, si la sociedad aumenta los recursos utilizados para atrapar, condenar y castigar a los delincuentes, se produciría una reducción de la cantidad de delitos y de sus costes sociales.

Volviendo a la categoría de las sanciones no pecuniarias -también para el encarcelamiento y otras formas de sanciones no pecuniarias-, Becker asumió que aumentar el castigo esperado aumentando la pena es *a priori* menos costoso que aumentar el castigo esperado aumentando la probabilidad de condena. Becker defiende este modelo de baja probabilidad y penas máximas para todo tipo de delitos.

Este análisis no contradice la afirmación de que la delincuencia es consecuencia de una serie de complejos factores socioeconómicos y biológicos. Por lo tanto, esta otra hipótesis sugiere que la forma adecuada de reducir la cantidad de delitos -y sus beneficios- es asignar recursos a medios que ataquen las causas profundas de la delincuencia.

Por lo tanto, las políticas penales deberían considerar una estrategia mixta entre la disuasión y la reducción de las raíces sociales de la delincuencia. Porto y Garoupa (2022) afirman que disuadir de la delincuencia aumentando la probabilidad de un castigo severo puede acarrear dificultades de dos tipos:

> En primer lugar, las penas muy duras pueden violar el sentido de justicia y los derechos constitucionales imperantes en la sociedad. En segundo lugar, [...] el coste de hacerlo puede ser elevado. Detener, procesar y castigar a los delincuentes puede resultar caro.
> [...]
> En general, aunque exista un grado ideal de disuasión, la delincuencia no se elimina de un plumazo. Esto se debe a que erradicarla es costoso y tiene un beneficio social decreciente. Los responsables políticos también querrán asignar sus limitados recursos de forma que se consiga cualquier nivel de disuasión al menor coste, es decir, tratarán de alcanzar su objetivo de la forma más eficiente[7].

9.4. ANÁLISIS ECONÓMICO DEL COMPORTAMIENTO DELICTIVO

Entre las críticas al análisis económico clásico de la delincuencia se encuentra la teoría del análisis económico conductual, que pretende acercar la teoría racional y el comportamiento real de los delincuentes, mezclando herramientas económicas con teorías procedentes del campo de la psicología, como vimos en el capítulo 5.

Gary Becker fue pionero en la aplicación de la teoría económica a la aplicación del Derecho penal. En su mencionado texto, demostró que los delincuentes son personas que toman decisiones racionales y que optimizan la utilidad en condiciones de riesgo. Con la exploración de la elección individual sobre si cometer o no un delito, la literatura comenzó a discutir la aplicación ideal de la ley.

---

7 PORTO, Antônio M. GAROUPA, Nuno. **Curso de análise econômica do direito**. 2ª ed. Barueri/SP: Atlas, 2022. p. 310

Los descubrimientos de las ciencias del comportamiento se han incorporado a la teoría económica de la delincuencia. Jolls (1998) señala que el análisis conductual no es un enfoque alternativo, sino un análisis adicional que pretende ofrecer alternativas racionales al análisis económico clásico, mejorando la calidad de las predicciones y prescripciones del Derecho penal.

Por lo general, los delincuentes potenciales desconocen las normas punitivas que deberían actuar como elementos disuasorios. En esto se centra parte del trabajo de Richard McAdams y Thomas Ulen (2008). Las teorías clásicas asumen que los agentes están bien informados sobre los posibles castigos, pero existe una diferencia entre la sanción en sí y la percepción de esta.

Cabe señalar que los castigos penales suelen imponerse mucho tiempo después de la comisión del delito, mientras que la recompensa por cometerlo es casi inmediata. Así, como vimos en el capítulo sobre economía conductual, el agente tiende a dar mayor peso al hecho presente (beneficio), sopesándolo frente a la percepción reducida del castigo futuro.

Los delincuentes potenciales también están sujetos a sesgos cognitivos, con una racionalidad que no es perfecta, lo que puede llevarlos a cometer errores sistemáticos. Thomas Ulen y Richard McAdams ofrecen ejemplos de la aplicación de los descubrimientos de las ciencias del comportamiento al derecho penal, mejor explorados en su propio capítulo:

1) **Exceso de confianza**, que lleva al delincuente a creer que sus posibilidades de cometer el delito sin ser descubierto son mayores que la realidad;

2) **Efecto marco**, la forma en que se cuantifica una sanción por un delito X, en comparación con otras sanciones, puede hacer que parezca menos grave de lo que realmente es, y esto crearía un incentivo para que la gente cometa un delito porque su pena parece menor;

3) **Ilusión de control**, en la que los agentes tienden a confiar más en su propia capacidad que en la probabilidad de ser atrapados. Si un delito tiene un 75 % de probabilidades de llevar a alguien a la cárcel, el delincuente se sentirá más inclinado a creer que forma parte del 25 % que no será capturado, lo que creará la ilusión de que la situación está bajo su control.

Cooter y Ulen (2016) denominan "*fiebre* del sábado noche" al comportamiento no racional e impulsivo de los delincuentes. La prueba de la fiebre del *sábado noche* es cuando una persona se despierta el domingo por la mañana y piensa: "¡No puedo creer lo que hice anoche!".

Al igual que en otras áreas del Derecho, el efecto de los supuestos conductistas en el análisis económico del Derecho penal es sustancial. La comprobación empírica de las afirmaciones conductistas continúa, pero las mejores pruebas disponibles en este momento exigen cierta revisión de la descripción positiva y la recomendación normativa que la economía hace del Derecho penal.

Aunque consideremos que los agentes (delincuentes, víctimas y ejecutores) tienen una racionalidad limitada y están sujetos a sesgos y heurísticas, eso no significa que no reaccionen a los incentivos como comportamiento medio. Así pues, las políticas públicas pueden seguir el enfoque clásico en casi todos los aspectos, como demuestran diversos estudios empíricos.

9.5. CONCLUSIÓN

La ventaja de un enfoque económico de la delincuencia es que evita las evaluaciones interpersonales para producir un análisis más neutral. Un derecho penal eficaz tiene la capacidad de situar a las partes en una mejor posición. Por otra parte, los criterios de justicia suelen ser difíciles de definir, ya que no implican necesariamente criterios racionales, y los que no se basan en la eficiencia de la justicia penal expresan a veces las preferencias de un grupo social.

El enfoque económico de la delincuencia puede y debe ser utilizado por un responsable de las políticas públicas acerca de los incentivos o desincentivos que determinadas leyes o políticas penales pueden tener sobre los delincuentes y, en consecuencia, sobre el nivel de delincuencia social.

Como hemos visto, el análisis económico que finalmente realiza el delincuente se refiere a la ponderación racional del beneficio que obtendrá al cometer el delito y los costes de hacerlo, de manera que será ventajoso cometer el delito si el beneficio potencial es mayor que la pérdida potencial.

El enfoque económico del Derecho penal puede distinguirse de otras perspectivas teóricas; según este enfoque, los delincuentes potenciales no son vistos como individuos desviados con capacidades anormales de elección, sino como maximizadores racionales de sus utilidades, que responden a incentivos.

El papel central del Derecho penal y del castigo es cambiar la recompensa esperada de los delincuentes potenciales para disuadirles de cometer delitos socialmente indeseables. El enfoque económico del Derecho penal, en otras palabras, considera el castigo simplemente como un caso específico de la teoría general de la elección racional, haciendo hincapié en su función disuasoria más que en las nociones retributivistas de culpabilidad moral. Por último, el análisis económico del Derecho penal adopta la eficiencia como criterio normativo para evaluar las normas e instituciones penales.

PREGUNTAS

1) ¿Cuál es el principal objetivo del análisis económico del Derecho penal?

   a) Determinar la eficacia de las penas impuestas por el sistema penal

   b) Analizar los efectos sociales y económicos del Derecho penal

c) Aumentar el índice de condenas

d) Reducir el número de delitos cometidos

2 ¿Cuál es el principal método utilizado en el análisis económico del Derecho penal?

a) Estudio de casos

b) Observación

c) Análisis coste-beneficio

d) Análisis cuantitativo

3) ¿Cuál es el principal objetivo del análisis económico del Derecho penal?

a) Castigar a los delincuentes con la mayor severidad posible

b) Disuadir eficazmente de la delincuencia

c) Protección de la sociedad

d) Todas las anteriores

4) ¿Cómo se utiliza el análisis económico del Derecho penal para mejorar el sistema penal?

a) Analizar el coste de las penas en relación con los beneficios obtenidos

b) Determinar las sanciones más eficaces para los distintos tipos de delitos

c) Estudiar la relación entre la probabilidad de ser condenado y la tasa de delitos cometidos

d) Todas las anteriores

5) ¿Qué impacto tiene el análisis económico del Derecho penal en el presupuesto del Estado?

a) Reducción del gasto en el sistema penal

b) Aumento del gasto en el sistema penal

c) Sin impacto significativo

d) Aumenta la eficiencia del gasto

6) ¿Qué relación existe entre el análisis económico del Derecho penal y la teoría económica de la criminología?

a) Son dos zonas separadas

b) El análisis económico del derecho penal es una subárea de la teoría económica de la criminología

c) La teoría económica de la criminología es una subárea del análisis económico del Derecho penal.

d) Son dos áreas complementarias

7 ¿En qué medida puede utilizarse el análisis económico del Derecho penal para mejorar la justicia penal?

a) Analizar la eficacia de las penas impuestas por el sistema penal

b) Determinar las sanciones más eficaces para los distintos tipos de delitos

c) Estudiar la relación entre la probabilidad de ser condenado y la tasa de delitos cometidos

d) Todas las anteriores

8) ¿Cómo tiene en cuenta el análisis económico del Derecho penal el comportamiento humano en la decisión de cometer delitos?

a) Como respuesta racional a los incentivos económicos

b) Como comportamiento impulsivo sin tener en cuenta los incentivos económicos

c) Como un comportamiento completamente irracional

d) Como respuesta a incentivos sociales

9) ¿Cómo aborda el análisis económico del Derecho penal la eficiencia de la justicia penal?

   a) Como algo secundario a la justicia

   b) Como algo importante, pero no tanto como la justicia

   c) Como algo tan importante como la justicia

   d) Como algo más importante que la justicia

10) ¿Cuál es la relación entre la severidad de la pena y la eficacia de la disuasión en el análisis económico del Derecho penal?

   a) Cuanto más dura sea la pena, más eficaz será la disuasión

   b) La relación entre la severidad de la pena y la eficacia de la disuasión es incierta

   c) Cuanto más dura sea la pena, menos eficaz será la disuasión

   d) La severidad de la pena no influye en la eficacia de la disuasión

Respuestas:

1–a

2–c

3–b

4–d

5–d

6–d

7–d

8–a

9–c

10–b

REFERENCIAS BIBLIOGRÁFICAS

BECKER, G.S. (1968). Crime and Punishment: an Economic Approach. En: Fielding, N.G., Clarke, A., Witt, R. (eds) The Economic Dimensions of Crime. Palgrave Macmillan, Londres.

COOTER, Robert. ULLEN, Thomas. Derecho y Economía. 6ª ed. Rev. ed. de: Derecho y Economía. 2016.

FISCHER, Talia. Análisis económico del derecho penal. En: DUBBER, Markus D.; HÖRNLE, Tatjana. Manual de derecho penal. Oxford: Universidad de Oxford, 2014, p. 38.

JOLLS, Christine. Behavioural economics analysis of redistributive legal rules. Vanderbilt Law Review, v. 51, p. 1653, 1998.

MCADAMS, Richard H.; ULEN, Thomas S. Behaviourial Criminal Law and Economics. Programa John M. Olin de Derecho y Economía. Documento de trabajo, nº 440, 2008.

NAGIN, Daniel S. (2013). Disuasión: una revisión de la evidencia por un criminólogo para economistas. Annual Review of Economics 5:83:106.

PORTO, Antônio M.; GAROUPA, Nuno. Curso de análise econômica do direito. 2ª ed. Barueri/SP: Atlas, 2022.

RAMOS, Samuel E. B. Análisis Económico del Derecho Penal: una aproximación a una posible sanción penal óptima para los delitos cometidos por personas jurídicas. Revista Justiça e Sistema Criminal, v. 10, n. 18, p. 115–138, ene./jun. 2018.

Capítulo 10.

Análisis económico del proceso

Rachel, una empresaria de éxito, llama a su secretaria y le dice que necesita un economista que la asesore sobre la decisión de presentar una demanda contra el Estado. La secretaria contrata a los mejores economistas extranjeros para que hablen con la empresaria. Tras hablar con el tercero, la empresaria dice que el próximo becario debe ser manco.

La secretaria preguntó intrigada por qué se había hecho esta demanda. La gerente dijo que estaba cansada de que los exponentes de la ciencia lúgubre dijeran "Por un lado, esto" y "Por otro lado, aquello". [1]

10.1. PRESENTACIÓN: LA "TRAGEDIA DEL PODER JUDICIAL"

Según datos del informe "La Justicia en Números" del Consejo Nacional de Justicia (2020), en 2019 se presentaron 30,2 millones de nuevas demandas, lo que corresponde a un indicador de 14.313 casos por cada 100.000 habitantes brasileños. Si estas cifras eran sorprendentes en sí mismas, son aún más impresionantes desde una perspectiva comparativa. En un estudio académico, Rasmeyer y Rasmusen (2013) encontraron cifras de litigios por cada 100.000 habitantes: 5.806 para Estados Unidos, 3.681 para Inglaterra, 1.768 para Japón. Wollschlager (1998), en un estudio restringido a los países europeos, revela que el país más litigio-

1 "On the one hand" significa "por un lado". Esta historia está inspirada en una situación real en la que se vio envuelto el 33º presidente estadounidense Harry Truman.

so es Alemania, con 12.300 casos, seguido de Suecia, con 11.120. Como se ve, Brasil supera incluso a Alemania, reconocido como uno de los países más litigiosos del mundo occidental[2].

El hecho de que el poder judicial brasileño tenga un número muy elevado de casos no es ninguna novedad, especialmente para los profesionales del derecho. Pero ¿cómo entender este problema desde una perspectiva económica? Para ello, volvamos a los conceptos discutidos al principio de este libro. Empezamos discutiendo los conceptos económicos de bienes *públicos* y *privados, que vimos* en el capítulo 3.

Ahora bien, hemos visto que un bien o servicio se considera público, en el sentido económico, si su consumo o uso tiene la característica de no ser rival y no excluible: el consumo o uso de este bien/servicio por una persona no reduce en modo alguno la cantidad de este bien/servicio disponible para otras personas de la sociedad; además, es muy difícil o imposible impedir que las personas que no han pagado por su uso lo utilicen efectivamente. Por otro lado, los bienes privados son aquellos que tienen un consumo rival y exclusivo. En ese mismo capítulo pusimos varios ejemplos de bienes públicos y bienes privados; del mismo modo, podemos entender el servicio que presta el poder judicial (de cualquier país) como un bien privado, porque su consumo es rival y, en cierta medida, excluyente. No es difícil verlo: el tiempo y la energía que un magistrado dedica a analizar un caso judicial no puede ser "reciclado" y utilizado para otro fin, es decir, el servicio que prestan tiene un consumo rival. Es más, sería relativamente sencillo impedir que la gente utilizara los servicios de los tribunales si no pagara una tasa, hasta el punto de que existen tasas judiciales[3] . Así que está bastante claro que el servicio judicial es, en un sentido económico, un bien privado. Además, como he-

---

2 Lisbon, Yeung y Azevedo (2021)

3 El hecho de que exista el instituto de la asistencia jurídica gratuita en nuestro país no se debe a las dificultades de cobrar por ella, se debe a un análisis

mos comentado antes, cuando los bienes privados no se controlan racionalmente, puede haber incentivos para sobreutilizarlos. El resultado de esto sería un rápido agotamiento y eventual desaparición de la disponibilidad de este bien o recurso para la mayoría de las personas de la sociedad. Es el fenómeno de la "Tragedia de los comunes", acuñado por los primeros científicos (ecologistas) que estudiaron el fenómeno del agotamiento y desaparición de los recursos naturales en situaciones en las que no existía una protección adecuada contra su uso indebido.

Lo que los teóricos del análisis económico del poder judicial han mostrado es la ocurrencia de la "Tragedia de la Justicia" en Brasil: una utilización no racional que está llevando los servicios judiciales de magistrados y funcionarios al agotamiento. Como explica Gico Jr. (2020):

> ... una vez implantadas las políticas de acceso irrestricto a la justicia, es trivial reconocer que el poder judicial se convertirá en un bien no excluible y más usuarios accederán al sistema. Sin embargo, como los sistemas judiciales son rivales por naturaleza, el resultado esperado será la sobreexplotación del sistema, lo que llevará a una degradación sustancial de los servicios prestados. Todos queremos que todo el mundo tenga acceso a los servicios de adjudicación, ya que la posibilidad de reclamar sus derechos es un requisito esencial para poder ejercerlos. Sin embargo, una vez concedido el acceso ilimitado a los tribunales, el propio sistema se sobrecargará de casos y, aunque se garantice el acceso al sistema, el servicio de adjudicación no se prestará a tiempo, o se prestará con una calidad muy inferior; este resultado es exactamente la Tragedia del Poder Judicial (p. 227, énfasis del autor).

En este capítulo discutiremos la teoría del análisis económico del derecho procesal, pero aplicada específicamente al contexto brasileño. Comenzaremos presentando el concepto de costes sociales del proceso, que se refieren a los costes administrativos y a los costes de los errores en las sentencias. Estas dos variables son crucia-

---

de las posibles ventajas sociales de conceder este acceso, que de hecho no es gratuito, sino financiado por otros contribuyentes.

les para comprender la lógica económica del proceso y del litigio, pero no son las únicas. A continuación, presentaremos un modelo comúnmente utilizado en el análisis económico del proceso, basado en la teoría de juegos, en el que se insertan otras variables que afectan al resultado del juego. Veremos que se trata sólo de un ejemplo ilustrativo, ya que el juego puede adaptarse fácilmente a situaciones en las que estarían presentes otras variables, o presentes con otros valores. Toda esta información es relevante para la "solución" del juego, es decir, para entender qué condiciones hacen que los litigios sean más frecuentes o, a la inversa, cuándo sería más probable que se produjera un acuerdo entre las partes en conflicto; exactamente esta discusión se planteará a continuación. También mostraremos algunos resultados de investigaciones recientes sobre el tema en Brasil; veremos que empíricamente hay pocos incentivos para el acuerdo entre las partes en el poder judicial brasileño hoy en día. Después, volveremos a una discusión más teórica sobre el papel de los recursos en el derecho procesal. Como suele ser el caso, la teoría y los modelos muestran que hay niveles óptimos de frecuencia de uso de los recursos, y extrapolarlos –hacia arriba o hacia abajo– crea problemas en todo el sistema procesal, enviando señales e incentivos negativos a las partes involucradas. De nuevo, discutiremos esto teniendo en cuenta la evidencia de la realidad brasileña. Por último, una discusión sobre la lógica económica de algunos de los sistemas alternativos de resolución de conflictos más comunes y su potencial para el futuro.

10.2. REDUCIR LOS COSTES SOCIALES

¿Cómo podemos entender el problema y resolver el fenómeno de la Tragedia del Poder Judicial identificado en la sección anterior? De hecho, existe una literatura clásica que propone un modelo económico para entender el proceso judicial, que recuerda mucho al modelo económico de la responsabilidad civil. Comenzamos distinguiendo los costes privados de los costes sociales y los costes administrativos de los costes de los errores (de juicio).

10.2.1. Costes privados y costes sociales

Los costes privados del proceso son aquellos costes generados para las partes del proceso. Y es muy importante que el lector brasileño no se confunda con la existencia de los institutos de "gratuidad" en nuestro país. Su mera existencia legal no significa que no haya costes, sólo que su carga ha sido transferida a otra persona. *Siempre se* crearán costes para las partes que decidan o estén implicadas en un pleito (civil o de otro tipo). Además, estos costes pueden ser de naturaleza directa, monetaria–tales como honorarios de abogados, tasas judiciales, entre otros–así como costes indirectos–tiempo perdido, oportunidades que ya no se persiguen o se ganan porque la parte se involucró en el proceso, etc. A menudo (especialmente en el caso brasileño), los costes privados indirectos pueden ser mucho más elevados que los costes directos y, como ya hemos aprendido en las lecciones de microeconomía, no por no ser fácilmente mensurables dejan de tener valor en la toma de decisiones de las personas. Volveremos sobre este importante debate más adelante.

Sin embargo, es evidente que también existen costes sociales, generados para partes no directamente implicadas en el proceso, sino para un amplio grupo de personas dispersas, "la sociedad". Los costes sociales, a su vez, se componen de dos tipos: los costes administrativos y los costes de los errores. Los costes administrativos son los costes de llevar a cabo el proceso de principio a fin, manteniendo y gestionando todo el complejo sistema judicial. (2020) "cuantas más garantías y procedimientos, es decir, cuanto más complejo es el sistema judicial para la protección de los litigantes, mayores son los costes de administración del propio sistema" (p. 39). También con base en el informe "Justicia en Números 2020", el presupuesto del poder judicial brasileño en 2019 alcanzó la astronómica cifra de 100,2 mil millones de reales. Esto lo convierte en uno de los más caros del mundo en porcentaje del PIB, de acuerdo con la Tabla 1 a continuación (con datos compilados exclusivamente para esta publicación):

Tabla 2. Gasto en justicia en porcentaje del PIB 2020 (países seleccionados)

País	Presupuesto sobre PIB (%)
EE. UU.	**0,10**[4]
Reino Unido	**0,46**[5]
Francia	**0,2**[6]
Italia	**0,3**[3]
Alemania	**0,4**[3]
Portugal	**0,4**[3]
España	**0,4**[3]
Brasil	**1,35**[7]

Fuente: Elaboración propia.

10.2.2. La exactitud de las decisiones judiciales, los errores de apreciación y el coste de los errores

Sin embargo, además de los costes sociales administrativos, también existen los costes de los errores de apreciación. Estos costes son más difíciles de medir, pero tienen un fuerte impacto en los incentivos generados para las partes litigantes. Por poner un ejemplo sencillo, si un tribunal comete un error de apreciación sobre la

---

4 Fuente: Departamento de Justicia de Estados Unidos, disponible en: https://www.justice.gov/jmd/page/file/1142306/download

5 Fuente: Informe oficial del Gobierno británico, disponible en https://www.gov.uk/government/publications/spending-review-2020-documents/spending-review-2020#statistical-annex

6 Agencia oficial Eurostat, informe sobre el sistema de "orden público y seguridad", disponible en: https://ec.europa.eu/eurostat/statistics-explained/index.php?title=Government_expenditure_on_public_order_and_safety#Expenditure_on_public_order_and_safety_by_type_of_transaction.

7 Fuente: Consejo Nacional de Justicia "Justice in Numbers 2021", disponible en https://www.cnj.jus.br/wp-content/uploads/2021/09/relatorio-justica-em-numeros2021-12.pdf.

responsabilidad en un caso de accidente, enviará señales erróneas e ineficaces sobre quién debe ser la parte que tome precauciones y cuánto debe hacerlo para evitar que ese accidente se repita en el futuro. Los costes causados por un error de decisión como éste son muy significativos. ¿Por qué se producen estos errores? Hay muchas razones, y ciertamente el propio Derecho, en sus discusiones sobre hermenéutica, se esfuerza por explicar estos errores. Desde la perspectiva del análisis económico, sin embargo, puede decirse que se trata de situaciones de *asimetría de información*: el tribunal -en la figura de sus jueces- tiene menos información que las partes implicadas sobre los detalles del caso. Como explican Cooter y Ulen (2010):

> En realidad, los tribunales tienen información imperfecta, lo que les hace cometer errores al aplicar el derecho sustantivo. Sin embargo, a medida que mejora la calidad de la información, los tribunales cometen menos errores. Imaginemos que un tribunal independiente dispone de información perfecta sobre los hechos y el Derecho en cada caso que resuelve. Ese tribunal nunca cometería errores y siempre tomaría decisiones óptimas con respecto al derecho eficiente (p. 406, énfasis de los autores).

Sin embargo, está bastante claro que para mejorar la calidad de la información judicial es necesario incurrir en más recursos, invertir más tiempo, tecnología y recursos humanos, lo que conlleva un aumento de los costes administrativos. Llamemos a estos c_a y a los costes de los errores c(e)[8]. Los costes sociales del proceso pueden representarse entonces como:

$$CS = c_a + c(e)$$

El objetivo, como sociedad preocupada por no malgastar recursos y generar eficiencia, es precisamente minimizar la SC. Sin embargo, como explica Gico Jr. (2020):

---

8 Obsérvese que los costes administrativos se representan como valores absolutos, mientras que los costes de error son una función: los costes aumentan *en función de* los errores cometidos; por eso "e" está entre paréntesis, para representar no un valor absoluto, sino costes proporcionales a los errores cometidos.

> [En la representación de los costes sociales del proceso] tenemos dos variables con comportamientos opuestos que se compensan entre sí: los costes del error y los costes de la administración. Cuanto más se invierte en el proceso, menores son los costes del error de adjudicación (c(e) cae). Sin embargo, cuanto más se invierta en el proceso, más complejo y laborioso será el sistema y, por tanto, mayores serán los costes de administración (c aumentaa), y viceversa. En resumen, invertir en el proceso reduce el coste del error y aumenta el coste de la administración, y reducir el coste de la administración aumenta el coste del error. Si entendemos que la función del derecho procesal es proteger a las partes de los errores en la adjudicación (protección) y organizar la actividad adjudicativa (administración), entonces podemos entender el derecho procesal como un intento de minimizar el coste del proceso, dado por CS" (p. 39).

Los costes sociales del proceso implican los costes administrativos (c_a) de la gestión de la estructura judicial, así como los costes de los errores de condena (c(e)), que generan pérdidas para la sociedad. El objetivo será siempre minimizar los costes sociales, lo que implica un compromiso entre los dos tipos de error, que tienen comportamientos opuestos.

Es interesante observar que el problema aquí es muy similar al problema de minimización de los costes sociales visto anteriormente, en el capítulo sobre Responsabilidad Civil, con dos componentes que se comportan de forma opuesta. En un sentido práctico, la función de coste social (total) podría minimizarse conociendo los costes administrativos y el comportamiento de la función de coste de los errores de juicio implicados. También es un ejercicio académico y científico muy interesante intentar modelizar estas variables y evaluar la dinámica de los costes sociales del proceso en Brasil.

10.3. ¿POR QUÉ SE PRESENTAN TANTAS DEMANDAS?

Para comprender las motivaciones o incentivos del proceso, además de entender las variables de los costes sociales -administrativos y errores de apreciación ya comentados anteriormente-, es obviamente necesario tener en cuenta los costes privados, así como los beneficios privados en que se incurre. Sin embargo, el proceso implica *probabilidades de ganancias* y *probabilidades de errores*, lo que hace que ciertas ganancias y ciertos costes sean inciertos. En estas situaciones, es necesario evaluar las ganancias y los costes *esperados de* la situación en cuestión.

Una forma muy adecuada de analizar el proceso con todas las etapas implicadas, todas las probabilidades de ganar y perder, sería a través de un juego secuencial, representado por un árbol de decisión ampliado. Esto es lo que hacen Cooter y Ulen (2010) en el modelo que reproduciremos a continuación. En términos simplificados, podemos describir un proceso de la siguiente manera:

Diagrama 8. Etapas del procedimiento judicial

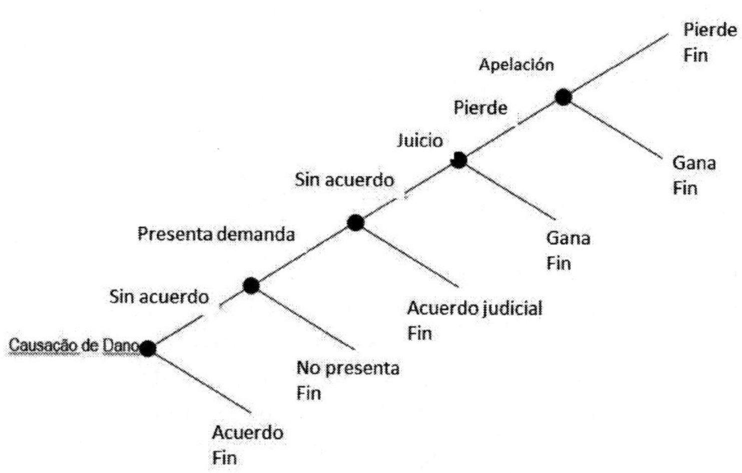

Podemos entender el proceso judicial como una serie de etapas encadenadas en las que el potencial litigante, víctima de algún daño, debe tomar decisiones y/o puede enfrentarse a resultados probabilísticos en cada una de estas etapas. Todo comienza cuando se causa el daño al litigante potencial. El potencial litigante puede intentar, aún fuera del sistema judicial, llegar a un acuerdo con la persona que le ha causado el daño. Esta negociación extrajudicial puede tener éxito–y entonces no habría más demanda para el proceso–o puede fracasar, llevando a la víctima del daño a decidir emprender acciones legales. Sin embargo, hay otras cuestiones que pueden convencer a la víctima de no presentar la demanda, entre ellas los costes de oportunidad que los inconvenientes de un pleito podrían acarrear. Así, aunque no se les indemnice por los daños sufridos, la víctima puede decidir no presentar la demanda, poniendo fin al juego. En caso contrario, si deciden litigar, el caso se deposita en los tribunales. En muchos países, e incluso en Brasil, antes del juicio tiene lugar un intento de conciliación o de acuerdo judicial que, una vez más, puede o no tener éxito. Sólo si fracasa, el caso pasa a la siguiente fase, que es la sentencia del magistrado. Aquí, el demandante, que es la víctima del daño causado, puede ganar o perder. Si gana, estará satisfecho y, por su parte, el juego habrá terminado. Sin embargo, si pierde, tiene la posibilidad de recurrir la decisión y dar un paso más. En este último, tendrá de nuevo la oportunidad de ganar o perder el caso, mediante la segunda decisión judicial.

Algunas puntualizaciones sobre el juego descrito. En primer lugar, se trata de una representación de un juego unilateral, algo que no es muy habitual, dado que en los juegos lo que importa es la interacción entre los jugadores. Aquí se describe una secuencia de posibles decisiones y acontecimientos para una sola de las partes, en este caso, la víctima del daño. De hecho, sólo estamos analizando su cadena de decisiones, y no las de todos los jugadores implicados. En segundo lugar, en este juego sólo hay una posibilidad de recurso, así como otras simplificaciones en la descripción del proceso judicial. Sin embargo, como hemos discutido desde el principio de este libro, modelos simplificados no significan modelos sin capacidad predictiva y pueden ser fácilmente extendidos a situaciones más complejas (preferiblemente no hasta el punto de ser tan complejos como la realidad, porque entonces no tendría sentido tener un modelo...). Este es con exactitud el caso propuesto anteriormente por Cooter y Ulen (2010), que hemos adaptado aquí. Es fácil seguir desarrollando la Figura 10.1 para que represente mejor la realidad del proceso brasileño. Dejamos este trabajo a los estudiosos interesados.

Sin embargo, podemos ir un poco más allá con el juego anterior. Podemos asignar a cada etapa las probabilidades de que se tomen decisiones o se produzcan acontecimientos; también podemos asignar valores para las ganancias y las pérdidas en cada situación. Por ejemplo:

Diagrama 9. Valor esperado de un proceso

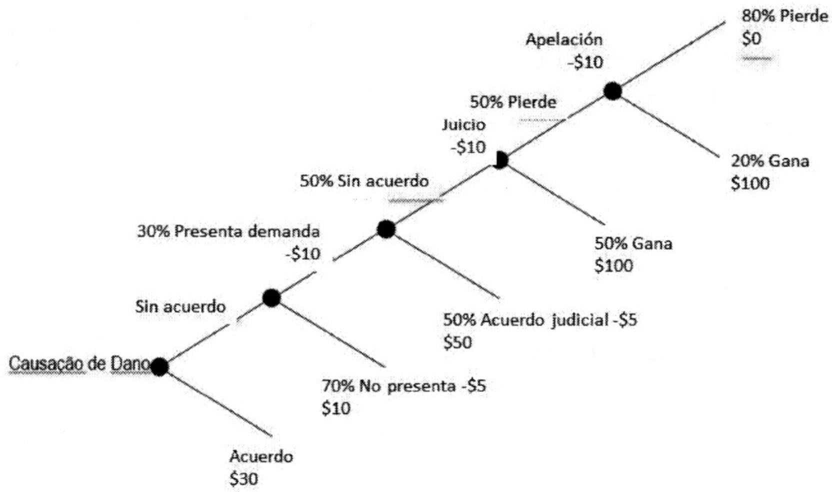

El árbol ilustra que cuando una persona sufre un posible daño causado por otra, tiene la posibilidad de llegar a un acuerdo con la persona que causó el daño y obtener el beneficio de este acuerdo de 30 dólares. Por ahora, suponemos que no hay costes por llegar a este acuerdo. Sin embargo, puede ocurrir que el acuerdo no tenga éxito, o incluso que la víctima no decida llegar a un acuerdo. En este caso, hay dos posibilidades: en el 70 % de los casos, la víctima desiste, generando una pérdida de 5 $, pero teniendo un beneficio–quizás la tranquilidad de no tener que perseguir el conflicto–de 10 $. En el 30 % de los casos, la víctima decide presentar la demanda, incurriendo inmediatamente en 10 $ de costes (tasas judiciales, abogados y otros costes relacionados). Una vez iniciado el procedimiento judicial, aún es posible intentar llegar a un acuerdo. Supongamos que el 50 % de las veces ella y el causante del daño llegan a un acuerdo, con un coste de negociación de 5 $, pero generando una ganancia para ella de 50 $. Sin embargo, el 50 % de las veces el acuerdo judicial no tiene éxito y el caso va a juicio, con unos costes administrativos adicionales de 10 $. Si se celebra el juicio, hay un 50 % de posibilidades de que la víctima del daño gane el caso, y reciba una ganancia de 100 $. Pero también hay un 50 % de posibilidades de que pierda. En este caso, tiene la opción de apelar, con un coste de 10 $. Al tratarse de una apelación, y asumiendo un cierto grado de seguridad jurídica en las sentencias, las posibilidades de revocar la decisión anterior y ganar son ahora del 20 %, frente a un 80 % de posibilidades de perder. La ganancia de la sentencia sería de los mismos 100 $ supuestos anteriormente. Suponemos que no hay otras posibilidades de recurso y el proceso termina aquí.

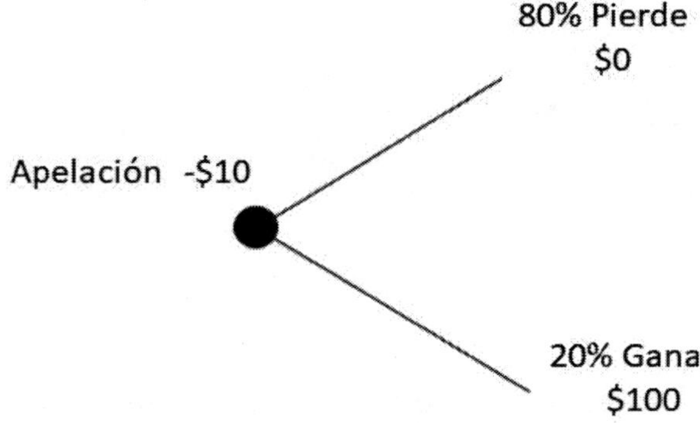

Para evaluar si, ante estas posibilidades, la víctima tendría inicialmente incentivos para iniciar el proceso, bastaría con resolver este juego utilizando la teoría de juegos. En el caso de un juego secuencial extensivo, en formato de árbol de decisión como el que tenemos arriba, el método para resolverlo, como ya hemos demostrado en el capítulo 4, es por "inducción *hacia atrás*", *es decir*, resolviéndolo *"hacia atrás"*. Así que empezamos analizando el último nodo del juego, el de la decisión de apelar, y estimamos el valor esperado para la víctima de apelar:

Diagrama 11. Valor de recurso esperado (VAE)

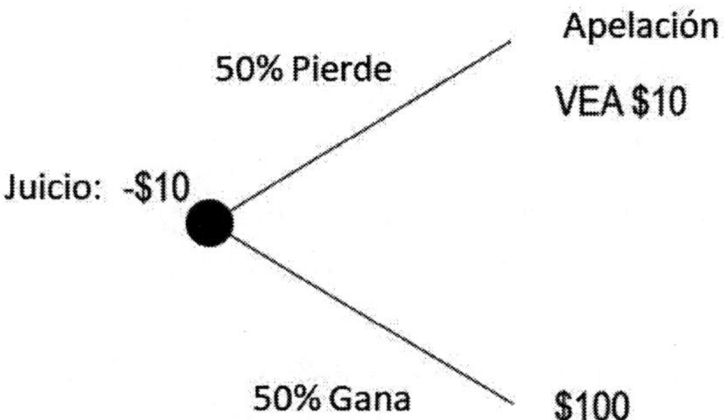

El VEM puede calcularse como media ponderada de los valores, más el valor (negativo) del coste del recurso:

$$\text{VEA} = (20\,\% \square \$100) + (80\,\% \square \$0) - \$10$$

$$\text{VEA} = 10$$

Como el valor esperado del recurso es de 10 $ positivos, merece la pena recurrir.

En el nodo anterior tenemos la sentencia. Asimismo, calculamos el valor esperado de la sentencia, sustituyendo ahora el EAV en la rama correspondiente a la pérdida en la primera sentencia y la posibilidad de recurso:

Diagrama 12. Valor de juicio esperado (VJE)

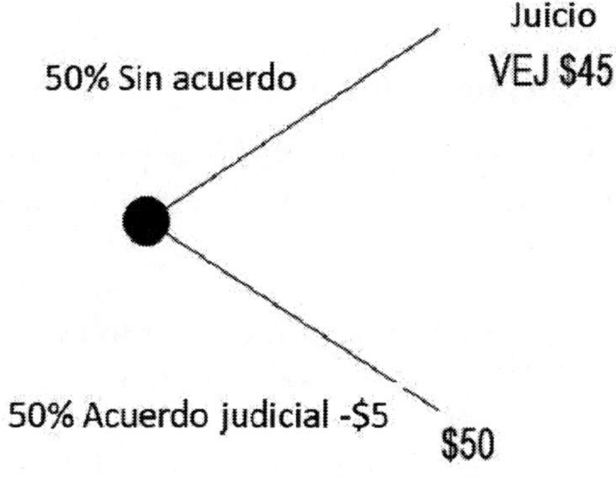

El valor esperado de la sentencia (VEJ) será entonces:

VEJ = 0.5*$100 + 0.5*$10–$10 = $45

Así que vale la pena llevar el caso a juicio.

En el paso anterior, evaluamos el valor esperado de una negociación o de un acuerdo judicial (VEAj):

Diagrama 13. Valor esperado de una negociación o de un acuerdo judicial (VEAj) y Valor esperado de liquidación (VVE)

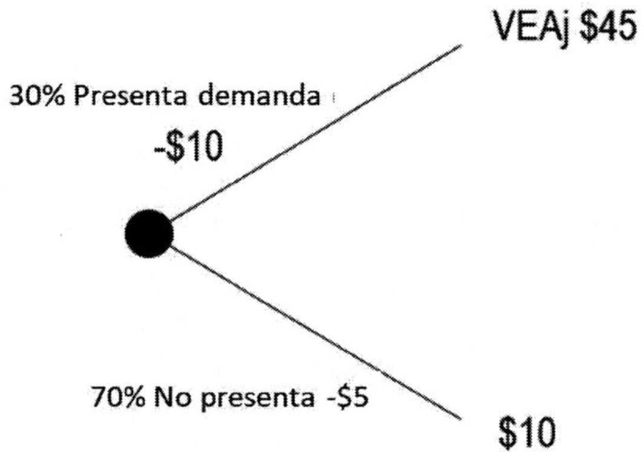

El VEAj se estima en:

VEAj = 0,5* $45 + 0,5* $(50-5) = $45

Esto significa que merece la pena que la víctima lleve el conflicto a los tribunales y llegue a esta fase.

En esta fase, la víctima del daño decide si presenta la demanda, es decir, si demanda, teniendo en cuenta las cantidades previstas por adelantado.

Valor de transformación esperado (VPE) =
VEP = 0.3*$(45–10) + 0.7*$(10–5) = $14

En la Figura 10.2, el juego completo, se puede ver que, en el primer nodo, existe la opción de llegar a un acuerdo extrajudicial antes de presentar una demanda, lo que genera un beneficio de 30 $ para la víctima de los daños. En este caso, este beneficio vale más que el valor esperado de la demanda (VEP), que es de 14 $. Por lo tanto, en el ejemplo descrito por el juego anterior, *a la víctima no le merece la pena demandar, sino intentar un acuerdo extrajudicial.* Sólo le merecería la pena demandar si el importe del acuerdo fuera inferior a 14 $. Sin embargo, esto no siempre es así. Veremos que, por diversas razones, el árbol de decisiones del sistema procesal en nuestro país puede estar generando incentivos, en distintas fases del juego, para que se interpongan muchas demandas.

Podemos representar el proceso como un juego secuencial, en forma de árbol de decisión, en el que la decisión de presentar o no una demanda, o de seguir litigando, puede evaluarse resolviendo el juego mediante el método de inducción hacia atrás. El valor esperado en cada etapa indicará al jugador si merece la pena o no continuar con el juego. Y el valor esperado dependerá de las variables presentes.

10.4. ¿POR QUÉ TANTOS CASOS TERMINAN SIN ACUERDO?

El juego descrito en la sección anterior era sólo una ilustración y, como en cualquier modelo, se hicieron simplificaciones e hipótesis. También está muy claro que la solución final del juego, no demandar (porque el valor esperado de la demanda era menor que el valor del acuerdo extrajudicial) cambiará con el cambio en los valores de los beneficios, las ganancias y las probabilidades vinculadas a cada rama y cada nodo del juego.

Sin embargo, es posible -y ahí radica la belleza de los modelos económicos como el juego ejemplificado más arriba- utilizar el juego para hacer extrapolaciones y predicciones de lo que podría ocurrir cuando cambien las variables. Es más, el juego puede ajustarse para representar mejor distintos valores de las variables presentes.

Por ejemplo, si la cantidad que se puede alcanzar en un acuerdo extrajudicial (al principio del juego) es pequeña, inferior al VEP, no habrá incentivos para llegar a un acuerdo, sino más bien para demandar. Asimismo, si la probabilidad de presentar la demanda y de no llegar a un acuerdo extrajudicial son mayores (en este caso, 30 % y 50 % respectivamente), habrá más incentivos para demandar (e incluso para avanzar en el proceso). Es más, si la cuantía de la sentencia -en este caso de 100 dólares- es mayor, habrá de nuevo más incentivos para demandar e incluso para recurrir. Si los costes administrativos del proceso en las distintas fases son menores de lo que son (siempre 10 $ en el juego anterior), también habrá incentivos para el proceso y no para el acuerdo. Y, sin agotar los ejercicios que podrían hacerse, si aumentan las posibilidades de que la víctima gane el caso, tanto en el primer juicio como en la apelación, habrá claramente más incentivos para que litigue.

Por último, vale la pena recordar una simplificación importante que se ha hecho: aquí el proceso permite sólo una posibilidad de recurso, lo que sabemos que no se ajusta a la realidad del derecho procesal brasileño. Este hecho también tenderá a incentivar más el litigio, debido a las posibilidades adicionales de ganar el caso (aunque esta victoria no sea 100 % segura). Discutiremos el papel de los recursos y apelaciones en una sección posterior.

¿Cuál es la evidencia sobre los incentivos para litigar y los desincentivos para llegar a un acuerdo en los tribunales brasileños? Yeung y Morales (2023) realizan un ejercicio analítico utilizando la teoría de juegos–como la formulación anterior–para demostrar que existen varias condiciones que, una vez cumplidas, generan más incentivos para litigar que para transigir. La discusión es muy similar a la de las sesiones anteriores: los importes del acuerdo y de la sentencia, la probabilidad de ganar de cada una de las partes, los costes procesales (y los costes relacionados, como los honorarios de los abogados), las posibilidades de recurso, etc. son factores que afectan a las posibilidades de llegar o no a un acuerdo. A continuación, los autores buscan datos empíricos para averiguar si las condiciones que imperan realmente en el poder judicial brasileño -en este caso concreto, el Tribunal Laboral- fomentan la litigación o la transacción. Analizaron alrededor de 130.000 casos y constataron que las variables relacionadas con el proceso (muchas de ellas como se ve en el juego anterior) tienden a fomentar el litigio más que el acuerdo entre las partes. Es más, evaluaron que, paradójicamente, existen incentivos tanto para el demandante (empleado) como para el demandado (empresario) para mantener el litigio, porque cada parte tiene diferentes ganancias financieras y de oportunidad. En otras palabras, aunque una de las partes tenga siempre pocas posibilidades de ganar -en este caso concreto, los empresarios-, el incentivo sigue siendo prolongar el proceso y no verse obligado a pagar hasta pasado todo el tiempo antes de que se ejecute la sentencia del tribunal laboral. Otros estudios deberían repetir el ejercicio analítico para verificar estas conclusiones en el sistema judicial brasileño.

Según algunos de los primeros estudios teóricos y empíricos realizados en el país, las variables presentes en el sistema judicial brasileño hacen que la decisión de litigar sea siempre más interesante que la de llegar a un acuerdo.

10.5. RECURSOS Y AED

¿Existe una justificación económica para que el poder judicial tenga una estructura jerárquica y para que los tribunales superiores tengan la prerrogativa de revisar las decisiones de los tribunales inferiores? La respuesta es positiva. Desde un punto de vista económico, la posibilidad de recurrir sirve para corregir errores de apreciación–que, como hemos visto en apartados anteriores, generan costes sociales–y también para uniformizar las normas jurídicas. Pero, como ya se ha comentado, el cumplimiento de estos objetivos tiene un coste y, por tanto, no puede perseguirse sin restricciones:

> Estas dos funciones [...] explican por qué invertimos tantos recursos sociales en el costoso mantenimiento de grupos de jueces (es decir, tribunales) para revisar el trabajo de otros jueces individuales, en lugar de destinar esos mismos jueces a resolver más casos

> y prestar así un mayor servicio público jurisdiccional, objetivo último del poder judicial. Aquí hay claramente una disyuntiva entre la estandarización de las normas y la precisión procesal frente a la rapidez procesal y la prestación judicial, y la opción por la primera ha prevalecido [en nuestro país] (Gico Jr, 2020, pp.166-7).

En otras palabras, según la función de costes sociales vista en el apartado 10.2, uno de los objetivos del recurso sería reducir c(e), los costes de los errores de apreciación; sin embargo, al intentar alcanzar este objetivo, aumentamos c_a, los costes administrativos del poder judicial. Si la sociedad aspira al nivel más bajo posible de c(e), los costes sociales del proceso, debe alcanzarse un equilibrio (tal vez tenue) entre los dos tipos de costes. Esto significaría intentar reducir los costes de los errores en la sentencia -mediante los recursos- al mismo tiempo que se intentan reducir los costes administrativos -reduciendo la estructura disponible para mantener el proceso-. Este segundo objetivo pretendería también aumentar la celeridad del proceso, lo que no sólo perjudica a las partes, sino también al sistema judicial en su conjunto, ya que impide que más partes se beneficien de sus (limitados) servicios.

Hemos visto en la sección 10.3 que el recurso es una de las ramas del árbol de decisión, o modelo de teoría de juegos del proceso. Esto significa que la decisión de recurrir se ve afectada exactamente por las variables analizadas en el modelo: costes procesales y otros costes (por ejemplo, tasas judiciales), probabilidades de ganar, cantidades obtenidas en el juicio o en un acuerdo, etc. Por lo tanto, la decisión privada de recurrir o no recurrir también se ve directamente afectada por las variables anteriores. Reducir los incentivos para recurrir implicaría cambiar estas estructuras y variables, es decir, implicaría cambiar todo el rito procesal, como se expone a continuación.

10.6. SISTEMAS ALTERNATIVOS DE RESOLUCIÓN DE CONFLICTOS Y CAMBIOS EN EL PROCEDIMIENTO

Quizá como consecuencia de la llamada "crisis judicial", cada vez más gente discute las posibilidades prácticas y jurídicas de utilizar medios alternativos de resolución de conflictos distintos de los tribunales. ¿Se trata sólo de una solución para aumentar la rapidez y eficacia en la resolución de conflictos? En realidad, los sistemas alternativos son más que eso, y pueden justificarse por otras razones económicas.

Para empezar, existe el problema de la asimetría informativa entre las partes litigantes y los magistrados que juzgan los conflictos. Como ya se ha comentado, cuando hay errores en las sentencias, se crean costes sociales. Y muchos de estos errores están causados por la ignorancia de los hechos relevantes por parte de los jueces de los tribunales. Por tanto, los métodos de resolución de conflictos que acercan a los jueces y a las partes, permitiendo un intercambio de información más intenso entre ellos, tendrían el potencial de reducir el coste social del proceso al reducir los costes de los errores en las sentencias.

10.6.1. Mediación, conciliación y similares

La idea de facilitar la negociación entre partes en conflicto a través de la mediación, la conciliación y/u otros métodos de facilitación es intrínsecamente económica. Concretamente, es una idea y un argumento coaseanos. Recordando el capítulo sobre Derechos de propiedad, el teorema de Coase predice que en situaciones en las que las partes pueden negociar de forma cooperativa, con bajos costes de transacción, el resultado obtenido por la negociación será eficiente, es decir, maximizará el bienestar. Sin embargo, el corolario del teorema continúa diciendo que, si la negociación privada no es posible entre las partes, el resultado dependerá de la asignación legal de derechos, y en estos casos, la eficiencia no está garantizada. De ello se deduce que, en situaciones de conflicto, debe buscarse en la medida de lo posible la negociación cooperativa entre las partes si el objetivo es maximizar las ganancias. Si esto no fuera posible, sería necesaria la vía judicial y la eficacia no estaría garantizada. Es en este sentido que facilitar o fomentar el uso de una mediación o conciliación eficaz, capaz de reducir los costes de transacción de las negociaciones privadas sin recurrir a los tribunales, es tan ampliamente defendido por el análisis económico del derecho.

En la misma línea que la mediación o la conciliación más "tradicionales", existen también los métodos relativamente recientes de "resolución alternativa de litigios" y "resolución de litigios *en línea*" (ADR y ODR), generalmente ofrecidos de forma privada por las empresas a sus clientes. Estos también consisten en métodos para reducir los costes de transacción de la negociación privada cooperativa, generando los resultados positivos predichos por el teorema de Coase.

10.6.2. Arbitraje

Salama (2019) ofrece un breve, pero muy interesante análisis económico del arbitraje. Según el autor:

> La literatura jurídico-económica comparada destaca dos razones principales por las que, en algunos casos, las partes en conflicto, o potencialmente en conflicto, pueden optar por recurrir a un procedimiento de arbitraje. En primer lugar, el arbitraje puede reducir los costes de transacción directamente relacionados con la resolución de conflictos. En segundo lugar, el arbitraje puede favorecer el establecimiento de un sistema de incentivos más adecuados para el cumplimiento de los contratos, maximizando las ganancias en la relación comercial entre las partes (p.396).

El autor también afirma que las ventajas del arbitraje van más allá de los beneficios para las partes, e incluso tienen la capacidad de generar una mejora en la infraestructura macro-institucional del sistema de resolución de conflictos en el país. En sus palabras

> en Brasil, una cierta competencia que se ha establecido en determinados casos entre los tribunales estatales, por un lado, y los árbitros y las cámaras de arbitraje, por otro, forma parte de un proceso histórico de reducción de los costes de transacción relacionados con la prestación judicial estatal (p.395).

El debate sobre las repercusiones del arbitraje en las partes litigantes (o potencialmente litigantes) y en el sistema judicial en su conjunto es amplio y se ha tratado en la literatura, incluido el análisis económico del derecho, de forma cada vez más expresiva. No pretendemos agotar el debate aquí, sólo despertar el interés y llamar la atención de todos. Dejamos a los estudiosos interesados la búsqueda de estudios más avanzados sobre este tema.

10.6.3. ¿Por qué cambiar el procedimiento?

De forma similar a lo discutido en las secciones 10.3 y 10.4, la idea de cambios en el rito procesal está relacionada con cambios en las variables que afectan a los incentivos para litigar y, a la inversa, a los incentivos para el acuerdo entre las partes. Hemos visto que esta discusión pasa por una serie de variables posibles y, adaptando un juego conceptual a la realidad, sería posible incluir infinitas otras condiciones sin perder la generalidad de un modelo como el visto anteriormente. Pensar en las posibilidades de un cambio de rito, que podría generar beneficios para las partes y para el sistema de justicia en su conjunto, requiere una visión crítica y la audacia de "pensar fuera de la caja"–rasgos aún poco comunes en el derecho brasileño más tradicional. Sin embargo, se trata de una tarea propicia para los estudiosos del análisis económico del derecho, especialmente del proceso civil. Es lo que hace Gico Jr. (2020) en su libro *Análise Econômica do Processo Civil,* especialmente en los capítulos 4 y 5 ("Teoria Positiva do Processo: a análise econômica do processo" y "Tópicos Avançados na Teoria do Processo"). Por la importancia y profundidad con que el autor trata esta cuestión, recomendamos su estudio a los interesados en el tema.

Desde la perspectiva del análisis económico del Derecho, algunos de los métodos alternativos de resolución de conflictos podrían invertir los incentivos de las partes para litigar y hacer que la negociación cooperativa sea más interesante para las partes implicadas. Aún podría trabajarse y estudiarse mucho el potencial de estos métodos y de otros.

PREGUNTAS

1) ¿Cuál es el principal objetivo del análisis económico de los procedimientos judiciales?

    a) Perseguir la justicia social

    b) Maximizar los beneficios de la empresa

    c) Minimizar los costes del proceso

    d) Analizar la eficacia del sistema jurídico

2 La teoría del litigio establece que:

    a) Los tribunales deben tomar decisiones basadas en precedentes históricos

    b) Los particulares recurren al sistema judicial para resolver los litigios al menor coste posible

    c) Los abogados son responsables de los elevados costes de los procedimientos judiciales

    d) Los jueces siempre toman decisiones imparciales y justas

3) ¿Cómo puede aplicarse la teoría de los incentivos al sistema judicial?

    a) Analizar cómo se anima a los jueces a tomar decisiones imparciales

    b) Investigar cómo los abogados incentivan a los jueces para que tomen decisiones

c) estudiar cómo las leyes y los reglamentos pueden afectar al comportamiento de los agentes del sistema judicial

d) Analizar cómo resuelven los tribunales los litigios

4) ¿Cómo puede aplicarse la teoría de juegos a la negociación de acuerdos judiciales?

a) Analizar las estrategias de los abogados que intervienen en la negociación

b) Analizar cómo afectan las decisiones de los jueces a las negociaciones

c) Analizar cómo se comparte la información entre las partes durante la negociación

d) Analizar cómo influyen las preferencias e intereses de las partes en el resultado de la negociación.

e) todas las anteriores

5) ¿Qué papel desempeña el coste de oportunidad en el análisis económico de los procedimientos judiciales?

a) Considerar los costes de las decisiones judiciales para las personas y empresas implicadas en el proceso

b) sopesar los costes de llevar un caso a juicio

c) sopesar el coste de que los jueces tomen decisiones imparciales

d) Considerar el coste de los abogados que representan a sus clientes

6) ¿Qué significa el concepto de "juego sucesivo" en el contexto del proceso judicial?

a) El hecho de que un proceso judicial pueda tener lugar en varios tribunales

b) La posibilidad de analizar un caso judicial desde distintos ángulos

c) El hecho de que una decisión en una fase del proceso pueda afectar a las opciones disponibles en fases posteriores.

d) La posibilidad de que un asunto judicial se traslade a distintos tribunales

7 ¿Qué es un “freerider” en el proceso judicial?

a) La tendencia de una parte a gastar más que la otra en un proceso

b) La posibilidad de que una parte se aproveche del trabajo de la otra sin pagar por ello.

c) La propensión de un juez a tomar decisiones que beneficien a una de las partes.

d) La voluntad de un abogado de influir en la decisión del juez a cambio de favores

8 ¿Qué es la “tragedia de los comunes” en el contexto del acceso a la justicia?

a) La situación en la que varias partes compiten por el mismo recurso escaso, el acceso al sistema judicial, poniendo en peligro la impartición de justicia.

b) El hecho de que todas las partes tengan igual acceso al sistema judicial.

c) El hecho de que las partes tengan incentivos para cooperar y resolver los conflictos antes de recurrir a la justicia.

d) La situación en la que el Estado tiene el monopolio de la justicia y puede tomar decisiones unilaterales sin tener en cuenta a las partes implicadas.

Respuestas:

1–D

2–B

3–C

4–E

5–B

6–C

7–B

8–A

REFERENCIAS BIBLIOGRÁFICAS

Consejo Nacional de Justicia (2020), **Justicia en Números 2020**. Brasília: Consejo Nacional de Justicia. (Disponible en: https://www.cnj.jus.br/pesquisas-judiciarias/justica-em-numeros/)

Cooter, Robert y Ulen, Thomas (2010) **Derecho y Economía.** 5ª edición traducida. Porto Alegre: Artmed Editora.

Gico Jr, Ivo (2020) **Análisis Económico del Proceso Civil.** Indaiatuba: Editora Foco Jurídico.

Lisboa, Marcos; Yeung, Luciana y Azevedo, Paulo F. (2021). "Entre intención y consecuencia: los efectos económicos del poder judicial en Brasil", *en* Sadek, Maria Teresa; Bottini, Pierpaolo, Khichfy, Raquel y Renault, Sergio (eds.). **El poder judicial de nuestro tiempo.** Río de Janeiro: Editora Globo, pp. 265-277.

Ramseyer, J. Mark; Rasmusen, Eric B. "Are Americans more litigious? Some quantitative evidence". **The American Illness: Essays on the Rule of Law**, p. 43-68, 2013.

Salama, Bruno M. (2019). "Análise Econômica da Arbitragem", *en* Timm, Luciana B. (coord.) **Direito e Economia no Brasil,** 3ª ed., **Brasil.**

Wollschlägen, Christian (1998) "Exploring Global Landscapes of Litigation Rates". *En Soziologie des Rechts: Fetschrift für Erhard Blankenberg zum 60 Geburstag,* 577-582.

Capítulo 11.

Jurimetría

Marcos (físico), Ronny (ingeniero) y Luciano (estadístico) son amigos que van de caza. Avistan un ciervo a 50 metros de distancia. Ronny coge su mira telescópica, calcula la trayectoria de la bala y ajusta la puntería. Dispara, pero la bala pasa a 5 metros por encima del ciervo. Marcos hace sus cálculos y ajusta la puntería. Dispara, pero la bala pasa 5 metros por debajo del animal.

Inmediatamente, Luciano salta de alegría y grita: "¡Hemos acertado! De media, ¡dimos en el blanco!".

1.1. INTRODUCCIÓN: ¿QUÉ ES LA JURIMETRÍA?

La jurimetría es la metodología de investigación basada en el uso del empirismo, combinado con análisis estadísticos, aplicada al estudio del Derecho, especialmente (pero no sólo) de las decisiones judiciales. A su vez, el empirismo es la práctica filosófico-científica de llegar a conclusiones de investigación mediante el uso de datos obtenidos por la observación de la realidad. El empirismo se opone, por ejemplo, al dogmatismo.

La jurimetría como método científico existe de una forma u otra desde hace varios siglos. Parece ser que, en 1709, el matemático suizo Nicolaus I Bernoulli[1] escribió su tesis doctoral (en latín) titulada "*Dissertatio Inauguralis Mathematico-Juridica de Usu Artis conjectandi in Jure*", o "[Disertación Inaugural sobre Matemática

1 Nicolás I Bernoulli era hijo de Nicolás Bernoulli, pintor de Basilea. F u e alumno de Jacob Bernoulli, el famoso estadístico suizo que dio nombre a la distribución estadística conocida hoy como "distribución de Bernoulli". Bajo la dirección de Jacob, Nicolás I escribió la que se considera una de las primeras obras de jurimetría de la ciencia moderna.

Jurídica del] Uso del Arte de Conjeturar en Derecho", que en realidad era una aplicación de los métodos estadísticos al Derecho. Una de las grandes obras del también célebre estadístico francés Siméon Denis Poisson, de 1837, fue "*Recherches sur la Probabilité des Jugements en Matière Criminelle*"–o "*Investigaciones sobre la* probabilidad de los juicios en materia penal". Es en este libro donde el autor demuestra la fórmula de lo que se ha dado en llamar la "distribución (estadística) de Poisson", una de las lecciones más importantes de estadística básica, que aún hoy se aprende en las facultades de todo el mundo.

Sin embargo, oficialmente como un campo de estudio científico, la Jurimetría se consolidó en la década de 1960 en los Estados Unidos, con el lanzamiento de la revista *Modern Uses of Logic in Law–MULL*, en 1959, por la American Bar Association (similar a la Asociación Brasileña de Abogados), dirigida por Layman Allen. Siete años después, en 1966, *MULL* pasó a llamarse *Jurimetrics, the Journal of Law, Science and Technology*. La revista sigue en circulación con periodicidad trimestral.

Desde entonces, la Jurimetría se ha extendido como metodología de investigación en las ciencias jurídicas y afines, y también ha pasado a denominarse "estudios empíricos (cuantitativos) en Derecho". En Estados Unidos, varias facultades de Derecho cuentan con centros de investigación empírica o jurimétrica. También existen varias asociaciones específicas para la discusión y divulgación de trabajos en el área, como la *Society for Empirical Legal Studies*, que realiza congresos anuales nacionales e internacionales y tiene su propia publicación, el *Journal of Empirical Legal Studies*. En Brasil, se está iniciando un movimiento similar en diversos centros de enseñanza e investigación. Ya existe una revista dedicada específicamente a la investigación empírica en Derecho, un congreso centrado en el tema y, cada vez más, se acepta como metodología científica para trabajos de fin de curso, tesinas, tesis y artículos.

En la siguiente sección, ilustraremos algunos ejemplos de métodos jurimétricos. A continuación, explicaremos brevemente cómo puede realizarse un ejercicio jurimétrico con los datos actualmente disponibles en el país. Para dar algunos ejemplos de los diversos trabajos que ya se han realizado, en la sección presentaremos algunos trabajos–académicos y aplicados–que han utilizado con éxito la jurimetría, con o sin el uso de programación informática e inteligencia artificial. Veremos que es posible realizar trabajos de jurimetría aunque no se utilicen herramientas computacionales sofisticadas. Finalmente, discutiremos los límites que aún existen para el uso de la jurimetría como metodología científica en la investigación jurídica brasileña, así como el futuro de este tipo de investigación para los estudios jurídicos.

La jurimetría es la metodología de investigación basada en el uso del empirismo, es decir, el uso de datos observados de la realidad, combinados con análisis estadísticos, aplicados al estudio del Derecho.

11.2. MODELOS JURIMÉTRICOS: ¿CÓMO HACER JURIMETRÍA?

El primer mito que hay que derribar a la hora de aplicar la Jurimetría es que requiere el uso de métodos sofisticados, con recursos matemáticos y/o informáticos de última generación que sólo pueden ser manejados por grandes expertos en ciencias exactas. La Jurimetría está al servicio de cualquier persona interesada en la investigación empírica, que desee estudiar las ciencias jurídicas mediante la recogida de datos reales, y que emplee -de alguna manera- conceptos y análisis estadísticos. La gran pregunta es: ¿qué inquisición se está llevando a cabo con un estudio de este tipo? Y quizás más aún, ¿a qué conclusiones se quiere llegar con los resultados obtenidos? Los estudios que tienen mayores ambiciones, que pretenden llegar a conclusiones generalizables a un gran número de fenómenos, deben tener especial cuidado con la elección del método empírico y la ejecución del análisis. En estos casos, también hay que tener cuidado con la muestra que se utilizará para el estudio. En el caso de las decisiones judiciales, es necesario que contenga elementos (casos) que sean representativos de la población total, dado el tema específico[2] . Por lo tanto, la propia selección del conjunto de resoluciones judiciales que se recogerá y el análisis que se aplicará a los datos dependerán de la metodología que se utilice. A su vez, la elección de la metodología no es una opción aleatoria, y existen modelos más o menos adecuados para diferentes fines de investigación. Empecemos por los modelos más sencillos:

11.2.1. Casos prácticos

Como su nombre indica, los estudios de casos pretenden analizar en profundidad uno o varios (no muchos) casos reales que ilustren el tema investigado. En este caso, el tamaño de la muestra observada se sustituye por el nivel de detalle del análisis. Por ejemplo, se desea estudiar las sentencias sobre defensa de la competencia que reúnen determinadas características: sector, país, periodo de tiempo, etc. A efectos de este estudio, es poco probable que haya un gran número de casos. Entonces se eligen, por medios no aleatorios, los casos que reúnen esas características específicas.

Los estudios de casos no suelen utilizar técnicas estadísticas o econométricas muy sofisticadas. Su ventaja, sin embargo, es la precisión que pueden alcanzar observando el fenómeno, sobre todo cuando hay detalles específicos o cuando se trata de obtener algún tipo de información cualitativa. Por otra parte, al tratarse de un número limitado de observaciones, sus conclusiones difícilmente pueden generalizarse.

---

2 En concreto, el principal problema que hay que evitar en estos casos es el sesgo de selección en la muestra, es decir, que por alguna razón la muestra contenga una proporción desproporcionada de casos con determinadas características en comparación con lo que sería en la población original. Por ejemplo, si el objeto del estudio es la tendencia de las decisiones judiciales relativas al impago de deudas contractuales, es importante que la muestra seleccionada refleje la población original en cuanto a la proporción de casos llevados inicialmente a los tribunales por acreedores y deudores.

11.2.2. Estadísticas descriptivas (y correlaciones)

El uso de estadísticas descriptivas es la forma más sencilla de aplicar una metodología "puramente" cuantitativa. Los datos utilizados en el análisis descriptivo pueden extraerse, por ejemplo, de sentencias elegidas más o menos al azar. La aportación de este tipo de estudio consiste en recopilar, en un solo trabajo, datos que ayuden a evidenciar algún fenómeno o tendencia en las decisiones judiciales. A partir de estadísticas sencillas, como porcentajes, medias, medianas, etc., es posible llegar a conclusiones preliminares sobre un tema, e incluso recurrir a pruebas anecdóticas. Yeung (2016) hace uso de estadísticas descriptivas aplicadas a juicios laborales relacionados con el tema de la tercerización laboral. Antes de la aprobación de la Ley 13.429/2017, era ilegal para las empresas del país contratar trabajadores tercerizados para realizar actividades consideradas como "fin" de la empresa. Lo que el autor muestra, tras analizar 500 decisiones de diversos Tribunales Regionales de Trabajo (TRT), es que había una divergencia sustancial en lo que los magistrados entendían por "actividad media" y "actividad final", incluso para funciones idénticas. Por ejemplo, en el sector bancario, se consideró que los trabajadores asignados a actividades relacionadas con la concesión de créditos, la compensación, los cobros y la financiación realizaban, en el 66 % de las resoluciones judiciales, la "actividad principal" del banco; pero estas mismas actividades, en el 33 % de las resoluciones, fueron consideradas por los magistrados como "actividad intermedia". Prácticamente el mismo patrón se observó en las sentencias referidas a otras actividades. La investigación, basada en estadísticas descriptivas de las sentencias, demostró que, contrariamente a lo que se afirmaba en algunas partes del mundo jurídico, la comprensión de lo que se consideraba una actividad principal o una actividad intermedia no era pacífica, lo que generaba una importante incertidumbre judicial y animaba a ambas partes del conflicto a litigar. A pesar de la simplicidad del método, este trabajo sirvió de base argumental en dos sentencias del Tribunal Supremo[3]. Lo sencillo no siempre es simplista.

11.2.3. Regresiones de causalidad

Cuando se dispone de un número "razonable" de observaciones, o un tamaño "razonable" de la muestra[4] , se puede ir más allá de la estadística meramente descriptiva y tratar de encontrar relaciones más sólidas entre las variables analizadas, normalmente mediante modelos de regresión causal. En resumen -a riesgo de simplificar uno de los ámbitos más dinámicos de la economía y la estadística de finales del siglo XX y principios del XXI-, los modelos de regresión tratan de captar la influencia de determinadas variables, denominadas variables *independientes, sobre* otras determinadas variables, denominadas variables *dependientes.* Además, el objetivo de estos modelos es explicar los supuestos efectos *causales* de las variables independientes sobre la(s) dependiente(s). Por ejemplo, podríamos preguntarnos si la cuantía del presupues-

---

3 RE-958.252, juzgado el 30 de agosto de 2018, informado por el juez Luiz Fux; ADPF 324, juzgado el 30 de agosto de 2018, informado por el juez Luis Roberto Barroso.

4 No existe una respuesta segura a cuál debe ser el tamaño mínimo de muestra necesario para que se considere un tamaño "razonable"; dependerá del objeto de estudio, del número total de variables que se vayan a incluir en el estudio (cuantas más variables, menor será el "grado de libertad" del ejercicio estadístico, y puede ser necesario un mayor número de observaciones), etc. Normalmente, los microeconomistas y financieros suelen trabajar con muestras bastante grandes, con al menos miles de observaciones. En cambio, los macroeconomistas, que a menudo tienen como observaciones el número de países del mundo, o de Estados de un país, suelen tener muestras más pequeñas. Para minimizar este problema, suelen trabajar con datos de *panel, es decir,* analizando datos de "n" países durante un periodo de tiempo más largo, digamos "x" años o meses. De este modo, el tamaño de la muestra pasa a ser "n" multiplicado por "x". En cualquier caso, para un ejercicio de regresión econométrica razonable, se necesitan al menos unas docenas de observaciones (de nuevo, en función del objeto analizado).

to sanitario municipal afecta al número de pacientes atendidos en los hospitales públicos. Es importante darse cuenta de que se quiere llegar a una relación causal: la hipótesis es que más recursos "causan" más (o menos) asistencias. Y los modelos de regresión pondrán a prueba la hipótesis y darán un resultado positivo o negativo. Pasando al ámbito jurídico, donde estas indagaciones podrían entrar en la categoría de trabajo jurimétrico, hay muchas posibilidades. Algunos ejemplos de posibles regresiones (muchas de las cuales ya se han realizado): si el presupuesto del poder judicial y/o el número de magistrados afecta a la duración media de un proceso judicial, o si la calidad del sistema jurídico afecta a la actividad empresarial y al desarrollo económico y social de un país. En lo que respecta específicamente a las decisiones judiciales, es posible evaluar si las características del litigante (particular o empresa, clase social, sexo, etc.) o, paralelamente, si las características del magistrado o magistrados que juzgan el caso afectan a la decisión judicial. En estos casos, además de variables numéricas (tamaño del presupuesto, número de jueces, ingresos del litigante, etc.) también es posible incluir variables discretas no numéricas en las regresiones (calidad del sistema jurídico, género del individuo y/o del magistrado, tipo de litigante, estado de origen del caso, etc.).) Para diferentes tipos de variables incluidas en el modelo, diferentes tipos de preguntas ("cuánto", "cómo", o "cuál es la probabilidad", etc.), diferentes tipos de variabilidad de los datos (variación en un único momento en el tiempo, o variación a lo largo del tiempo), etc. existen modelos de regresión específicos, más o menos adecuados a la situación en cuestión. Todos ellos tienen en común el objetivo de demostrar la existencia o no de relaciones causales entre determinadas variables y otras, mediante el análisis de un gran número de observaciones. A continuación, se exponen algunos ejemplos de este tipo de trabajo.

Para quienes deseen profundizar en el estudio y aplicación de los métodos jurimétricos, especialmente con fines de investigación, recomendamos un estudio más profundo y cuidadoso de algunos excelentes manuales:

Epstein, L. y Martin, A. D. (2014). *Una introducción a la investigación jurídica empírica.* Oxford: Oxford University Press.

Cualquier libro de texto sobre Econometría Básica, entre ellos:

Gujarati, D. N. y Porter, D. C. (2011). *Econometría básica,* 5ª edición. São Paulo: McGraw-Hill Bookman.

Los estudios de casos, la estadística descriptiva y las regresiones causales son algunos de los modelos jurimétricos más comunes.

11.3. TÉCNICAS DE RECOGIDA Y TRATAMIENTO DE DATOS PARA JURIMETRÍA

¿Cómo se inicia realmente una investigación empírica cuantitativa basada en resoluciones judiciales? En primer lugar, es necesario tener acceso a las resoluciones judiciales que se desean estudiar y analizar. Cada investigador tendrá sus propias fuentes, que pueden ser físicas (obtenidas directamente de los tribunales) o virtuales (a través de bases de datos electrónicas), fuentes primarias (acceso directo en la fuente) o secundarias/terciarias (recopiladas por otros y luego puestas a disposición pública o privada de otros investigadores), etc. Una vez que se dispone de la base de datos (independientemente de su tamaño), comienza el trabajo de tabulación de los datos: a mano en papel, en hojas de cálculo electrónicas o, más recientemente, "enseñando" a la máquina cómo hacerlo. Algunos puntos prácticos que merece la pena discutir con más detalle.

El poder judicial brasileño se ha ido moviendo cada vez más en la dirección de hacer que los casos y las sentencias estén disponibles electrónicamente. Prácticamente todos los tribunales de los tres principales poderes judiciales -Estatal, Federal y del Trabajo-, así como los tribunales superiores, han publicado más o menos adecuadamente la jurisprudencia reciente. Así que, en general, encontrar la fuente de las decisiones judiciales no ha sido un problema.

Los problemas adquieren importancia cuando se pretende realizar estudios empíricos con un gran número de decisiones y cuando se requiere una aleatoriedad absoluta en la elección de los casos. La cuestión es que hay pruebas de que ni siquiera los tribunales más avanzados en la digitalización de casos ponen sus sentencias a disposición del público en su totalidad. La gran pregunta para los investigadores es: ¿cuál es el porcentaje de sentencias que no están disponibles en sitios abiertos? ¿Existen características constantes de estas sentencias que impidan que se pongan a disposición del público? De ser así, supondría un problema para la investigación científica, ya que daría lugar a un sesgo de selección en los casos puestos a disposición. Veçoso *et al* (2014) abordan esta cuestión en detalle y muestran que incluso el Supremo Tribunal Federal (STF) y el Superior Tribunal de Justicia (STJ) no ponen toda su jurisprudencia a disposición en sus sitios web.

Otra dificultad para los investigadores en Jurimetría aplicada a las resoluciones judiciales, inherente a la propia naturaleza de este tipo de investigación, es la necesidad de procesar los datos -normalmente cualitativos- y, eventualmente, categorizarlos en elementos que puedan ser procesados por *programas* estadísticos informáticos. La transformación de variables cualitativas ("¿decisión favorable o desfavorable?", "¿el litigante es hombre o mujer?", "¿la empresa es nacional o extranjera? ¿de qué industria es?", etc.) en algo que pueda manipularse e interpretarse estadísticamente puede resultar a veces no trivial. Los modelos econométricos más habituales para estos casos son *el probit* y el *logit,* pero a la larga estos modelos pueden resultar limitados para algunas situaciones. Los libros de texto y los modelos econométricos tienen capítulos específicos para tratar las variables cualitativas, pero el manejo de estos datos es algo que se adquiere con la experiencia y el tiempo. A menudo, hablar con investigadores que ya han tenido la misma experiencia es una de las mejores maneras.

Cada investigador tendrá sus propias fuentes de datos, que pueden ser físicas o virtuales, primarias o secundarias/terciarias. Hoy en día, además de manualmente, la extracción de datos judiciales puede realizarse mediante programación informática, utilizando los llamados crawlers con metodologías de webscrapping. Una vez extraída y disponi-

ble la base de datos (de resoluciones judiciales, por ejemplo), comienza el trabajo de tabulación y análisis de los datos. El análisis suele llevarse a cabo mediante software estadístico/econométrico.

11.4. INVESTIGACIÓN JURIMÉTRICA EN LA LITERATURA CIENTÍFICA INTERNACIONAL Y NACIONAL Y TRABAJOS APLICADOS

La literatura científica que utiliza la jurimetría ha sido muy amplia. En la mayoría de los casos, la metodología utilizada ha sido el análisis econométrico de regresión causal (que es la metodología dominante en las ciencias sociales empíricas). Sin embargo, en consonancia con el desarrollo de la investigación teórica en econometría, los modelos utilizados se han vuelto cada vez más sofisticados, recientemente con el gran advenimiento de la minería de datos mediante programas informáticos *(minería de textos).* Esta sección se subdividirá en temas que han sido ejemplos del uso del análisis empírico de las decisiones judiciales. Comentaremos ejemplos de trabajos, los modelos utilizados y los resultados obtenidos. Veremos que ha sido un área muy diversa, no sólo en cuanto a los temas concretos analizados, sino también en cuanto a los modelos adoptados.

11.4. INVESTIGACIÓN CIENTÍFICA NACIONAL E INTERNACIONAL

11.4.1. La jurimetría y los efectos de la ideología en las decisiones judiciales

Quizá uno de los primeros objetivos de los estudiosos que utilizaron el análisis empírico de las decisiones judiciales fue evaluar la existencia de posibles efectos ideológicos en los jueces. En la primera mitad del siglo XX, C. Hermann Pritchett centró sus análisis en el Tribunal Supremo de los Estados Unidos. Basándose en sentencias dictadas a lo largo de más de 20 años, el autor (1968) encontró indicios de divergencias persistentes en la forma de juzgar de los jueces del Tribunal Supremo, derivadas de diferencias ideológicas. Fue uno de los primeros intentos en la literatura de incluir las características personales de los jueces como determinantes de patrones de voto que se desviaban de la media. La principal hipótesis de Pritchett era que los jueces están influidos por sus ideologías personales y que sus decisiones en los tribunales no son meras interpretaciones de la "letra de la ley".

Más recientemente, Epstein, Landes y Posner (2013), basándose también en años de análisis empíricos de las decisiones del Tribunal Supremo estadounidense, sostienen que los impactos de la ideología política han ido creciendo con el tiempo. En el caso de otros tribunales de Estados Unidos, por ejemplo, los tribunales de apelación y los tribunales de distrito, los autores indican que también desempeña un papel significativo, aunque en magnitudes más débiles.

En Brasil, evidencias anecdóticas en el mundo empresarial e incluso en referencias académicas (véase Arida, Bacha y Lara-Resende 2005) apuntan a la existencia de un supuesto sesgo prodeudor en el poder judicial brasileño, lo que generaría inseguridad jurisdiccional y desincentivaría la creación de un mercado de crédito a largo plazo. Yeung y Azevedo (2015) utilizaron un análisis empírico de las decisiones judiciales para verificar esta evidencia, utilizando una muestra de aproximadamente 1.700 decisiones del Superior Tribunal de Justicia (STJ) para evaluar si este tribunal tendía a favorecer a los deudores en las disputas contractuales que involucraban a instituciones financieras. En general, los autores no confirman esta evidencia. Sin embargo, al analizar variables específicas, surgen evidencias de determinantes ideológicos. Por ejemplo, los Jueces del STJ tienden a fallar de forma diferente dependiendo de quién esté en el lado perdedor de la relación contractual (que implique deuda financiera): si se trata de un particular, los Jueces tienden a favorecer al deudor;

en los casos en que el deudor es una persona jurídica (empresas y organizaciones), las decisiones tienden a favorecer a la institución financiera acreedora. Así pues, la evidencia empírica sugiere que los jueces tienen una percepción diferente de la necesidad de proteger a los particulares de los acreedores financieros en comparación con las empresas y organizaciones.

En el mismo estudio, se analizó indirectamente otra prueba de ideología. Los autores evaluaron si había "factores regionales" que influyeran en las decisiones del STJ. Sólo se confirmó un caso: los recursos especiales del estado de Rio Grande do Sul fueron revocados sistemáticamente por los jueces del STJ, y en un sentido que *desfavorecía a* los deudores. Como el STJ es un tribunal superior (y en muchos casos, la última instancia, en ausencia de una cuestión constitucional), se puede ver que los jueces del STJ utilizaron su poder discrecional para corregir las "disconformidades" en las sentencias de los magistrados de Rio Grande do Sul. Para los conocedores de la historia reciente del poder judicial brasileño, el recuerdo del movimiento judicial "Asociación de Jueces por la Democracia" y del activismo judicial de forma más representativa precisamente por parte de los magistrados de Rio Grande do Sul, parece hacer conexión y corroborar los hallazgos empíricos de Yeung y Azevedo (2015). Curiosamente, en este sentido, el trabajo de estos autores muestra impactos de la ideología no sólo por parte de los magistrados de Rio Grande do Sul–en el sentido de beneficiar a los deudores — sino también por parte de los Jueces del STJ — que consistentemente revocaron recursos de Rio Grande do Sul de manera que beneficiaron a los acreedores.

11.4.2 Jurimetría y efectos de género en las decisiones judiciales

La literatura internacional también ha dedicado espacio a evaluar el impacto del género de los jueces en las decisiones judiciales. La literatura jurimétrica sobre este tema ha sido igualmente extensa. A continuación, comentamos una pequeña selección de los estudios más recientes.

Peresie (2005) demuestra que el género de los jueces es un factor determinante en las decisiones de los tribunales de apelación de Estados Unidos en casos de litigios por acoso sexual y discriminación. El género actúa como factor de impacto directo –es decir, las juezas tienden a favorecer más a las víctimas de discriminación– y también como factor indirecto, a través del efecto paritario en los paneles –es decir, las juezas influyen en sus colegas masculinos a la hora de juzgar tales casos–. Peresie muestra que los paneles con juezas tienden a favorecer a las presuntas víctimas dos veces más que los paneles con jueces varones. En este estudio, el factor género tuvo un mayor impacto en las decisiones judiciales que la ideología.

En la misma línea, Farhang y Wawro (2004) constatan un fuerte efecto panel por parte de las mujeres, es decir, que las juezas tienden a influir significativamente en sus colegas masculinos. Sin embargo, los autores muestran que una segunda mujer en el panel no tiene el mismo efecto que la primera. Estos autores también intentan encontrar pruebas de un impacto racial, pero -a diferencia del factor género- no encuentran ninguna, aunque son cautos a la hora de interpretar este último resultado.

Boyd, Epstein y Martin (2010) utilizan la metodología econométrica conocida como *propensity score matching* y también encuentran un impacto significativo del género en los litigios por discriminación sexual. En este caso, al igual que en Peresie (2005), los efectos se producen tanto directamente (a través de jueces individuales) como indirectamente (a través de los efectos en los paneles). Aunque los autores analizan 13 tipos de litigios, sólo los relacionados con la discriminación sexual se vieron significativamente afectados por el sexo de los jueces. Aunque la lista incluye otros asuntos "sensibles al género", como el aborto y el acoso sexual, en ninguno de ellos hubo un impacto significativo del género de los jueces.

También hay estudios brasileños sobre este tema. Grezzana & Poncezk (2012) analizaron más de 90.000 litigios laborales en el Tribunal Superior del Trabajo (TST). En general, los autores no encontraron pruebas de un impacto de género en las decisiones del tribunal. Sin embargo, cuando se controla el objeto del litigio, el impacto es evidente. Es el caso, por ejemplo, de los asuntos de "igualdad salarial" y "relación laboral y sindical". En estas circunstancias, las juezas tienden a favorecer a las mujeres litigantes (trabajadoras), mientras que los jueces tienden a favorecer a los trabajadores. Una vez más, parece existir una especie de "solidaridad de género" entre jueces y litigantes en el Tribunal Superior de Trabajo.

¿Por qué el género de los jueces influye en su forma de decidir? Basándose en la literatura anterior, Boyd, Epstein y Martin (2010) ofrecen cuatro explicaciones de cómo el género afecta a las decisiones judiciales, ya sea individualmente o a través de grupos/paneles. En primer lugar, la llamada "voz discrepante": las decisiones divergentes entre hombres y mujeres serían manifestaciones de las diferentes visiones del mundo y de la sociedad que tienen hombres y mujeres. Esta sería la perspectiva individual del impacto del género en los tribunales. La segunda explicación sería la llamada "narrativa representativa", es decir, la manifestación de juezas que se ven a sí mismas como representantes del sexo femenino y, en concreto, de las mujeres litigantes. En estos casos, las juezas fallarán a favor de las mujeres en casos en los que existan intereses particulares para toda la clase femenina de la sociedad. En tercer lugar, el "factor representativo" sitúa a las juezas como poseedoras de información más valiosa para resolver el conflicto judicial. En estas circunstancias, sus pares masculinos en el panel se beneficiarán de esta información privilegiada, y el efecto se canalizará a través del voto del panel. En otras palabras, la forma en que decida la jueza será una señal de información importante a la que, de otro modo, los jueces varones no tendrían acceso. Por último, el "factor organizativo" supervisará el impacto del género en las decisiones judiciales. En este caso, se considera que la formación profesional y las normas institucionales de la judicatura son lo suficientemente claras y similares como para minimizar cualquier diferencia significativa entre jueces y juezas. Todos estos factores han sido explorados, probados y analizados empíricamente por una rica literatura empírica sobre el tema del impacto del género en las decisiones judiciales.

Además del género, existen otros factores que afectan a las decisiones judiciales relacionadas con los grupos minoritarios, como la raza, la etnia, el grupo religioso y el origen social, entre otros. Debido a las limitaciones de este capítulo, dejaremos estos temas para un debate posterior.

11.4.3. La jurimetría y los efectos de la presión externa sobre las decisiones judiciales: los medios de comunicación y la opinión popular

Es bien sabido que los medios de comunicación y la opinión popular siempre han limitado en cierta medida el comportamiento de los funcionarios públicos. Sin embargo, la intensidad de este impacto ha crecido exponencialmente con la modernización de la tecnología de las telecomunicaciones. En algunos países, como Brasil, las sesiones de votación del Tribunal Supremo se retransmiten en directo por televisión. Aunque los ciudadanos de a pie rara vez entienden las cuestiones que se debaten en los tribunales–y especialmente en los tribunales superiores–de vez en cuando las decisiones de los magistrados y jueces son el centro de atención, destacadas en las portadas de los periódicos y discutidas por los profanos. En tiempos de escándalos de corrupción en los que están implicados políticos de alto rango, como ha ocurrido en los últimos años, esto es aún más cierto. Así, incluso los jueces que no son elegidos directamente (en Brasil nunca lo son) se sienten en cierto modo constreñidos por la opinión pública de la sociedad sobre los resultados de su trabajo. Como postulan Epstein y Kobylka (1992): "La mayoría de las decisiones judiciales reflejan la opinión pública... Según todas las pruebas discutibles, el Tribunal Supremo [de la mayoría de las democracias modernas] parece reflejar la opinión pública con tanta exactitud como los demás poderes políticos" (p.24).

La literatura empírica sobre los efectos de los medios de comunicación y la opinión pública también es amplia y creciente. Debido a su mayor exposición e impacto en el resto de la sociedad, los estudios de este tipo se centran principalmente en los más altos tribunales. Casillas *et al.* (2011) encuentran una influencia significativa de la opinión pública en las decisiones del Tribunal Supremo de los Estados Unidos; curiosamente, el efecto es más impactante en casos relacionados con asuntos de escasa relevancia social (porque en los casos de gran relevancia social existe un gran interés por seguir de cerca consideraciones jurídicas y/o ideológicas personales). Los autores miden los costes incurridos por el Tribunal Supremo al ignorar a la opinión pública en casos no relevantes entre 1970 y 2000. Giles *et al.* (2008) van en la misma dirección y, aunque son más cautelosos a la hora de afirmar la existencia de impactos directos de la opinión pública en las decisiones del Tribunal Supremo, afirman que existe una clara evidencia de causalidad en el voto de los magistrados.

Epstein y Martin (2010) también encuentran pruebas de que las decisiones del Tribunal Supremo están, hasta cierto punto, alineadas con la opinión pública. Además de la explicación habitual de que a los jueces les importa su reputación y la aprobación de la sociedad, sostienen que la alianza puede producirse porque los propios jueces forman parte de la sociedad. Así que, en este caso, en realidad están decidiendo sobre la base de sus ideologías personales, y no sólo como reflejo de preferencias externas. No sería fácil separar empíricamente estos dos efectos, y los autores dejan el análisis para otros estudios.

Por último, existe otro tipo de presión externa que afecta significativamente a las decisiones judiciales: la que procede de otros poderes del Estado, a saber, los poderes ejecutivo y legislativo. La interacción entre los jueces y estos otros actores políticos ha sido debatida desde hace mucho tiempo por los juristas y es un objeto de estudio inagotable. Especialmente en el caso de los Tribunales Supremos, debido a la designación presidencial de sus representantes (en Brasil, especialmente en el caso del STF), la búsqueda de una mejor comprensión de esta relación es crucial para entender y constatar la efectiva independencia de poderes, tan cara al pleno funcionamiento de la democracia moderna.

Lopes y Azevedo (2018) es un buen ejemplo de estudio empírico sobre este tema en Brasil. Comparando el impacto de la presión del poder ejecutivo -especialmente de la Presidencia de la República- en las decisiones del STJ y del STF, los autores encuentran un impacto significativamente mayor en el segundo que en el primero. Sabiendo cómo son nombrados los magistrados de uno u otro de esos dos Tribunales Supremos en Brasil, y recordando que el nombramiento político del Presidente de la República es de hecho mucho más vigoroso y eficaz en el caso del STF que en el del STJ, el resultado de los autores no es sorprendente.

11.4.4. Trabajo aplicado en brasil

A continuación, presentamos brevemente dos trabajos realizados por instituciones y/o grupos de investigación con el objetivo de presentar resultados a los decisores públicos, en este caso concreto el Consejo Nacional de Justicia (CNJ). Elegimos estos casos sólo para ilustrar el punto, ya que este tipo de trabajo se está volviendo bastante común. Invariablemente, los investigadores utilizan la Jurimetría aplicada a grandes bases de datos de jurisprudencia, utilizando métodos informatizados de extracción de datos, con el fin de comprender un problema real y proponer soluciones bien fundamentadas.

11.4.5. Judicialización de la asistencia sanitaria

El proyecto "Judicialización de la Salud en Brasil: perfil de demandas, causas y propuestas de solución" fue realizado por un grupo de investigadores del Insper (institución de enseñanza e investigación de São Paulo, capital) en 2018[5] . La propuesta del grupo ganó una convocatoria abierta organizada por el CNJ. Este

---

5 El informe completo está disponible en: https://www.cnj.jus.br/wp-content/uploads/2018/01/f74c66d46cfea933bf22005ca50ec915.pdf

fue quizás uno de los primeros estudios a gran escala organizados por un organismo público que utiliza la tecnología informática para extraer datos de las decisiones judiciales (*textmining*). Se analizaron unas 780.000 resoluciones judiciales de primera y segunda instancia, procedentes de diversas unidades federales de todo el país. Como se describe en el informe final del proyecto:

> Las decisiones de segunda instancia (sentencias) y las decisiones de primera instancia (sentencias) se buscaron en los repositorios de jurisprudencia disponibles en los sitios web de los tribunales… Dependiendo del tribunal, obtuvimos los textos de las decisiones, enlaces de descarga o archivos .pdf con el contenido de las decisiones. No existe una normalización entre los tribunales sobre la forma en que se pone a disposición la jurisprudencia, y también existen diversos impedimentos para la recopilación masiva de este tipo de información, a través de límites cuantitativos a la consulta. Tampoco existen normas explícitas sobre el contenido que se pone a disposición en los repositorios, y queda a discreción de cada tribunal decidir qué pone a disposición del público, que puede ser el universo de resoluciones digitalizadas o sólo una parte de ellas. A pesar de estos límites, se trata de una base de datos de gran valor para la investigación jurisprudencial, dado su volumen, alcance geográfico y período cubierto.
>
> Para recoger estos datos, se desarrollaron "crawlers", que son programas capaces de acceder a páginas en internet y que pueden emular los mismos comandos que un ser humano haría al operar manualmente un navegador de internet. Utilizando estos rastreadores, se visitaron los sitios web de todos los tribunales estatales, de los cinco tribunales regionales federales, del Superior Tribunal de Justicia (STJ) y del Supremo Tribunal Federal (STF) en busca de sentencias y fallos. Las principales dificultades encontradas durante la recogida de datos fueron problemas con los modelos de acceso, la disponibilidad y la organización del repositorio de jurisprudencia en los sitios web de los distintos tribunales estatales y federales …
>
> En el caso de los boletines oficiales, se estableció un procedimiento similar al utilizado en el caso de los depósitos de jurisprudencia en los sitios web de los tribunales. Se recopilaron boletines oficiales de todo el país, excepto … El resultado final fue más de 150 Gb de resoluciones en primera y segunda instancia, unos 20 millones de resoluciones, y casi 500 Gb de datos de boletines oficiales. Esta base de datos permite ver la evolución de todos los asuntos registrados en estos tribunales y publicados en sus respectivos boletines oficiales …
>
> La experiencia de investigar bases de datos alternativas ha permitido un aprendizaje metodológico y un diagnóstico exhaustivo de

> la forma en que se organiza la información sobre las resoluciones judiciales y de las dificultades que esta organización impone a quienes se dedican a seguir y analizar el funcionamiento del poder judicial y el contenido de las resoluciones judiciales. Esta limitación afecta, por tanto, a la gestión del poder judicial, a la investigación dirigida a mejorar la política judicial, así como a la investigación en general dirigida al poder judicial y a sus efectos sobre las actividades socioeconómicas (Resumen ejecutivo, p. 11-14).

La investigación también encontró algunos resultados sorprendentes sobre el tema de la judicialización de la salud en el país. Por ejemplo, que este tipo de casos en primera instancia aumentó un 130 % entre 2008 y 2017, mientras que otros tipos de casos, en promedio, aumentaron solo un 50 % en el mismo período. También, que uno de los temas más discutidos fue el "seguro de salud", aunque hubo diferencias entre la primera y segunda instancia. Quizá una de las conclusiones más sorprendentes de la encuesta fue que las resoluciones judiciales apenas hacen referencia o se basan en los dictámenes técnicos de los NAT (Centros de Apoyo Técnico) y del Conitec, excepto cuando los magistrados se inclinan por denegar las solicitudes de los pacientes. Por último, cabe destacar otra constatación, y es que la judicialización de la salud en Brasil tiene un carácter regresivo, con una participación mayoritaria de las clases media y alta, y escasa participación de las acciones promovidas por defensores públicos o cubiertas por la asistencia jurídica gratuita.

La investigación fue extremadamente detallada y larga, y constituyó un hito en el Consejo Nacional de Justicia. Para aquellos interesados en el tema y/o en lo que supone realizar una encuesta jurimétrica a gran escala, recomendamos acceder al informe completo.

11.4.6. Litigios fiscales en Brasil

Otro proyecto de investigación con convocatoria abierta por el Consejo Nacional de Justicia y con propuesta vencedora también del Insper fue "Diagnóstico del Contencioso Judicial Tributario

Brasileño"[6]. Esta investigación fue realizada por otro grupo de investigadores de esa institución (con excepción del programador de datos, ninguno de los integrantes participó de la investigación sobre judicialización de la salud antes mencionada) durante 2021 y también utilizó métodos informáticos para realizar la investigación jurimétrica.

La escala de esta investigación también fue extremadamente grande. Se analizaron 750 millones de publicaciones (documentos) y 5 millones de casos. Al igual que en la investigación sobre la judicialización de la salud, pero con mayor intensidad en este caso, hubo una combinación de investigación cuantitativa y cualitativa. Una vez más, merece la pena analizar el resumen ejecutivo de la investigación, que explica las metodologías jurimétricas utilizadas:

> El equipo eligió tres metodologías diferentes para recopilar datos cuantitativos y cualitativos:
> (i)Extracción automatizada de datos, mediante algoritmos y técnicas de ciencia de datos, de los repositorios de jurisprudencia de los tribunales superiores, tribunales regionales federales y tribunales estatales detallados en la metodología que figura a continuación, utilizando programas de descarga de datos (crawlers);
> (ii) Para complementar la base muestral y obtener detalles sobre el funcionamiento de los mecanismos de resolución de dudas y conflictos en las esferas administrativa y judicial, la transmisión de solicitudes de acceso a la información, en los términos de la Ley nº 12.527/2011 (LAI), en los casos en que la información requerida para la encuesta no esté disponible en bases de datos públicas; y
> (iii) Investigación de campo, con entrevistas y aplicación de cuestionarios electrónicos a los principales agentes vinculados a las instituciones cubiertas...
> ... Con esta metodología, se analiza el contenido de los casos y las decisiones judiciales para identificar: (i) el origen de los litigios; (ii) el estado de la causa, la ubicación y la historia del proceso; (iii) los fundamentos de las decisiones (incluido el principio de legalidad), así como la forma en que se aplican; (iv) los casos basados en una cuestión sustancial de mérito o en preliminares formales de

---

6 Disponible en: https://www.cnj.jus.br/wp-content/uploads/2022/02/relatorio-contencioso-tributario-final-v10-2.pdf

> nulidad; (v) el objeto de la discusión (como los conflictos federales); y (iv) la importancia de los jueces expertos en estos asuntos para obtener una decisión eficaz y meritoria. La compilación y el análisis de los datos obtenidos con el auxilio de esas técnicas informáticas posibilitan la elaboración de un diagnóstico completo de la litigiosidad tributaria, de las causas de los conflictos y de la relación de cooperación entre la administración tributaria y los contribuyentes, lo que subsidiará la propuesta de sugerencias para su perfeccionamiento.
> ... En resumen, las metodologías descritas pueden agruparse en (i) técnicas destinadas a extraer datos e identificar el contenido de las resoluciones judiciales y los escritos, así como a analizar, comparar y agrupar estos datos; (ii) análisis individual y agrupado de las resoluciones judiciales y sus respectivos datos; (iii) investigación y análisis de jurisprudencia, doctrina, informes y estudios nacionales e internacionales sobre aspectos jurídicos, socioeconómicos, presupuestarios, fiscales y de políticas públicas; y (iv) comparación de los datos empíricos obtenidos con la información y las experiencias investigadas....
> Así, en el contexto de la metodología presentada, se pretende confirmar o desconfirmar las hipótesis y responder a las preguntas, tanto las planteadas en la convocatoria como las propuestas en este documento, dirigidas a identificar puntos de mejora y soluciones a los conflictos jurídicos en el ámbito fiscal. (pp. 21-3).

En cuanto a las conclusiones, se guiaron inicialmente por 12 hipótesis y se agruparon al final como respuestas a 74 preguntas. Una de ellas corrobora la correlación entre la transparencia de las autoridades fiscales y la cooperación de los contribuyentes. Otra indica que los procedimientos de ejecución tributaria son los más responsables de la lentitud del Poder Judicial, dado que constituyen casi el 40 % de todos los casos pendientes y casi el 71 % de las ejecuciones pendientes. Por último, cabe destacar que los procedimientos contenciosos están motivados por el bajo nivel de compromiso de los órganos de la administración tributaria con las decisiones judiciales, incluidas las de los tribunales superiores.

Al igual que la investigación sobre la judicialización de la salud, se trató de un proyecto de investigación aplicada a gran escala. No es el caso de entrar aquí en sus conclusiones, ya que nuestro principal objetivo en este capítulo es comprender un poco el tipo de metodología jurimétrica utilizada en este tipo de investigación. Para los interesados, recomendamos una vez más la lectura del informe de investigación completo.

11.5. LÍMITES DE LA JURIMETRÍA

Como cualquier metodología, la jurimetría tiene limitaciones. A lo largo del texto anterior, hemos señalado algunas de ellas, por ejemplo, las dificultades inherentes a la recogida y tratamiento de datos. En los informes de investigación aplicada mencionados anteriormente, los equipos también hablan de las diversas dificultades que encontraron en su investigación, así como de los límites de sus conclusiones.

Quizá la mayor dificultad estribe en mostrar relaciones causales claras entre variables del mundo real. Como hemos mostrado a lo largo de este capítulo, las investigaciones empíricas actuales sobre las decisiones judiciales se concentran intensamente en las que utilizan métodos econométricos de regresión (causalidad) como metodología de análisis. De hecho, los economistas y estadísticos se resisten enérgicamente a los análisis que no apuntan a la causalidad[7]. Sin embargo, la premisa que subyace a la metodología econométrica es que la función de causalidad entre las variables dependientes e independientes se conoce con cierto grado de certeza. Es más, se supone que las variables independientes más significativas están realmente *incluidas* en el modelo, que no están *correlacionadas con otras variables* o que no se han *omitido* del análisis. Por desgracia, estas conclusiones son muy difíciles de alcanzar en cualquier ejercicio empírico. ¿Qué hacer entonces?

Estudiar, estudiar, estudiar. Y discute, discute, discute. Hay que familiarizarse con las docenas (¿o cientos?) de modelos econométricos

---

7 Esta tendencia hacia metodologías más econométricas también ha sido seguida por los politólogos en Brasil en los últimos años y en el extranjero desde hace varias décadas.

existentes para saber cuál es el que mejor se adapta a los datos de que disponemos y a las preguntas que tenemos que poner a prueba. En las librerías (sobre todo extranjeras) empiezan a aparecer libros de texto de econometría menos centrados en la teoría y las demostraciones de teoremas y más centrados en las aplicaciones, algunos incluso dedicados específicamente a la investigación en Derecho[8] . Además, siempre es recomendable debatir con otros colegas, incluidos los expertos en Jurimetría y análisis empíricos. Por último, lea trabajos recientes publicados en buenas revistas científicas nacionales e internacionales. Éstas suelen ser la fuente más rápida de información sobre las últimas técnicas y modelos, el camino más rápido hacia la frontera del conocimiento, tanto en lo que se refiere a los temas tratados como a las metodologías empleadas. Como en otras áreas del conocimiento, pero especialmente en ésta, interdisciplinar por naturaleza, la investigación y el aprendizaje se producen de forma gradual, con un intenso intercambio de información.

El mayor reto de la investigación empírica cuantitativa actual es encontrar relaciones causales sólidas y estadísticamente fiables entre las variables analizadas. Los econometristas han trabajado incansablemente, y han progresado año tras año, para proponer modelos cada vez más sofisticados con este fin.

11.6. CONCLUSIÓN: EL FUTURO DE LA JURIMETRÍA

¿Qué puede deducirse de este breve análisis de la jurimetría? En primer lugar, hay muchos métodos posibles y posibilidades ilimitadas de aplicación. Además, desde una perspectiva inicial más positiva, la Jurimetría también tiene un enfoque normativo, en el sentido de poder señalar soluciones y recomendaciones para los funcionarios públicos. Por ejemplo, los dos proyectos aplicados discutidos anteriormente, realizados a pedido del CNJ, tenían ese objetivo.

---

8 Un ejemplo excelente sería el de Epstein y Martin (2014), que figura en las referencias de los libros de texto a continuación.

No cabe duda de que, en un futuro muy próximo, la jurimetría y los estudios empíricos en Derecho cobrarán una importancia absoluta y a una velocidad que puede resultar difícil seguir. La razón es bien sencilla: antes limitados a estudios de casos en número relativamente reducido, hoy en día la gestión y manipulación de datos se realiza casi en su totalidad mediante métodos informáticos. La tecnología de la información avanza a un ritmo cada vez más rápido, y la capacidad de los *programas informáticos* y las máquinas evoluciona literalmente de forma exponencial cada año que pasa. Además, los métodos de *modelización* e *interpretación de* datos, en su mayoría procedentes de la Estadística y la Econometría, también se han vuelto cada vez más avanzados, lo que nos permite realizar ejercicios analíticos que antes eran difíciles de imaginar (véase la sección anterior sobre los límites de los métodos econométricos). Además, el avance de las ciencias cuantitativas aplicadas en los últimos años y, más aún, la mayor interacción entre investigadores de distintas disciplinas, han creado un enorme abanico de nuevas metodologías empíricas que pueden emplearse en el estudio de las ciencias jurídicas.

Como ya se ha mencionado, tanto las tecnologías de la información como las ciencias aplicadas han avanzado a un ritmo que será difícil seguir. La ventaja es que el campo de la jurimetría y de los estudios jurídicos empíricos tendrá un potencial infinito para avanzar en términos de diversidad y rigor metodológico. Una mínima inversión en el aprendizaje serio de metodologías empíricas tendrá un cierto retorno para los juristas.

PREGUNTAS

1 ¿Qué es la jurimetría?

a) Utilizar los números para estudiar el Derecho.

b) Utilización de datos observados en el mundo real combinados con análisis estadísticos para estudiar el Derecho.

b) Utilización de modelos matemáticos sofisticados, con hipótesis y muestras para estudiar la ley.

c) El predominio de las ciencias exactas en los estudios jurídicos.

2. ¿Qué es FALSO en los modelos jurimétricos existentes?

a) Todos los modelos y métodos jurimétricos son muy sofisticados.

b) Los modelos jurimétricos pueden ser de naturaleza cualitativa o cuantitativa.

c) Los modelos de correlación -que tratan de evaluar cómo se comportan conjuntamente dos o más variables- son ejemplos de modelos jurimétricos.

d) Existe una plétora de modelos de regresión causal, todos ellos con el objetivo de acceder de forma fiable a alguna relación "A causa B".

3. Las siguientes pueden considerarse fuentes de datos completas para la investigación en Jurimetría, EXCEPTO:

a) Datos obtenidos directamente de los tribunales.

b) Datos obtenidos de bases de datos electrónicas puestas a disposición por la organización que genera los datos.

c) Entrevistas con personas relacionadas con el tema.

d) Datos elaborados por el investigador manualmente o mediante programas informáticos.

Respuestas:

1–B

2–A

3–D

Manuales para el aprendizaje inicial de jurimetría y métodos econométricos

Epstein, L. y Martin, A. D. (2014). *Una introducción a la investigación jurídica empírica.* Oxford: Oxford University Press.

Cualquier libro de texto de Econometría Intermedia, entre ellos:

Gujarati, D. N. y Porter, D. C. (2011). *Econometría básica,* 5ª edición. São Paulo: McGraw-Hill Bookman.

REFERENCIAS BIBLIOGRÁFICAS

Arida, P., Bacha, E. L., & Lara-Rezende, A. (2005). Credit, Interests, and Jurisdictional Uncertainty: Conjectures on the Case of Brazil. En Giavazzi, F., Goldfajn, I., & Herrera, S. (ed.), *Inflation Targeting, Debt, and the Brazilian Experience, 1999 to 2003* (pp. 265-293). Cambridge, MA: The MIT Press.

Boyd, C. L.; Epstein, L. & Martin, A.M. (2010). "Untangling the Causal Effects of Sex on Judging". *American Journal of Political Science,* 54(2), 389-411.

Casillas, C. J.; Enns, P. K. y Wohlfarth, P. C. (2011). "Cómo la opinión pública limita al Tribunal Supremo de Estados Unidos". *American Journal of Political Science,* 55(1), 74-88.

Consejo Nacional de Justicia e Instituto Insper de Educación e Investigación (2019). *Judicialización de la Salud en Brasil: Perfil de las Demandas, Causas y Soluciones Propuestas,* Resumen Ejecutivo Investigación en Justicia. Brasilia: Consejo Nacional de Justicia. Disponible en https://www.cnj.jus.br/wp-content/uploads/2018/01/f74c66d46cfea933bf22005ca50ec915.pdf.

Consejo Nacional de Justicia e Instituto Insper de Educación e Investigación (2022). *Diagnóstico del contencioso tributario brasileño.* Informe final de investigación, Investigación en Justicia 5ª edición. Brasília: Consejo Nacional de Justicia. Disponible en https://www.cnj.jus.br/wp-content/uploads/2022/02/relatorio-contencioso-tributario-final-v10-2.pdf.

Epstein, L. y Martin, A.M. (2010). "¿Influye la opinión pública en el Tribunal Supremo? Posiblemente sí (pero no estamos seguros de por qué)". *Journal of Constitutional Law,* 12 (2), 263-281.

Epstein, L. & Kobylka, J.F. (1992). *The Supreme Court and Legal Change: Abortion and the Death Penalty (Thornton H. Brooks Series in American Law & Society).* Chapel Hill: The University of North Carolina Press.

Epstein, L.; Landes, W.M. y Posner, R.A. (2013). *El comportamiento de los jueces federales.* Cambridge: Harvard University Press.

Farhang, S. & Wawro, G. (2004). "Institutional Dynamics on the U.S. Court of Appeals: Minority Representation Under Panel Decision Making". *Journal of Law, Economics, and Organisation,* 20(2), 299-330.

Giles, M. W.; Blackstone, B. & Vining, R. L. (2008). "The Supreme Court in American Democracy: Unravelling the Linkages between Public Opinion and Judicial Decision Making". *The Journal of Politics,* 70(2), 293-306.

Grezzana, S. y Ponczek, V. (2012). "Sesgo de género en el Tribunal Superior del Trabajo de Brasil". *Revista Brasileña de Econometría,* 32 (1), 73-96.

Lopes, Felipe y Azevedo, Paulo F. Discreción de nombramiento gubernamental e independencia judicial: efectos de preferencia y oportunismo en los tribunales brasileños. *Revista de Análisis Económico del Derecho,* v. 9, n. 2, p. 84-106, 2018.

Peresie, J. L. (2005). "Female Judges Matter: Gender and Collegial Decision-making in the Federal Appellate Courts", *The Yale Law Journal,* Vol. 114 (7), 1759-1790.

Pritchett, C. H. (1968). "Public Law and Judicial Behaviour". *The Journal of Politics,* vol. 30, 480-509.

Veçoso, F. F. C., Pereira, B. R., Perruso, C. A., Marinho, C. M., de Oliveira Babinski, D. B., Wang, D. W. L.,... y Salinas, N. S. C. (2014). "La Investigación en Derecho y las Bases Electrónicas de las Sentencias Judiciales: matrices de análisis y aplicación en el Supremo Tribunal Federal y en el Superior Tribunal de Justicia". *Revista de Estudios Empíricos en Derecho, 1*(1).

Yeung, L. (2016) "Jurimetría" *en* Ribeiro, M.; Domingues, V.H.; Klein, V. (org.). *Análisis Económico del Derecho: justicia y desarrollo.* 1. ed. Curitiba: Editora CRV, 2016. v. 1. 133-140 pp.

Yeung, L. (2016) *Subcontratación laboral en Brasil. Informe técnico presentado.* Disponible en http://cedes.org.br/images/terceirizacao.pdf. Consultado el 01 de mayo de 2017.

Yeung, L. y Azevedo, P.F. (2015). "Ni Robin Hood ni el rey Juan: poniendo a prueba el sesgo antiacreedor y antideudor de los magistrados brasileños". *Revista de Análisis Económico del Derecho,* 6 (1), 1-12.

Sobre los autores

LUCIANA YEUNG

Profesora Asociada del Insper. Economista por la Universidad de São Paulo. Máster en Economía Aplicada y Relaciones Industriales por la Universidad de Wisconsin-Madison (EE. UU.). Doctora en Economía por la Fundación Getúlio Vargas de São Paulo. Investigadora visitante en el Instituto de Derecho y Economía de la Facultad de Derecho de la Universidad de Hamburgo (Alemania). Fundadora y ex Presidente de la Asociación Brasileña de Derecho y Economía; Directora de la Asociación Latinoamericana e Ibérica de Derecho y Economía (ALACDE). Investigadora Senior del Grupo de Investigación internacional CONVERGENCIA.

ORCID: 0000-0003-0416-7919.

BRADSON CAMELO

Fiscal General del Ministerio Público de PB, Data Scientist por la Universidad de Chicago, Máster en Políticas Públicas por la Universidad de Chicago, Máster en Derecho Económico (UFPB), Máster en Modelización Matemática Computacional (UFPB) y Economista.

Vicepresidente de la Asociación Brasileña de Derecho y Economía.

ORCID: 0000-0002-9580-871X.

convergencia

alacde
Asociación Latinoamericana
de Derecho y Economía